互联网时代@业务流程再造

Business Process Re-Engineering

水藏玺◎著

中国经济出版社
CHINA ECONOMIC PUBLISHING HOUSE
北京

图书在版编目（CIP）数据

互联网时代业务流程再造／水藏玺著.
北京：中国经济出版社，2015.4
（共图丛书）
ISBN 978-7-5136-3741-1

Ⅰ.①互… Ⅱ.①水… Ⅲ.①电子商务—企业管理 Ⅳ.①F713.36

中国版本图书馆 CIP 数据核字（2015）第 046046 号

责任编辑　李煜萍
责任审读　贺　静
责任印制　马小宾

出版发行　中国经济出版社
印 刷 者　北京科信印刷有限公司
经 销 者　各地新华书店
开　　本　787mm×1092mm　1/16
印　　张　16.5
字　　数　270 千字
版　　次　2015 年 4 月第 1 版
印　　次　2015 年 4 月第 1 次
定　　价　48.00 元
广告经营许可证　京西工商广字第 8179 号

中国经济出版社 **网址** www.economyph.com **社址** 北京市西城区百万庄北街 3 号 **邮编** 100037

本版图书如存在印装质量问题，请与本社发行中心联系调换（联系电话：010-68330607）

[推荐序] >>> Preface

用互联网思维重构企业业务流程

7年前，金凯德选择进入了并不被很多门企大佬看好的钢木门这个细分市场，因为在当时钢木门还完全是一个蓝海市场，金凯德通过自身的努力，经过短短4年，成为钢木门行业杀出的一匹黑马。我把这4年的成功归结为“蓝海战略”。

3年前，随着越来越多的竞争者涌入，金凯德的“蓝海战略”受到了极大冲击，我们不得不寻求变革，我们开始注重团队建设、品牌打造、渠道再造和品质工程。我们在武汉大学设立了全国第一个质量奖学金——“中国好质量金凯德奖学金”；我们也创造了1.5小时实现1.5亿元的销售纪录；同时，门业行业首部微电影《门里门外》开行业先河……虽然取得了一系列的成就，但总感觉公司的经营还是处于无章法的“折腾”状态，我把这种状态比喻为“折腾战略”。值得庆幸的是，在这种“折腾”下，我们实现了团队在“折腾”中成长、品牌在“折腾”中绽放、渠道在“折腾”中发展、品质在“折腾”中提升。

面对咄咄逼人的互联网冲击，金凯德和所有的门企一样面临转型和二次创业的压力，因此，金凯德提出了“系统战略”框架，在公司内部我们称之为“系统战略的六脉神剑”，即品牌为势、渠道为王、研发为道、生产为术、组织为器、信息为基。

金凯德认为，未来门企之间的竞争一定是“系统”的竞争，单靠“点”和“线”的领先已经不足以赢得市场和竞争，金凯德需要按照互联网思维全面再造商业模式和业务流程，我们必须依靠“系统”去赢得胜利。

一、用开放的胸怀拥抱互联网时代的到来。互联网对传统行业的冲击有目共睹，有人讲，传统企业不做互联网转型是“等死”，做互联网转型是“找死”。金凯德一定不能坐以待毙，我们必须全力出击，因为在未来，传统企业与互联网的高度融合已经成为必然，金凯德要用积极、开放的心态拥抱互联网带来的变化。

二、打造让客户尖叫的产品。在“门海”当中金凯德如何才能脱颖而出？唯有打造让客户尖叫的产品，我们提出“科技与美的金凯德”，就是要在产品中融入科技与艺术的元素，让任性的“屌丝”们为我们的产品尖叫。

三、让用户参与金凯德研发。让用户参与公司产品定义与研发，同时让用户在金凯德3D体验中心亲身体验公司产品及服务，这是金凯德系统战略的另一个核心。

四、用互联网思维全面改造渠道模式。不仅在产品制造、研发上我们要融入互联网思维，在渠道模式上我们也要按照互联网思维进行全面改造和升级，让终端用户享受更为便捷的服务。

五、业务流程重构。按照互联网企业运作模式对现有组织体系进行全面再造，强调用户体验、产品实现和效率提升。

回顾过去，我们在“蓝海战略”“折腾战略”的指引下，赢得了市场的认可和赞誉，展望未来，我们在“系统战略”的指引下必将续写辉煌。

忆往昔，峥嵘岁月稠，望今朝，任重而道远。金凯德力求以国际产业发展为导向，围绕创新与发展主题，站在时代的高度，紧扣市场脉搏，创新产品，拓宽视野，为全面实现“系统战略”和打造“门业集成领军品牌”的目标而全力以赴。

中国金凯德集团董事长　陈利新

2015年2月1日

[自序] >>> Preface

互联网时代业务流程再造

自2008年出版《企业流程优化与再造实例解读》（第一版）至今已有七年的时间，其间虽然和中国经济出版社合作又连续出版了《流程优化与再造：实践·实务·实例》（第二版）、《流程优化与再造》（第三版），但时代变化实在太快，管理理念和管理技术不断更新，企业经营环境正在发生巨变，因此，需要对前三版提到的很多观点和方法加以更新和修正。

过去七年，中国企业经历了两次洗礼，第一次是2007年由美国次贷危机引起的全球金融危机，第二次是目前正在经历的互联网浪潮。

可以这么说，全球金融危机让过了二十多年好日子的中国企业第一次感受到了竞争的残酷，金融环境恶化、国际市场下降明显、国内市场竞争加剧、企业盈利能力迅速下降……不管当时如何困难，好歹很多企业也还跨过了这道坎。

但面对互联网浪潮的冲击，中国企业开始手足无措。确实是这样的，有专家预测，互联网时代将加剧企业转型，那些无动于衷或者转型滞后的企业，其命运可能会比较悲惨。

大家都知道，苏宁和国美是老对手，想当年张近东曾向黄光裕宣战——“苏宁做不过你，我一定送给你。”如今，苏宁的销售收入已经是国美的2倍，市值是国美的3倍以上，但在互联的冲击下，苏宁股价依然下跌40%，市盈率接近5年来的最低点。看来苏宁并没有因为超过国美而获得成功，在互联网背景下，苏宁面临的竞争对手已经不是国美，而成了京东、1号店、亚马逊、海尔商城……还好苏宁已经意识到这一点，开始全面布局互联网平台（苏宁云商）。

又如海尔，面临强手如林的家电行业，很多人认为海尔很难东山再起，但海尔在2014年“双十一”中脱颖而出，一举拿下大家电行业的头把交椅，让格力、海信、美的、创维、TCL这些巨头们望尘莫及。

再如林氏木业，这家名不见经传的家居企业，在“双十一”当天拿下1.75亿销售额的业绩，足以让左右、顾家、雅兰、慕思这些大腕们刮目相看。

我们不禁要问：面对咄咄逼人的互联网浪潮，中国企业究竟该如何应对？要回答这个问题，首先我们需要分析一下在互联网时代传统企业遇到了哪些挑战：

一、互联网对传统商业文明形成强烈冲击。互联网商业与传统商业最大的不同在于：信息技术对传统工业技术形成极大冲击；传统企业倡导的B2C经营模式已经被C2B、C2B2C模式取代；传统的经营思维已经被互联网思维打破；消费群体从50后、60后和70后正逐步向80后、90后甚至00后这些互联网土著过渡；传统企业以空间和规模扩张为竞争主要手段的经营模式已经受到以时间竞争为主的互联网商业的挑战。以上种种，迫使传统企业必须对自身运营模式进行调整和优化。

二、巨头引领行业转型，迫使传统企业重新进行业务布局。2014年8月29日，万达集团携手百度、腾讯在深圳举行战略合作签约仪式，宣布共同出资、在香港注册成立万达电子商务公司，标志着商业地产巨头万达集团正式跨入电商时代；海尔商城上线和日日顺的正式运营拉开了海尔成功转型的序幕；顺丰优选和嘿客商城的正式运营标志着顺丰这家物流巨头的华丽转身；微众银行的推出标志着腾讯正式跨入金融行业。有人预言，未来将不会再有互联网企业，因为所有企业都将成为互联网企业。

三、主力消费群体的变化，倒逼传统企业变革。“剁手族”“互联网土著”“屌丝”“情怀主义”“任性”“有态度”……这些互联网名词的出现，说明客户消费模式在改变，倒逼传统企业对客户交互界面和服务模式进行优化与调整。

四、用互联网思维重新定义企业商业模式。从“羊毛出在羊身上”，到“羊毛出在狗身上”，再到“马和牛做生意，让驴埋单，赚猪的钱”，互联网思维模式无论是产品制造（自动化、信息化、小单化、柔性化）、新品开发（智能化、方案化、时尚化、极致化、简约化、一体化）、渠道运营（扁平化、时间化、流量化、平台化）、客户服务（参与化、体验化、个性化），还是员工管理（小资化、屌丝化、任性化），都对传统企业商业模式提出了极大的挑战，需要传统企业利用互联网思维重新定义自己的商业模式。

五、万物互联时代迫使企业进行业务流程再造。在这个万物互联的时代，传统企业要想获得成功，除了前面提到的运营模式、产品供应及客户服务、商业模式之外，还需要构建互联网思维，如大数据思维，建立大数据平台和大数据运营能力；构建客户思维，把客户当神，把自己当人；构建平台思维，让企业所有利益相关方在同一个平台上跳舞；构建共赢思维，搭建多赢的价值链体系；构建极致思维，极致化满足客户某个至关重要的需求……而要想达到这些目的，唯有从内部业务流程再造做起。

此次再版，本书增加了互联网时代企业电商转型及业务流程再造的方法及研究案例、企业利益相关人分析、价值链重构、企业业务蓝图规划、客户需求管理与流程增值分析、流程自动化与系统集成等相关内容，期望能对中国企业互联网转型和经营能力提升有所帮助。

水藏玺

2015 年 1 月

[目　录] >>> CONTENTS

第一章 互联网浪潮袭来
——中国企业跨入业务流程再造时代

2014 年发生了很多大事，注定是不平凡的一年，这一年：

滴滴和快的出现了，老百姓打的有人送红包了；

阿里巴巴成功上市，马云成为首富了；

万达、百度和腾讯牵手，万达跨入电商时代；

海尔商城和日日顺正式运营，海尔实现成功转型；

嘿客商城和顺丰优选上线，顺丰速运华丽转身；

阿里巴巴和恒大联姻，阿里巴巴正式跨入体育产业；

小米和美的"结婚"了，美的正式布局智能家居；

锤子手机诞生了，罗永浩用情怀主义赚得盆满钵满；

双十一疯狂了，仅天猫日交易量就达 571 亿；

有个名叫"林氏木业"的公司发达了，双十一单日销售突破 1.75 亿；

美特斯邦威有点急了，开始撤店了；

菜鸟网络与东莞牵手，推动"广货北上"；

微众银行开业了，标志着银行开始走向移动端；

"屌丝""任性""有情怀"出现了，传统企业开始迷糊了……

确实是这样，在 2014 年，关于互联网的话题可以说是此起彼伏。2014 年成就了很多企业，也让很多企业折戟沙场。

纵观上述信息，我们可以得出两个结论：互联网时代已然来临，虚拟经济和实体经济的融合开始了。

面对咄咄逼人的互联网浪潮，中国企业正式跨入业务流程全面再造时代！

第一节　中国企业正式跨入互联网时代

2014 年 11 月 19 日，世界的眼光都聚焦在浙江桐乡一个名叫乌镇的小镇，首届世界互联网大会就在此隆重举行。以“互联互通，共治共享”为主题的首届互联网大会云集了当今中国乃至世界互联网的“大伽”们。阿里巴巴创始人马云、百度创始人李彦宏、网易创始人丁磊、腾讯公司董事会主席马化腾、新浪董事长曹国伟、搜狐董事局主席张朝阳、小米科技董事长雷军、京东首席执行官刘强东、苹果公司副总裁布鲁斯·斯维尔，等等，悉数登场。

可以这么说，世界互联网大会既是互联网企业的聚会，也是传统企业了解互联网发展态势的窗口。目前超过 6.3 亿的网民正在改变着中国人的消费习惯，也正在给中国传统企业的经营带来极大的挑战和压力。

一、万物互联的时代已然来临

有人曾经说过，不管你愿意还是不愿意，你都无法摆脱互联网对你的影响；同理，对于传统企业而言，不管你是否愿意转型，也离不开互联网的冲击。因为，**在未来，所有的企业都将成为互联网企业**。

为了感受万物互联时代带给我们的震撼，我们先模拟两个场景：

【场景 1－1】比萨餐厅的启发

某比萨餐厅的电话铃响了，客服人员拿起电话。

客服：这里是好享比萨餐厅，您好，请问有什么可以为您效劳？

顾客：你好，我想要一份……

客服：先生，您好，请把您的会员卡号告诉我。

顾客：585MYM#% & * MYM% #&……

客服：李先生，您好！您是住在深圳市南山区前海路 396 号海天花园 1 号楼 MYM% MYM% 室，您家电话是 0755－& * MYM% & * MYM%，您的手机号码是 137 * MYM% * MYM% MYM%……对吗？

顾客：你怎么知道我所有的电话号码？

客服：李先生，因为我刚查了公司的 CRM 系统。

顾客：我想要一份海鲜比萨。

客服：李先生，海鲜比萨不适合您。

顾客：为什么？

客服：根据您的医疗记录，您的血压和胆固醇都偏高。

顾客：那你们有什么可以推荐的吗？

客服：当然有，我推荐您试试我们低脂肪的套餐，比如……

顾客：你怎么知道我喜欢这种口味？

客服：因为您上周一在图书馆借了一本《低脂肪健康》的书。

顾客：好。那我要一份家庭特大号比萨，要付多少钱？

客服：129元，这足够您一家五口人吃了。但您父亲应该少吃，他上月刚做完心脏搭桥手术，还在恢复期。

顾客：那可以刷卡吗？

客服：对不起，李先生，请您付现金，因为您的信用卡已经刷爆了，而且欠银行5982元。

顾客：那我先去附近提款机拿现金。

客服：李先生，根据您的记录，您今天已经超过取现额度了。

顾客：算了，那你直接把比萨送到我家来，我付现金算了，你们多久能送到？

客服：大约30分钟，如果您不想等，您可以自己过来取。

顾客：为什么？

客服：因为根据CRM全球定位系统显示，您车号为粤B11MYMMYMMYM的车正行驶在离我们店大约3.5公里的地方。

顾客：……（当场晕倒）

【场景1－2】智能家居改变生活方式

李先生是一家公司的白领，最近几天一直在赶一个重要项目的投标文件，终于忙完了，看看窗外已是华灯初上。

李先生伸了伸腰，拿出手机先给家里的浴室发了条短信，同时想想工作终于忙完了应该好好犒劳一下自己，他接着给智能厨房发了一条短信，很快他收到了一个短信回复，家里冰箱中由于牛奶不足已经自动下单由京东商城派送到小区物业。

一路上享受着《小苹果》的旋律，李先生很快就到了家，通过车载ETC系统，小区门禁档杆自动升起，同时听到“李先生，欢迎您回家”的语音系统提示音。李先生在地库停好了车，顺便到物业拿到了京东送来的牛奶。通过视网膜识别技术电梯自动将李先生送到了30楼，不用拿钥匙，入户门自动被打开。

进入客厅，李先生拿出手机在屏幕上轻轻地按了一下，顿时客厅灯打开了，客厅的窗帘打开了，空调启动了，音响里他最喜欢听的《小苹果》已经响起……李先生顿时感觉到了家的温暖。

放下牛奶，李先生先查看了一下厨房，微波炉中的鲈鱼已经蒸好溢着香气，电饭煲中的米饭也已经蒸好，他最爱喝的莲藕章鱼猪蹄汤也已经煲好……

来到浴室，浴缸中的热水正冒着热气，李先生好好地泡了一个热水澡，顿时觉得神清气爽。

正当李先生在享用着美味的晚餐时，他接到一个电话，是一位多年不见的好朋友来深圳出差，等会儿要来家里做客。李先生用定位系统把家里的地址发给了朋友，在手机屏幕上他可以清晰地看到朋友移动的轨迹。

在朋友抵达门口，门铃响起之前，李先生在手机屏幕上按了一个叫“会客”的按钮，顿时客厅的灯光变得明亮了许多，同时音响中的音乐自动更换成了《同桌的你》……

上面的两个场景，现在看来多少还有点调侃的味道，但相信在不久的将来一定会成为现实，这就是互联网时代带给我们的变化。

（一）大数据来了

大数据是互联网时代的一个明显特征。大数据可以让企业跳出狭隘的竞争空间，让企业更加主动地选择客户，更加有效地识别客户需求，更有针对性地开发最大化满足目标客户群体的产品和服务。

【案例1-1】好利来是国内一家知名的食品企业，很多年前我们曾为好利来提供过询服务。当年好利来的产品线还仅限于蛋糕和面包，在全国有500多家门店。为了更好地为客户提供服务，我们建议好利来建立完善的客户档案体系，并通过与客户建立黏性和联系，不断拓展市场，提升销量。

当年好利来的客户档案管理可以说是一种朦胧的大数据管理，随着近10年互联网的快速普及，当年的那种以档案管理为基础的数据管理模式已经被真正的大数据所代替，相信在未来，**大数据还会帮助我们解决更多的社会问题、技**

术问题、商业问题和企业经营问题，未来的企业也必将利用大数据提升自身经营能力。

比如，中国南方航空公司可以通过对乘客购票及乘机信息的分析从运输服务商向全方位服务商转变；苹果通过每位用户的通话及行动轨迹为其自动推送最便捷的工作与生活应用软件；餐饮企业可以利用大数据为客户提供即时、健康、合意的用餐服务；社交网络平台可以为用户提供联合志同道合者的社交服务；医疗机构可以利用大数据为大家提供实时健康监护和医疗服务；银行可以利用大数据为用户量身定制理财和财产管理服务；交通部门可以利用实时的道路状况为司机提供道路导航服务；当当网可以根据每个读者的购买和阅读习惯主动推送最新的畅销书；腾讯可以根据 QQ 用户登录地点的改变提供中国城市人口的流动情况；淘宝可以利用不同区域、不同年龄段的消费群体指导商家备货；3ZU（上海一家袜子连锁企业）可以根据每位粉丝的购买习惯和消费能力为其定制年度袜子消费计划；新机电（苏州一家格力空调代理商）可以根据每位用户的购买信息为其定制空调清洗和保养服务……当然，**任何企业都一样，都可以利用大数据为顾客及时提供个性化产品和服务。**

1. 每个人都是一个数据库

随着过去 10 多年互联网的兴起，特别是近 5 年智能手机的迅速普及，海量手机软件应用被推出，越来越多的人开始感受到了大数据的重要性。几乎每个人的手机中都有少则十几个、多则几十个的应用软件，大家每天在低头刷屏的同时不断扩充和完善自己的数据库。

2. 每家企业都是一个数据库

企业在日常经营的过程中，一方面内部会产生海量的数据，如品质检验结果、生产入库数据、财务统计及分析数据、人力资源异动数据、人员培训数据、区域销售数据、客户投诉数据、新品试产数据、新品客户体验数据，等等；另一方面企业也在不断通过与外部利益相关人（供应商、经销商、客户、政府、社区）的业务往来得到海量的数据，如物料供应信息、市场信息、国家政策、利率调整、股市变动，等等。之前，很多企业的习惯是把这些数据统一纳入档案室进行静态管理，但随着信息技术的发展，越来越多的电子档案诞生，需要企业将这些档案进行动态更新和管理，甚至主动推送给相关员工、协助他们提升工作技能和效率。

3. 整个社会也是一个数据库

随着移动互联网，尤其是社交网络、电子商务与移动通信、物联网、云计算的普及，每台电脑、手机、腕表及其他手持终端都成了爆炸性增长数据的来源。舍恩伯格在《大数据时代》一书中，将大数据描述为**“大数据是人们获得新的认知、创造新的价值的源泉；大数据还是改变市场结构、组织结构以及政府与公民关系的方法”**。可以这么说，在未来，整个社会都将成为一个巨无霸的数据库，每个人、每个企业都可以从这个数据库中获得自己想要的东西。

（二）我们生活在一个被互联的时代

不知道大家注意到没有，几乎一夜之间，我们都被互联网绑架了，企业不论产品制造、新品开发、渠道运营、思维模式，还是员工管理、财务处理，都需要按照互联网的套路去运营。

1. 制造趋势

传统企业以规模化、大订单运作的模式在互联网时代受到了极大冲击，在未来，自动化将代替人工，信息化将主导生产订单安排和交付，订单碎片化和小单化将会成为常态，柔性化产线必将代替规模化生产……

2. 产品趋势

传统企业以单一功能或组合功能交付的产品在互联网时代一定要按照智能化、方案化、时尚化、极致化、简约化和一体化进行优化和升级，同时必须调整以“我”为中心的产品开发模式为“C2B”（绑定C，倒逼B），挖掘客户核心价值。

【案例1-2】KKD①集团是浙江永康一家以生产钢木门、木门、卫浴门、防盗门、装甲门为主的门业集成集团公司，我们在帮助KKD集团进行互联网转型规划辅导的时候，从公司定位的角度我们提出了品质的KKD（突出用户思维）、科技的KKD（突出智能化）、艺术的KKD（突出时尚化）、世界的KKD（突出平台思维）、集成的KKD（突出方案化、一体化）。

① 本书中其他案例中提到的KKD为同一家公司。

3. 渠道趋势

传统企业一般采用代理、直销、连锁或加盟模式进行渠道拓展，传统的渠道模式存在着路径过长、信息传递缓慢、信息容易失真、品牌认知度差、响应速度滞后、渠道剥削巨额利润、渠道忠诚度低等弊端和不足，在万物互联的时代，渠道运营需要更加注重打造渠道平台、关注平台流量、缩短订单交付周期、加快客诉处理速度，建立扁平化的渠道模式将成为主流。

4. 员工趋势

当80后、90后成为社会就业主体的时候，传统企业管理模式也需要进行相应调整，因为80后、90后不论教育背景、家庭条件还是时代观念、消费能力都与60后、70后存在巨大的差异。还有一个非常明显的区别在于，80后、90后被称为“互联网土著”，他们生长在互联网大发展的时代，他们更加主张自我，他们个性具有明显的互联网特征（如小资化、屌丝化、任性化）。

二、互联网经济与实体经济的融合序幕已经拉开

“中国互联网第一股”生意宝董事长孙德良曾经说过：**虚拟经济与实体经济之间的“大融合”，将是新经济与传统经济之间的相互渗透、相互影响、相互促进，将成为我国国民经济发展的必然趋势。**

（一）互联网企业大肆掠夺传统企业市场

过去10年，由于互联网企业的异军突起，传统行业的地盘先是被蚕食，然后迅速受到冲击，最终被互联网彻底颠覆；而且这种颠覆不仅仅是出现在某个或某几个行业，几乎所有的行业都在经受互联网浪潮的袭击，包括媒体、图书、培训教育、零售、手机、家电、金融、体育、百货……

当2013年BAT（百度、阿里巴巴、腾讯）毫不犹豫地杀进教育行业的时候，以新东方、启迪巨人、学大等为代表的传统教育企业感到了前所未有的压力；当苏宁还在为全面击败国美而沾沾自喜的时候，它不会想到京东、1号店、亚马逊正在迅速吃掉自己的地盘；滴滴打车、快的打车的推出让传统出租行业措手不及；更有万达携手百度和腾讯、银泰百货携手阿里巴巴、小米科技联姻美的、阿里巴巴参股海尔、阿里与“三通一达”成立菜鸟……相信，传统行业都感受到了山雨欲来的氛围。

表1-1　2009—2014年中国电商交易规模

单位：万亿

	2009年	2010年	2011年	2012年	2013年	2014年（预计）
电商交易额	3.7	4.5	6.0	8.5	10.2	13.4

数据来源：中国电子商务研究中心（www.100ec.cn）。

据中国电子商务研究中心（100ec.cn）监测数据，截止到2013年底，中国电子商务市场交易规模达10.2万亿，同比增长29.9%。其中，B2B电子商务市场交易额达8.2万亿元，同比增长31.2%，网络零售市场交易规模达18851亿元，同比增长42.8%。

另外，从2012年至2014年双十一天猫交易额（2012年191亿，2013年350亿，2014年571亿）也可以看到，电商以逾70%的年均增长速度，远远超过传统企业的营业增长率。

可见，**互联网企业正在以迅雷不及掩耳之势抢夺传统企业的市场。**

（二）传统企业纷纷“触网”

面对互联网企业的咄咄逼人，传统企业开始尝试做电商，尝试新媒体和自媒体建设与营销，尝试打通内部资源与外部资源连接。

2013年12月10日，青岛海尔宣布与阿里巴巴展开合作，合作标的是其控股子公司海尔电器。海尔电器公告显示，阿里巴巴对海尔电器总投资达28.22亿港元，其中对其旗下日日顺物流投资18.57亿港元，未来可获得该公司34%的股权；此外以认购新股的方式对海尔电器投资9.65亿港元，获得后者2%的股权。海尔商城和日日顺正式上线运营，标志着海尔成功实现互联网转型。

2014年3月31日，阿里巴巴在声明中表示：将以2.14亿美元收购银泰百货9.9%的股权，并将认购银泰百货价值4.78亿美元的可转换债券。如果这些债券转换成股份，阿里将进一步获得银泰百货约25%的股权。阿里巴巴旗下的淘宝和天猫商城主导着中国电子商务市场，相信这次交易可以让阿里巴巴的电子商务技术和平台与银泰百货在高端百货商场和购物中心的实体零售实力强强联合。

2014年6月15日，阿里巴巴与广州恒大足球俱乐部举行签约仪式，恒大和阿里巴巴分别拥有恒大足球俱乐部50%的股权。

2014年8月29日，百度携手万达集团、腾讯在深圳举行战略合作签约仪式，宣布共同出资在香港注册成立万达电子商务公司，正式拉开万达互联网转型序幕。

2014 年 12 月 14 日，美的向小米科技定向增发 5500 万股，双方在智能家居及其生态链、移动互联网业务领域进行多种模式的深度战略合作。

2014 年 12 月 31 日，美的和京东签署战略合作协议，双方将在智能家电、智能家居及渠道拓展、深度定制、大数据分析等领域展开合作，2015 年度经营目标为 100 亿元。

…………

海尔、美的、万达、银泰百货、恒大这些行业巨头的纷纷“触网”只是传统企业互联网转型的开始，相信未来会有更多的企业加入转型行列。

（三）互联网经济与实体经济的高度融合将成为主流

未来的社会必然是互联网的社会。同时，互联网经济一定会回归实体，而实体经济也必然走向“互联网”。应该看到，中国的产业和企业正进入一个大整合、大跨界、大发展的新时代，虚拟和实体界限不再那么清楚，行业之间的差距也不再那么显著。至于这种整合能走到哪里、能吸引何种企业参加，其实是个未知数。但是出现怎样的重组与渗透我们都不必吃惊，一切以市场为准绳，一切以竞争力的提高为标准。

马云曾经说过：电商行业互联网环境下的电商本质，早已不是以前很多人理解的“虚拟经济”，实际上电商已经成为实实在在的实体经济，是互联网信息技术和传统实体经济结合的一种新经济模式，这种模式能够有效整合当下资源，降低企业发展成本，提高社会整体效率。

马云的这句话系统地阐述了电商的发展未来，**互联网经济不可能脱离实体经济独立存在，实体经济依靠互联网拓展市场，提高经营能力也将成为必然。**

三、传统企业的互联网转型之路

近两年，用户至上、粉丝经济、平台思维、流量思维等概念风行，仿佛一瞬间传统企业优质的产品、贴心的服务、高超的资本运作手段、完善的产品研发与制造体系都不再重要，全部被互联网思维的潮水所淹没。很多企业都跃跃欲试，但又不知道如何开始、转型之路在何方。正如有人所讲的，**传统企业不转型是“等死”，转型是“找死”。**

(一) 互联网对传统企业的冲击

可以这么说，无论是行业格局，还是商业模式、产品策略、渠道运营、员工管理等，传统企业都面临巨大的挑战，那么互联网到底给传统企业带来了哪些冲击呢?

1. 竞争模式的变化

传统企业之间的竞争是空间竞争，互联网企业的竞争是时间竞争。传统企业的业务扩张是以空间拓展和空间竞争为主，通过不断地进行市场拓展和丰富产品线来获得竞争优势；而在互联网时代，客户更加关注交付周期，造成企业之间的竞争由空间竞争向时间竞争转变。比如说，现在客户在线上下单，他不太会关注产品是从广东来的，还是上海来的，他更关注你是24小时到货，还是12小时到货。

2. 竞争对手的变化

在传统的竞争理论中，企业选定竞争对手是一件相对容易的事情，而在互联网时代这个问题就变得不那么简单了。估计俞敏洪从来不会想到腾讯、阿里巴巴会成为他的竞争对手，格力也不会想到一个做手机的小米会成为他的竞争对手，国旅也不会想到自己的市场会被去哪儿、携程、驴妈妈、途牛网抢走。如此之多的案例充分告诉我们，互联网时代企业的竞争对手变了，这些竞争对手可能是你的同行，也可能是与你八竿子打不着的潜伏者，企业稍不留神就会栽个大跟头。

3. 主力消费群体的变化

与企业内部员工一样，社会主力消费群体也在发生巨变，一方面80后、90后甚至00后这些互联网土著已经习惯了基于互联网的消费模式，另外即便是70后、60后也有越来越多的人开启互联网消费模式（关于这一点，通过过去几年双十一的交易量增长可以看得出来）。客户消费模式和习惯的改变已经成为不可逆转的潮流，企业只能顺应，决不能熟视无睹或者麻木不仁。

4. 产品被彻底颠覆

小米科技是一家典型的基于互联网发展起来的实体企业，小米科技董事长雷军曾经有一句名言：我们只做让客户尖叫的产品。是的，在产品同质化和产品过剩如此严重的今天，传统产品设计与交付的模式已经被彻底颠覆。

传统企业的产品设计与开发更多的是基于市场调研，其实对目标客户的研究和把握还是存在一定的问题，**传统企业对目标客户的定位是一个区间，而非特定的客户群体**，因此，企业在做产品定义和设计的时候也很难做到满足任何一个客户的需求。

5. 行业格局正在被打破

每个传统行业都会有行业巨头，原来行业小兄弟们想要超越这些巨头，确实很难。但在互联网时代，这种难度被大大降低，我们来看看2014年双十一天猫不同行业的品牌排名便可见一斑。

表1－2　2014年双十一天猫平台各行业品牌交易量排名

	母婴	家纺	家具	手机	大家电	户外	鞋类	男装	女装
NO.1	妙而舒	LOVO	林氏木业	小米	海尔	阿迪	骆驼	杰克琼斯	韩都衣舍
NO.2	巴拉巴拉	水星家纺	全友	华为	美的	耐克	奥康	太平鸟	优衣库
NO.3	好孩子	富安娜	顾家家居	魅族	海信	探路者	红蜻蜓	马克华菲	茵曼
NO.4	迪士尼	博洋	雅兰	苹果	乐视	骆驼	意尔康	GXG	Artka
NO.4	好奇	梦洁	华日	三星	小米	李宁	百丽	罗蒙	初语

表1－2中，林氏木业是一家非常有代表性的企业，双十一的异军突起其实代表了该企业的互联网转型。

【案例1－3】林氏木业电商布局之路

林氏木业是一家知名的家具企业，现在拥有卡伊莲、林氏、卡法尼、克莎蒂、亚兰蒂斯等多个品牌。林氏木业创立于2007年5月，总部坐落在佛山南海九江沙头镇。林氏木业自创立伊始便布局电商，实施自己的互联网战略，经过7年的发展，已发展成为中国互联网家具领导品牌，并在2014年双十一当天实现1.75亿的销售额，一举拿下家具行业头把交椅。

2007年5月，林氏木业正式注册淘宝店。

2008年8月，旗下品牌“卡伊莲”进驻天猫。

2008年11月，旗下品牌“林氏木业”进驻天猫。

2009年6月，旗下品牌“林氏”进驻天猫。

2010年6月，旗下品牌“持家太太”进驻天猫。

2010年11月，旗下原木家具品牌“克莎蒂”进驻天猫。

2010 年 12 月，旗下品牌“林氏木业”进驻腾讯拍拍商城。

2011 年 5 月，林氏木业进驻北京爱蜂潮体验馆，双线结合的购物新模式正式开始。

2011 年 9 月，珠三角垂直家装服务全线启动。

2012 年 7 月，旗下淘宝品牌店“林氏木业浪漫田园生活馆”正式开业。

2012 年 8 月，线下家居体验深圳馆正式开业。

2013 年 1 月，旗下法式品牌“卡法尼”进驻天猫。

2014 年 8 月，林氏木业首家 O2O 线下体验馆开业。

从林氏木业发展历程来看，这是一家地地道道的互联网实体企业，从 2007 年 5 月正式注册淘宝店到现在，林氏木业一直致力于打造全球最佳网货品牌。

（二）传统企业“触网”的四重境界

《互联网思维独孤九剑》一书把传统企业“触网”总结为四重境界①，即传播层面（网络销售）、渠道层面（电子商务）、供应链层面（C2B）、价值链层面（互联网思维重构）。

网络营销是传统企业“触网”的开始，绝大多数企业“触网”的第一步都是从官网、官博、官微、E－mail、BBS 等的建设开始的；电商是传统企业“触网”的第二步，随着淘宝、天猫、1 号店、京东、唯品会、美丽说、蘑菇街等电商平台的推出，越来越多的企业开始在这些平台上开网店或者旗舰店；传统企业“触网”的更高境界是改变传统 B2C 的运营模式，调整为 C2B，以客户为中心，从客户核心需求出发，进而触发内部流程改善，O2O 便是这个阶段的典型代表；传统企业“触网”的最高境界就是利用互联网思维全面再造内部商业模式和运营模式，打通产业链，建设让企业所有利益相关方在同一个平台上跳舞的机会。

（三）传统企业如何拥抱互联网

确实，传统企业互联网转型不仅仅是开一两家电商旗舰店，也不是盲目地跟随别人去做微商和推广，而是一项系统工程。

---

① 赵大伟. 互联网思维独孤九剑［M］. 北京：机械工业出版社，2014：17.

1. 思维转型

传统企业拥抱互联网的第一步就是要转变思维模式，用互联网思维全面武装自己。产业选择上体现跨界思维、战略和商业模式选择平台思维，产品研发方面体现极致思维和简约思维，供应链管理上体现用户思维和迭代思维，营销和服务方面体现流量思维和社会化思维，而在职能战略方面实施大数据思维。

2. 战略转型

传统企业互联网战略转型主要包括以下 5 个方面：商业模式（C2B、C2B2C、O2O）转变、营销战略（品牌建设及传播、市场推广、渠道策略、客户服务）转型、产品策略（目标客户群体定义、目标客户核心需求挖掘、产品定义与实现）调整、供应链（供应商、企业、代理商、客户）再造、核心业务流程再造与流程型组织变革。

3. 商业模式再造

传统企业在定义自身商业模式的时候，通常是这种思维模式：

（1）商业机会：我们目前的商业机会受到了哪些挑战？新的商业机会在哪里？

（2）客户需求：客户的核心诉求已经发生了哪些变化？客户新的利益诉求是什么？我们应该如何满足？

（3）盈利模式：新的盈利模式是什么？现有组织能力、资本能力是否具备？我们需要塑造哪些核心能力？

而在互联网时代，这种思维模式已经受到了严重的挑战：首先企业要用全新的用户体验去挖掘客户的真实需求，其次要按照 C2B 的模式重新定义自己的产品和服务，并在此基础上去思考新的商业机会。

4. 营销模式转型

传统企业的营销遵循 4Ps（产品、价格、渠道、促销）、4Cs（顾客、成本、便利、沟通）营销理论，基本上都是围绕产品展开宣传、推广、促销、价格和营销渠道建设，而在互联网时代，这种传统的营销模式显然已经不能有效帮助企业提升销量，企业需要发挥流量思维和粉丝经济、客户体验的作用和价值。

互联网时代的客户不再需要企业告诉他应该用什么或者不用什么，应该选择什么或者不选择什么，应该买什么或者不买什么，用户需要自己做选择。传统企业依靠市场调查的营销模式是没有办法满足每个人的需求和价值主张的，而这一点在互联网时代就变得极其简单，因为在互联网时代每个人都根据其喜好、年龄、职业、消费习惯、消费层次、朋友圈等多个维度被定位和区分，企业再根据每个人的需求提供个性化的产品和服务。

比如沃尔玛通过大数据分析发现周末啤酒和尿布的销量之间存在关联关系，因此将这两个产品捆绑销售，使得两种不同类型产品的销售额同时得到了增加；又如蒙牛将卖赠变为赠卖，通过突出客户体验大获成功。

5. 产品模式转型

任何一家企业都是围绕满足顾客某种至关重要的需求而存在的，也就是说，不管这家企业是卖运动服饰（如耐克、阿迪达斯、李宁）还是卖手机（如苹果、三星、小米、华为）的，都离不开产品（服务）的设计与开发。大家都知道苹果的成功正是源于乔布斯对产品的精益求精，小米的成功在于它能提供让客户尖叫的产品。中国有句老话，酒香不怕巷子深，好的产品（服务）是企业成功的关键因素。

可见，以客户为中心的产品模式在互联网时代显得尤为重要。

6. 供应链模式转型

随着企业经营微利时代的到来和互联网浪潮的冲击，传统企业就如夹心饼干，受到来自市场和供应商的双重压力，一方面供应价格不断上涨，另一方面销售价格越来越低。在这种情况下，越来越多的企业开始关注并重视供应链体系的整合。因为对于企业而言，供应链整合能力的提升，意味着成本的减低、企业利润的增加。难怪有人提出，**现代企业的竞争不再是企业个体之间的竞争，而是企业供应链之间的竞争，甚至是供应链生态圈之间的竞争。**

面对残酷的竞争，企业之间，特别是上下游之间，究竟是竞争还是合作？这已经成为摆在很多中国企业面前很现实的问题了。企业如果采取竞争，势必会导致供应链上下游企业之间的不断博弈和敌对；但如果选择合作，则有可能变得更加强大，强强联合，从而给整个供应链的各个企业都带来丰厚的利润和回报。

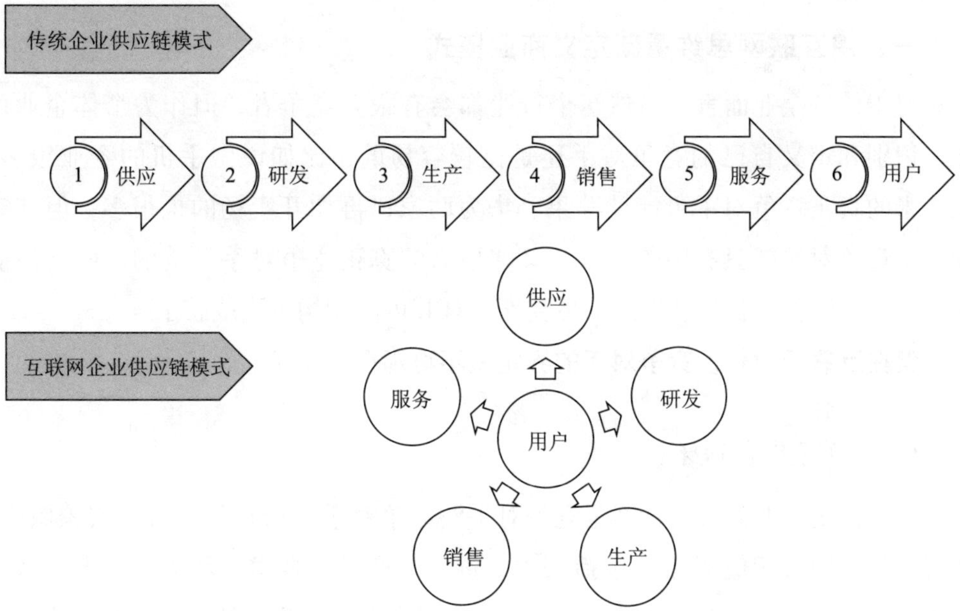

图1-1　传统企业与互联网企业供应链对比

通过图1-1可以看到，传统企业的供应链体系以企业为中心，是一种封闭的链式生产，只在最终环节面向客户；而互联网企业以用户为中心，用户可以参与到各个环节，强调个性化营销、柔性化生产和社会化供应。

看来，打造以客户为中心、多赢的供应链平台是互联网时代传统企业转型的唯一选择。

第二节　互联网时代迫使企业进行业务流程再造

互联网时代已然来临，谁也别想逃脱，唯一的办法就是去适应它，按照互联网的游戏规则重新定义你的商业模式，重构你的价值链、识别你的利益相关者、定义你的目标客户群体，按照互联网的模式对企业核心业务流程进行再造。

一、用互联网思维重新定义商业模式

对于传统企业而言，虽然每个行业都会有很多竞争者，但作为个体企业而言，识别和定义自己的竞争对手还是比较容易的，比如说做手机的企业很多，但小米的真正竞争对手可能就苹果、华为两家；再如开卖场的也很多，但苏宁的真正竞争对手就只有国美一家；又如格力的真正竞争对手是美的，而其他品牌如志高、海信、长虹、海尔、奥克斯、TCL可能就构不成威胁了。

但在互联网时代，竞争对手的界定就不再那么简单了。

（一）羊毛出在狗身上

对于传统企业而言，什么是竞争对手？竞争对手是指在某一行业或领域中，拥有与你相同或相似资源（包括人力、资金、产品、技术、环境、渠道、品牌等资源）的企业，并且该企业的目标与你相同或者相近，产生的行为会给你带来一定的利益影响。

在传统的经营意识当中，大家经常会听到一句话，叫“羊毛出在羊身上”，只要企业清晰地知道了“羊毛”，便可通过“羊毛”找到自己的竞争对手。

但在互联网时代，这种竞争意识已经受到了严峻的挑战，试想，大概没有一家出租车公司会想到滴滴打车和快的打车成为他们的竞争对手吧。传统的“羊毛出在羊身上”的经营意识已经被“羊毛出在狗身上”的互联网思维所打破。

互联网企业擅长在别人收费的地方免费，在别人挣钱的地方亏钱，并以此颠覆着一个又一个行业。从比特界到原子界，当广告销售不足于承担硬件成本时，“零利润”成为一种新的“免费”硬件玩法——即以成本价（或略高于成本价）销售硬件。小米做手机、做盒子，做电视、做平板无一不采用这种做法，甚至还以北京松果电子有限公司的名义得到联芯科技开发并拥有自己的平台技术，以进一步降低硬件的价钱。所谓“羊毛出在狗身上”，不靠硬件挣钱，自然要延长价值链，创造出新的价值链来收费。在这背后，则是小米对内容的布局。

（二）马和牛做生意，让驴埋单，赚猪的钱

马和牛做生意，让驴埋单，赚猪的钱，这是一种全新的互联网商业模式。

为了能够说明这种商业模式，我们先举几个例子。

【案例1－4】"1元门票"的背后

随着旅游电商的兴起，"1元玩5A级景区""一块去旅游""0元游全国"等旅游产品纷纷由同城网、携程网、途牛网、去哪儿、驴妈妈等旅游电商企业推出。很多人认为，相对景区动则一两百元，甚至三四百元的门票价格，这些旅游电商企业到底能赚到钱吗?

从表面上看，这肯定是一个赔本的买卖，但实际上这是一个完美的商业模式。这种商业模式通过分担支出的方式让与这个旅游产品相关的利益人（游客、电商企业、景区运营商、银行或第三方支付公司）都得到了实惠，达到了四方共赢。

游客：降低了旅游费用；

电商企业：获得了流量，同时得到了分成；

景区运营商：提升游客数量，虽然在门票上减少了收入，但在其他周边产品上赚足了钱；

银行（或者第三方支付公司）：增加了新开户数。

【案例1－5】梦露睡衣的免费模式

梦露是一个女士内衣品牌，市场售价188元，同时在全国150多家网站做广告。离奇的是这家公司的内衣不是卖，而是送，还支持退货。但他们有一个要求，那就是快递费（23元）需要消费者自己支付。相信看到如此诱惑的广告，很多女性都会动心，脑子一热，便留下自己的相关信息。几天后你就会收到了这件梦露睡衣，打开一看，品质还不错，那就心甘情愿地付了23元的快递费。

更令人想不到的是，这一送居然送出了1000万件。

很多人会问，这家企业这不是赔着生意赚吆喝吗（1000万件×188元/件＝18.8亿元）。其实不然，不赔反赚。下面我们一起来算一笔账：

生产成本：中国有很多内衣加工企业，生产成本很低，在义乌做这样一件睡衣的成本差不多10元，因为有如此大的量，估计8元就能搞掂。

快递费用：用顺丰物流估计每件睡衣的快递费用需要12元甚至更高，但如果找其他快递送1000万个快递，估计5～6元能搞定，我们就拿5元来计算。

广告费用：我们以每件3元计算。

厂家毛利：23元（消费者支付）－8元（生产成本）－5元（快递费）－3

元（广告费）=7元。天哪，厂家居然还有7元/件的利润，免费送1000万件就有7000万元的利润！

【案例1-6】苏州新机电洗空调销售模式

苏州新机电是格力电器的苏州代理商，主要通过发展经销商进行格力电器产品（空调、冰箱、小家电）销售，在苏州新机电互联网转型的过程中，我们对其商业模式进行了全面调整和优化。

首先我们识别苏州新机电利益相关人有经销商、客服公司、物流公司、安装公司、终端用户，那么如何才能保障利益相关方都能够利益最大化呢？

第一，由新机电统一搭建电商平台，终端用户可以通过电商平台直接下单，而新机电电商平台本身不直接做订单交付，电商平台会把客户订单信息按照客户所属地转给经销商，由当地经销商开票，并交由物流公司送货、安装公司安装调试。

第二，电商平台为了更加清晰地划分客户归属，要求各经销商在线下大量发展会员，并在线上建立按各个经销商命名的会员群。

第三，会员群建立完成后，客服公司把客户服务业务搬到线上运营，并增加空调清洗业务。由电商平台按照每个客户购买空调的时间提前提示客户需要进行空调清洗，当电商平台接到清洗订单后直接委托安装公司上门服务。

在新机电的这个商业模式中，首先通过统一的电商平台接收客户订单，一方面免去每家经销商都做电商所带来的恶性竞争，另一方面为每家经销商降低了电商平台运营费用；其次，通过发展会员，增加空调清洗业务，为安装公司、客服公司、经销商带来了另外一部分收入。这样一来，所有利益相关人（苏州新机电、经销商、客服公司、物流公司、安装公司、终端用户）都得到了实惠：

苏州新机电：增加销售；

经销商：增加销量，降低自行搭建电商平台的成本支出；

客服公司：提升客户满意度，增加空调清洗业务收入；

物流公司：增加业务收入；

安装公司：增加空调安装业务收入、增加空调清洗业务收入；

终端用户：增加空调购买的便捷性、享受“购买——安装——清洗”一条龙服务。

通过上面三个案例可以看到，互联网时代的商业模式与传统商业模式已经发生了本质的变化：传统商业模式只是一种简单的买卖，也就是说从材料供应商那里买进原料，通过设计、加工、生产变为成品，再用高于原料的价格卖出去，至于说能卖多高，这又与行业竞争态势、企业定位、品牌影响力、销售策略、目标客户、商品稀缺性有很大的关系；而互联网时代的商业模式要比传统企业商业模式复杂得多——免费模式满足客户占便宜的心理，产业链的整合让利益相关者共同受益。

二、用互联网思维进行业务流程再造

在互联网时代，企业的战略变了，商业模式也变了，相应的，营销模式变了，产品开发和运营变了，供应链模式也变了。如何才能应付这种变化？唯有从业务流程再造开始。因为业务流程是支撑所有这些变化的基础。

（一）更高、更快、更强

互联网时代，企业业务流程的变化的特征非常符合国际奥林匹克精神（更高、更快、更强）。**在瞬息万变的互联网时代，天下不会再有新鲜事**，那么企业如何才能立于不败之地呢？

更高让我们看得更远。互联网的最大好处就是为企业提供了一个站得更高、看得更远的平台。有人统计过，近4年互联网积累的数据量超过了过去400年人类积累的数据，如此庞大的数据库可以让企业完全打开视野，看到更长远的未来。

更快让我们走得更稳。互联网时代的另外一个特征就是“快”，快到让一个不善于学习的人在很短的时间就能与社会产生巨大的差距。经营企业也不例外，如果企业对新事物不敏感，组织不善于学习，估计在很短的时间也会被淘汰，诺基亚、摩托罗拉、索尼就是典型的失败案例，而林氏木业、小米科技、顺丰物流、Facebook的异军突起则是典型的成功案例。

更强让我们活得更长。先大后强还是先强后大？这是经常令很多传统企业犹豫的问题。在互联网时代，这个问题的答案只有一个，那就是——更强才能活得更久。诺基亚大不大？摩托罗拉大不大？为什么在互联网时代这些企业都死掉了呢？原因很简单，因为这些企业不够强！

（二）干掉中层

如果把“更高、更快、更强”看作传统企业在互联网时代业务流程再造的基本思路的话，**“干掉中层”则是互联网时代业务流程再造的核心和关键。**

据说 2013 年小米科技董事长给凡客开过一个秘方，那就是去管理层化，大幅压缩中间管理人员，让所有员工专心致志地做产品。无独有偶，海尔张瑞敏提出的“管理无边界，企业无领导”也正是这种理念。

1. 扁平化是互联网企业组织特征

传统企业熟悉的“金字塔式”或者“宝塔式”的组织结构（如职能式组织结构、事业部式组织结构、集团式组织结构、矩阵式组织结构）在互联网时代也受到了巨大的挑战，互联网企业强调“更高、更快、更强”，而传统组织模式中分层管理、官僚思想、集中决策、线性领导的模式在互联网时代就显得格格不入了。互联网时代外界环境变化很快，需要现场和基层决策的事宜越来越多，这就要求必须压缩管理层级和决策半径，实现扁平化管理。

2. 企业将不再需要那么多的中层管理者

在小米科技，从高层到基层员工只有 3 级（高层—部门负责人—基层员工），海尔通过建立 2000 多个自主经营体减少了几万名管理者，阿里巴巴则通过分拆业务，将事业部从十几个拆分为几十个以压缩管理层级。

我们做一个测算：假设一家企业有 10000 名一线员工，按照传统企业每个管理者 6 ~ 10 人的管理幅度计算，这家公司需要设置（1 人—10 人—100 人—1000 人—10000 人）5 个管理层级，从高管到一线员工中间需要 1111 名（1 名高管 + 10 名中高层管理者 + 100 名中层管理者 + 1000 名基层管理者）管理人员。那么在互联网企业需要多少管理者呢？假设我们把这 10000 名员工分为 1000 个工作组，每个工作组 10 人，每个中层管理者管 10 个工作组，每个高管管 10 个中层，那么这家公司仅需要 110 名（10 名高管 + 100 名中层管理者）管理者就可以了。

（三）互联网时代企业业务流程再造的关键

既然互联网时代企业业务流程再造已不可避免，那我们就要用积极的心态去拥抱变化，当然，企业要进行业务流程再造，我们认为还需要清晰地认识到以下几点：

1. 大数据思维，建立大数据平台和大数据运营能力

大数据是互联网时代的特征，互联网时代企业业务流程再造的首要任务就是打造自身大数据平台建设与大数据运营能力，这一点在企业进行业务流程再造的时候尤为关键。

2. 客户思维，把客户当神，把自己当人

传统企业把客户当成“上帝”，以自己现有的产品和服务去最大化地满足“上帝”的需求。记得很多年前有一句非常有名的关于客户服务的话：第一条，顾客永远是对的；第二条，如有疑问，请参照第一条。确实是这样，传统企业经营思维是以“我”为中心的，首先是企业有产品和服务，为了扩大市场，企业总想把自己的产品卖给更多的人，但不同的客户其价值诉求是不同的，怎么办呢？企业只好被动地想尽各种办法去讨好顾客。

在互联时代，企业首先考虑的不是自己有什么产品，而要以“客户”为中心，把客户当成神，先去研究客户的核心诉求，然后根据客户需求开发产品和服务，正所谓：把客户当成神，把自己当成人。

3. 体验思维，卖的不是商品，而是体验

前几年有一句非常流行的网络语：哥抽的不是烟，而是寂寞。现在看这句话，发现这里面其实隐藏着一个天大的秘密，那就是互联网的体验思维。试想，抽的真是烟吗？为什么要抽烟？抽烟原来是因为“哥寂寞了”！

互联网时代企业在进行业务流程再造的时候一定要关注客户体验。大家都知道，原来绝大多数奶企在终端销售的时候都是采用买赠的方式，即消费者购买一定的产品即可获得相应的赠品，而蒙牛通过把买赠改为赠卖（即先体验，后埋单）获得了巨大的成功。蒙牛的这种赠卖方式大概就是一种典型的客户体验吧。

4. 平台思维，让企业所有利益相关方在同一个平台上跳舞

传统企业进行业务流程再造更多关注企业内部价值链上的优化，而在互联网时代，企业业务流程再造必须将所有利益相关人捆在同一个平台上来思考。如【案例1－4】中旅游电商企业把消费者、旅游电商企业、景区运营商、银行或者第三方支付机构放在同一条价值链上考虑，让每个利益相关者都获得好处；【案例1－5】中梦露内衣把消费者、生产厂家、快递企业、网络广告商打包在一

起，让每个利益相关者都赚到了钱或得到了实惠。

5. 极致思维，极致化满足客户某个至关重要的需求

每个客户同时都会有多种需求，如果一家企业要想满足客户的所有需求那就错了，而且是大错特错！**在互联网时代，企业一定要抓住客户某种至关重要的需求，进而用令客户尖叫的产品和服务去满足他**。记住，互联网时代满足客户最好的产品是做减法，互联网时代不需要复杂的产品和服务！

第二章 为什么是流程

——业务流程管理三段论

1990年，迈克尔·哈默在《哈佛商业评论》上发表了一篇题为“再造：不是自动化，而是重新开始”的文章，率先提出企业再造的思想。1993年，他在与詹姆斯·钱皮合著的《再造企业：经营革命宣言》一书中提出：为了取得经营业绩的戏剧性提高，企业应该再造经营——运用现代信息技术的力量重新设计每项业务的核心流程。从此，企业经营进入了“再造”时代。

可以这么说，迈克尔·哈默提出企业再造的思想是基于当时他们已经看到了信息技术将会对现代商业文明带来的冲击；而在21世纪的今天，随着互联网时代的到来，这种冲击愈演愈烈，已经严重影响到了传统企业的经营与发展。

第一节 从程序化、规范化到流程化

与迈克尔·哈默提出再造理论同时代的中国企业，那时候还处于计划经济时代的末期，市场经济体系还未完全建立起来，虽然当时很多企业开始意识到并尝试融入世界经济大家庭，参与国际竞争，但从流程管理意识到流程管理体系的建设方面都还比较滞后。

中国企业接触流程管理思想基本上是从20世纪90年代引进ISO 19001：1994质量管理体系开始的，中国企业在此过程中才真正意识到程序（流程）对企业管理的重要性。但真正被中国企业普遍认同的流程管理雏形，基本上是在20世纪90年代后期形成的，那时候，很多企业提出了规范化管理，规范化强调制度化、程序化、标准化。而**随着近年来互联网经济的蓬勃兴起，流程早已经成为传统企业提升运营能力、进行互联网转型的撒手锏。**

下面就让我们从规范化管理开始，共同回顾中国企业流程管理历程。

一、程序化：流程管理的雏形

中国企业最早做流程来源于20世纪90年代的ISO 19001体系，在那个时代，中国企业几乎还没有导入西方科学的管理体系和模式，很多企业都还在沿用老国有企业的经济责任制、标准化管理、成本管理等模式，也很少有企业关注流程的问题。

当ISO 19001体系进入中国后，很多人第一次接触到了“程序”这个词。ISO 19001中对程序是这样定义的：**程序就是将输入转化为输出的相互关联或相互作用的一组活动**。这大概就是中国企业对流程的最早认知吧。

二、规范化：第二代流程管理

规范化可以讲是程序化的升级版，很多企业在尝到程序化的甜头之后，便开始思考管理的重要性以及如何通过抓好管理让企业经营更加稳健。

（一）规范化盛行的时代

规范化管理强调企业管理体系的构建必须围绕制度化、程序化和标准化来进行，制度化保证所有事情有法可依，程序化保证所有事情有章可循，标准化保证所有事情有标可对。其实，规范化管理在中国企业的兴起和发展是有它特殊的历史使命的，随着市场经济体系的逐步完善和2001年中国正式加入WTO，中国企业原来基于计划经济时代的管理体系已经不能适应企业竞争和发展的需要，企业急需一套行之有效的管理体系，由此规范化管理应运而生。

规范化管理经过10多年的发展，已经成为中国企业比较公认的改善管理水平的方法，有人把规范化管理的基本思想总结为：

（1）规范化管理的“八零”目标：决策制定零失误、产品质量零次品、目标客户零遗憾、经营管理零库存、资源管理零浪费、组织结构零中间层、商务合作伙伴零抱怨、竞争对手零指责。

（2）规范化管理的“四一”标准：企业的每一个岗位、每一个活动、每一份资产、每一个时刻，都处于受控之中。

（3）规范化管理的“十化”要求：决策程序化、考核定量化、组织系统化、权责明晰化、奖惩有据化、目标计划化、业务流程化、措施具体化、行为标准化、过程控制化。

国内著名的规范化管理专家周坤先生将企业的规范化管理归结为六大系统①：发展战略规划系统、流程设计系统、组织管理系统、部门职能及岗位描述系统、规章制度管理系统、管理决策及控制系统。

规范化管理的核心思想就是通过将公司的发展战略规划与管理体系的建设有机结合，帮助企业在战略的指引下，从“人治”迈向“法治”。

其实，当时大家所讲的规范化管理还只是企业对管理的一种追求，尚未形成一套完善的理论体系，不同的人对规范化管理的理解不同，其主张的规范化管理体系便不同，但纵观企业比较认同的一些规范化管理思想，它们基本上都具有以下几个明显的特征：

（1）强调战略实现：几乎所有的企业都开始意识到战略对企业的重要性，缺乏战略的企业犹如大海中随波逐流的孤舟，随时都有沉没的危险，而任何一家企业的经营都不可能脱离大的经济环境独立存在，所以企业的规范化管理也必须围绕战略高效实现来构建。

（2）强调系统运作：强调企业运作的整体性和系统性。一家企业就如一部

① 周坤．突破发展瓶颈：企业规范化管理实务［M］．北京：北京大学出版社，2005：77.

汽车，每个部门和岗位都是这部车上不可或缺的零部件，如果各部门和岗位不能系统运作、高效协同，那么企业这部汽车就不可能“跑”起来。

（3）强调流程管理：流程是企业开展任何业务活动或者管理活动的游戏规则，缺乏流程指引，每个员工都会按照自己的理解和经验去开展工作，部门之间、岗位之间就会因为工作方法的不同、对工作目标认识的差异而出现协同困难。

（4）强调以人为本：以人为本的管理思想正被越来越多的企业所认可，因为“人”是企业最重要的资源，如何发挥每个人的主动性显得越来越重要。很多企业开始让每一个员工都参与到公司的战略制定、管理决策，以及流程、制度的建设当中来，以保证其理解、认同和支持，同时，企业所有管理体系的建设也都考虑“人”的感受。

（5）强调制度健全：规范化管理的首要职能就是强调企业的管理要从“人治”向“法治”转变，无以规矩，不成方圆，制度就是保障。

（6）强调基础建设：企业规范化管理是建立在一定管理基础之上的，要想管理规范化，企业必须在组织分工、员工激励、绩效管理、信息管理、文化氛围、决策机制等这些基础管理上做出提升和改善。

（二）流程崭露头角

流程管理真正在中国企业兴起，基本上是从 21 世纪初很多企业引进 ERP 系统开始的，因为在此之前企业管理强调制度化、程序化和标准化，而这时候的企业管理与信息系统基本上没有关系，直到企业引进 ERP 系统才发现，要想实现 ERP 系统的正常运行，企业内部的核心业务流程先必须梳理清楚。因为 ERP 系统只是对线下核心业务流程的信息化集成，由此在国内掀起了第一次流程管理高潮。

ERP 的应用，对于企业而言不仅仅是引入一套现代化的管理软件，通过软件使企业的日常经营管理活动自动化，更重要的是它将对企业传统的管理模式进行根本性的变革，使其更加合理化、科学化、流程化。可以毫不夸张地说，企业应用 ERP 后效益的提高，一方面来自 ERP 软件本身，另一方面得益于业务流程重组。实际上，ERP 软件功能的实现要求企业必须进行全面系统的业务流程重组，同时，ERP 应用也改变了企业传统的管理模式，它将企业的管理活动按照其功能分为财务、人力资源管理、绩效管理、计划、采购、生产等模块，这种模块化的管理要求企业对原有的管理方法进行重新组织和安排，以保证ERP模块的正常运作。

事实上，有人认为，企业实行BPR是应用ERP和推进信息化建设的基础，对推动企业管理现代化将起到积极的作用。有证据表明，在ERP导入之前进行业务重组或优化，将大大提高ERP系统的实施效果。

三、互联网加快流程再造步伐

随着ERP的兴起，中国企业开始关注和重视流程建设工作。根据我们辅导的经验，国内企业大批量进行流程建设也就是最近不到10年的时间。2007年，由美国次贷危机造成的全球金融危机影响日益严重，导致国内企业出口下降、利润下降，这一大背景，再加上宏观经济环境的影响，迫使国内企业必须思考通过业务流程再造来找到更合适的发展路子。

正所谓："福无双至，祸不单行。"当很多企业还挣扎于金融危机的泥潭中时，互联网经济以迅雷不及掩耳之势袭来，使这些企业雪上加霜，经营愈发困难，而要想突破经营瓶颈，唯有对自己的业务流程进行全面再造。

可以这么说，**在中国企业流程起源于ISO 9001，成长于规范化时期，必将大有作为于互联网时代！**

第二节 为什么是流程

传统企业认为，企业管理的本质在于分工，只要保证企业内部的每一项职能都有部门和岗位承接就行了。然而现实的状况往往是事与愿违，因为企业内部的分工只是解决了每个部门、每个岗位"做什么的"问题，而没有解决"怎么做"的问题；也就是说，只强调分工的话，大家都明白了自己要做哪些事情、承担哪些职能，但并不清楚做这些事情的先后顺序和工作关系。而要解决这一问题，流程才是关键。

特别是在互联网时代，不仅仅要强调企业内部的协同，更需要注重企业与外部资源、利益相关人之间的协同，因此，**业务流程再造是传统企业在互联网时代获得重生的唯一出路**。

一、战略、流程与组织

在企业中，**战略决定企业做正确的事，流程帮助企业高效率、低成本、低风险地做事，而组织能够保证流程落地与实现，这就是我们通常所讲的企业管理“三驾马车”，战略、流程、组织缺一不可**。

（一）战略决定业务流程

战略主要回答企业是什么、企业能做什么、不能做什么、做到何种程度、怎样具体达到目标等基本的命题。**战略决定做什么，流程研究怎么做**。从这个意义上讲，战略与流程是目标和手段之间的关系。

下面，我们再分别从战略对业务流程的四个决定性作用看看战略是如何影响和控制流程的：

1. 战略决定了流程的客户

流程是企业从输入原料、资金、信息到输出能满足客户需求的产品或服务的过程，流程的首要目的是提供满足客户需求的服务或产品，因此进行流程管理首先应了解客户的需求和标准是什么，而明确客户需求的第一步是了解我们流程的客户是谁。

许多企业进行流程管理，对自身的客户是谁大都有认识，但是否真的十分清楚呢？要了解自身的客户是谁，需要进行企业战略分析和研究。通过对企业内外部环境的研究分析，在明确自身资源的基础上，了解企业未来到底能为哪些客户提供产品或服务、提供哪些方面的产品或服务、未来服务要达到什么样的目标和要求，这些无疑是十分重要的。也就是说，通过战略的分析研究，明确企业自身发展目标，进而明确企业的流程运作目标——客户需求，才能了解流程管理的重点和方向。

在互联网时代，企业客户识别与选择会变得越来越复杂，传统企业定义客户、挖掘客户需求的做法已经受到了极大的挑战。

2. 战略决定了流程的价值增值方式

美国哈佛教授迈克尔·波特教授曾经讲过，作为一般企业的基本战略主要有三种：低成本战略、差异化战略和专业化战略，这三种基本战略决定了企业对其有限资源的不同配置方式，也决定了企业的相关价值增值模式。由上述三种基本战略我们还可以根据企业的实际情况，再进行衍生，形成具有企业自身特点的竞争战略和职能战略，而这些战略的具体实施，正是通过企业的流程运作得到贯彻的。

因此可以讲，**战略决定了企业的价值增值方式，而流程则是企业价值创造的动态表现形式。**

3. 战略决定了流程的期望输出效果

企业在不同的时期，根据战略的不同管控要求，会有不同的侧重点。有些强调控制，有些强调快速反应，有些强调成本压缩，不一而足。即使是同一个流程，在不同的战略决定下，也会有不同的期望效果。在这种情况下，流程首先要提升的不是流程本身的运作质量，而是要确保对流程的相关业务侧重点的满足。

通过上面的分析，我们可以清楚地看到，一旦战略确定，企业的流程必将随着战略进行调整。毛泽东主席曾经说过：政治路线确定后，干部是关键因素。我把这句话改一下：**企业战略确定后，流程是关键因素**。因为流程高效与否，直接决定企业战略能否实现。

（二）业务流程决定组织

企业确定了“正确的事情”之后，还需要有健全的业务流程体系加以执行和保障，这就是我们通常所说的业务流程保证企业“正确地做事”。

业务流程体系的建设包括企业战略及价值链分析、业务流程规划、业务流程优化与再造、业务流程配套设计、业务流程变革及实施、业务流程落地及固化、企业信息化建设等。

业务流程体系健全后，还需要进行组织及业务体系的优化与再造，组织体系再造包括集团管控模式设计、集权及分权体系规划、企业组织模式选择、企业一级组织再造、企业二级组织设计、部门使命与职能规划、部门职能分解、岗位说明书体系、岗位任职资格体系建设等。

组织是为业务流程顺利实现而服务的，业务流程实现则是为公司发展战略的实现服务的，从这个意义上讲，业务流程决定着企业的组织架构，做同样产品的企业，因为内部运作流程不同，企业组织结构就可能有很大差异。

关于这一点，我想大家很好理解，但在现实企业管理中，我们发现管理者经常会犯这样一个低级错误，那就是当企业战略或年度经营计划确定后，管理者先急着去画公司的组织架构，而往往忽略了业务流程规划和优化，这就是很多国内企业运作低效的根本原因。

这样做的结果是：从表面上看，每个部门、每个岗位的分工都是清楚的，大家分工明确、各司其职，但最终的结果往往事与愿违。

（三）战略、流程与组织的关系

通过前面的分析，我们可以得到：战略是企业经营运作的根本和方向，企业的相关流程运作、组织设计都受其影响和调整；组织是战略实施和流程运作的基本平台，搭建起相应的组织机构后，我们才有落脚点进行相关战略和流程优化的贯彻落实；而流程则是战略实施和组织运作的载体和方式，它按照战略运作的要求，在不同的组织平台之间穿插运行，从而实现企业的价值增值过程。

打一个形象的比喻，假如我们将企业看作为一个人体，那么：战略好比人体的大脑，它决定着我们做什么；组织是人体内部的各个器官，它们在人体内部起着不同的作用，实现器官的特定功能；流程则是遍布全身的血管和神经，它们通过连接不同的器官，将各个器官之间所产生的输出物质进行有效循环，维持人体系统的正常运行。

在理解战略、组织和流程的关系时，应注意以下几点说明：

1. 战略对组织和流程的决定作用是动态的，而非静态的

许多企业的战略管理可以说是“规划规划，墙上挂挂”，没有适时根据企业内外部环境和资源状况的变化进行调整；因此常常是今年做了一下战略规划，明年、后年就束之高阁了。企业的组织和流程调整要么是长久没有变化，与市场变化和竞争需要脱节，要么是变化过于频繁，缺乏一定的指导性、稳定性和目的性。显然，这两种情形与战略管控的要求都是有差距的。

2. 流程管理增加了组织的柔性运作和环境适应能力

传统的职能分工管理其假设前提是通过专业化部门运作，提高部门运作效

率。它的外部组织环境相对比较稳定，客户需求比较单一，其管理的要义是在固定框架模式下，进行更好的运作和协调。但是现有的组织运作环境与传统的组织运作环境发生了巨大的变化。客户个性化需求色彩越来越突出，市场竞争越来越激烈，产品/服务的独特竞争优势难以持久，传统职能管理所表现的弊端也越来越突出：部门本位主义严重、感受不到市场压力、协调成本过高、部门之间扯皮现象严重、责任不清，等等。环境的变化对组织运作提出了新的管理要求：直面客户、应对市场、传递压力，其组织管理更侧重于客户价值主张的实现。这些要求集中反映在流程上，希望通过流程化管理传递压力、流通价值、系统化解决客户需求、增强对外部变化的反应。因此，流程化管理改变了我们传统的组织运作方式，增加了组织的柔性运作和对环境的适应能力。

3. 组织运作效率在流程管理中得到了提升和解放

组织本身由个体人员所组成，同时个体也是组织价值的创造者。组织运作理论最早由美国管理学家泰勒提出，他希望通过对不同类型的组织乃至组织内部个体人员的职能进行细化分解和固化，让每个部门、每个组织成员知道做什么，通过加强培训、监督和控制，提高组织和成员的运作效率。这种管理方式在早期比较有效，其突出的缺点是扼杀了组织和个体成员的自由个性，束缚了组织和成员的能动性发挥。流程管理则着眼于对某项工作的系统优化和效率提升，侧重对事情的规范和明确。它改善了整体系统的运作效率，更重要的是为组织和成员保留了一定的成长空间，使组织和成员能够在流程运作中找到自身的价值。因此，可以说传统的组织运作在流程管理中得到了提升和解放。

总体来讲，战略是组织和流程运作的根本，它决定了企业的价值目标，直接影响和决定了组织、流程的最终实现目的。

组织作为战略实现和流程实施的平台，在外部环境的冲击和影响下，从以前的职能固化管理转变得越发富有活力和柔性。从组织管理的角度看，它针对的是企业内部的每个成员，它明确了企业内部成员的岗位职责、角色和任务，构成了企业的内部垂直管理线路，通过责任体系将企业最高经营者与普通员工联系在一起。

流程管理则针对的是企业的价值产出过程，是企业内部水平方向的管理线路，所包括的范围从企业发现客户需求，到研发和生产制造，再到销售和服务，并通过客户满意最终实现价值创造。它突出反映了一种动态关系，更注重目标，直接面对客户；更注重整体运作，打破部门壁垒；更注重系统的价值实现和效率提升，而不是依法行事。

组织结构与流程运作构成了企业内部的垂直管理线路和水平管理线路。其中垂直管理线路明确了组织成员的分工，水平管理线路明确了组织成员的协作；既分工又协作的管理方式，就构成了企业经营与管理模式。这种横向与纵向的结合，有助于企业充分利用相关资源，实现企业战略目标。

二、什么是流程

根据我们的工作经验和对流程的理解，我们对流程定义如下：

所谓**流程，就是指一系列的、连续的、有规律的活动，而这些活动以特定的方式进行，并导致特定结果的产生。**

在对流程定义的理解过程中，我们要注意：

流程是“一系列的、连续的、有规律的活动”。正因为这样，这些“活动”是有先后顺序或并列关系的，同时这种先后或并列关系是连续和有规律的。

流程是“以特定的方式进行”。在流程运作的过程中，不同公司、不同发展阶段其“活动”之间的运作方式是不同的。

流程是“导致特定结果的产生”。流程最终目的在于创造价值，也就是增值，这种增值可能是效率提升、成本降低、销售增加、利润增长、质量提高，也可能是客户满意、员工满意，这与每个流程的目的（绩效目标）有关。

（一）流程构成6要素

一个完整的流程必须包含6个核心要素：输入、供应商、过程、执行者、输出、客户。

1. 流程输入

流程输入就是指流程运作初期所涉及的基本要素。这些要素是流程运作过程中不可或缺的组成部分。一般而言，在流程运作过程中它们将被有效地消耗、利用、转化，并最终对流程产出产生影响。常见的流程输入有：资料、物料、客户订单、顾客需求、资源、设备、说明、标准、计划、信息、资金等。

2. 流程供应商

流程供应商就是指为流程活动提供相关物料、信息或其他资源的个体或部门。在日常的流程运作中，供应商可以有一个，也可以有多个。我们在进行流程设计时，一般只需要列出关键供应商即可。供应商作为流程组成的基本要素之一，所提供的物料、信息或资源对流程运作将产生重要影响。

常见的产品研发过程中，市场部门作为一线部门，需要将产品市场变化情况、客户反馈信息、竞争对手防范措施等相关信息及时地向研发部门进行反馈和交流，以使研发部门所研发的产品更贴近市场和客户需求。在这个流程中，如果市场部门作为提供商所提供的相关信息不及时或者不准确，很有可能会对后期的产品研发项目产生重要影响，丧失产品未来的市场竞争能力。

3. 流程过程

流程过程就是指为了满足客户需求所必须进行的相关作业活动的集合。这些活动对流程输出来讲，是核心的、关键的、不可缺失的、有增值效果的。从流程优化的思路来讲，过程才能为组织创造价值，因此必须尽量减少一切不必要的非增值环节，提高流程的质量和效率，使流程路径最短、效率最高。

在一个完整流程的过程中，包含着多项活动，一般而言过程活动是有着严格的前后顺序和逻辑关系的。上一个活动的产出就是下一个活动的输入，这些活动对应着不同的职能部门。因此在进行流程优化时，我们必须明确相关部门在这些流程活动中所要扮演的角色和承担的责任。

同时，根据流程的划分层次不同，过程活动也呈现出层级化的趋势。往往高一级流程中的某一个过程活动，我们可以细化成为一个完整的低一级流程。当然，在进行具体流程设计时，我们还是应该根据流程的具体设计要求和目的，进行适当的过程设计，尽量避免陷入不必要的细化讨论或者过于空泛的宏观设计。

4. 流程执行者

流程执行者就是指具体的流程过程活动的实施者，它既包括个体，也包括部门。在一个流程中，可能只有一个执行者，也可能包括多个执行者。流程执行者的识别，与各个部门在流程中所扮演的角色和流程本身的层级划分有着重要关系。

比如年度财务预算制订流程，就涉及公司财务部（制订具体年度预算方案）、公司领导（审核年度预算方案）、公司下属各业务单位（参与相关预算方案设计），这些部门作为流程的执行者，根据其承担的职责不同，扮演着不同的角色。

跨部门的公司一级流程，它的执行者可能涉及公司所有相关部门，如果我们将流程中的某个环节细化成下一阶流程，它可能就是某个部门的内部运作流程，它的执行者可能仅仅涉及部门内部的相关岗位。因此，对流程执行者的识别也与流程本身的层级划分有着直接关系。

5. 流程输出

流程输出就是指流程的最终产出结果。它可分为硬件和软件两部分：硬件主要指生产制造过程中所生成的各种产品，软件就是相关的信息或者服务。流程的输出是否合格，最终需要由客户进行判断，看产出是否与客户需求吻合。

在同一个流程中，可能有几种不同的产出，对应着不同的客户需求，这些客户之间的需求可能会存在一定程度上的矛盾或者冲突。设计流程时应以满足该流程的主要客户的关键需求为主，这样设计出的流程才能达到我们所期望的效果。

举例说明，比如企业内部的培训管理流程，它的客户可能有员工、部门和公司三部分，它们之间的需求是存在一定程度的差别的：员工希望通过培训开阔眼界，提高自身综合素质；部门希望通过培训提高员工实际工作技能，使其更好地适应现有工作需要；而公司则希望通过培训使员工具有可支撑未来长远发展的综合技能，适应公司未来战略发展和业务调整的需要。显然，这三者之间的需求导向并不是完全一致的。在这种情况下，我们设计流程就应以满足公司的培训需求为主。

6. 流程客户

流程客户就是流程输出结果的最终消费者。对于企业流程来说，客户既可以是外部市场客户，也可以是内部组织客户。在设计相关流程时，必须首先明确流程的客户是谁，仔细把握客户的最终需求，这样设计出的流程才有意义。而要做到这一点其实有时并不是太容易，需要我们认真甄别和思考，才能得出正确的结论。

在进行流程设计之前，不妨不断提出相关问题，用以识别流程的相关客户和客户需求：

谁来关心该流程的最终输出结果和效果？

该流程会对哪些部门的运作造成影响？

流程设计的最终目的是什么？

流程的内部客户是谁？外部客户是谁？

流程的主要客户是谁？次要客户是谁？

【案例2－1】 为了使读者更好地理解流程的6个环节，我们举例说明：

表2－1 流程要素分析

	物料采购流程	员工招聘流程	订单管理流程	生产管理流程
输 入	物料需求计划、仓储信息	招聘计划、岗位编制	客户订单	生产计划、销售计划
供应商	原材料供应商	人才市场、校园等	销售部门	计划部门
过 程	询价、报价、采购	发布招聘信息、笔试、面试	订单评审、订单拆解、订单计划、订单跟踪、订单交付	领料、生产、入库、发货
执行者	采购部、计划部、财务部、品质部	人力资源部、用人部门、公司高层	销售管理部、PMC、生产部、仓储部、物流部	生产管理部、工程部、品质部、计划部、仓储部、物流部
输 出	合格的物料	合格的员工	满足客户需求的产品或服务	及时、合格的产品
客 户	生产部门	用人部门	订单交付对象	销售部门

（二）流程管理的核心目的是增值

流程的概念搞清楚了，我们还要回答另外一个问题，那就是企业做流程管理的核心目的究竟是什么？

是增值！

企业进行流程管理的核心目的就是通过流程周而复始的高效循环，使企业价值不断得到提升。

【案例2－2】 我曾经接到一位新疆读者的电话，她告诉我，她是一家医院的化验室主任，她所在的部门归口这样一个流程——病理化验流程，流程的主要步骤包括：

（1）接到化验需求和样品；

（2）按照化验标准进行病理化验；

（3）填写化验单；

（4）将化验单送至需求部门。

她问我：这个流程的增值方式是什么？

这个流程的增值方式有两个，其一：提升化验效率，其二：提高化验准确率。

值得注意的是，对于流程的“增值”我们不能简单理解为赚了多少钱。流程不同，其增值模式也会有很大的差异。这种“增值”，可能是效率提升、成本降低、销售增加、利润增加、质量提高，也有可能是顾客满意、员工满意，总之，这与每个流程的目的（绩效目标）及客户需求相关。

【案例2-3】不同流程的增值方式分析

表2-2 不同流程增值方式分析

序号	流程名称	流程增值方式
1	采购计划管理流程	供应及时、减少库存
2	销售货款管理流程	减少呆坏账，及时回款
3	不合格品管理流程	提升产品品质
4	年度经营计划管理流程	年度经营计划达成
5	财务分析管理流程	及时发现经营问题，降低经营风险
6	销售订单管理流程	保证销售订单快速实现
7	生产计划管理流程	提升生产计划达成率，保证产品及时供应
8	促销管理流程	增加销量
9	招聘管理流程	降低岗位空缺率
10	培训管理流程	提升员工工作技能，提高岗位适岗率
11	生产成本管理流程	降低/控制生产成本
12	销售管理流程	提升销量
13	合格供应商管理流程	保证物料供应质量

简而言之，流程的“增值”方式是由流程的目的决定的，流程的增值是期望通过流程的输入、供应商、流程过程、流程执行者、输出、流程客户等6要素的高效运作，让流程的输出比输入更好。

估计很多人都听过这样一个故事：

在陕北的大山里有位山娃在放羊。

有人问他："你在干什么？"

答曰："放羊。"

又问："放羊干嘛？"

答曰："赚钱。"

再问："赚钱干嘛？"

答曰："娶媳妇。"

还问："娶媳妇干嘛？"

答曰："生娃。"

最后问："生娃干嘛？"

答曰："放羊！"

是啊，山娃就这样一代又一代地在山里放羊，他们永远都不可能走出大山。

话说也巧，一次偶然的机会，山娃听了业务流程再造课程，懂得了流程增值的重要性，在回去的路上他就想：放羊——赚钱——娶媳妇——生娃——放羊，这不就是一个完整的流程吗？如何才能让这个流程增值呢？经过多日的苦思冥想，山娃终于想出了这个流程的增值模式，请看表2-3：

表2-3　山娃放羊流程增值规划

第一代山娃	在山里放羊	在山里赚钱	取镇上的媳妇	在镇上生娃
第二代山娃	在镇上放羊	在镇上赚钱	取县城的媳妇	在县城生娃
第三代山娃	在县城放羊	在县城赚钱	取省城的媳妇	在省城生娃
第四代山娃	在省城放羊	在省城赚钱	取京城的媳妇	在京城生娃
第五代山娃	在京城放羊	在京城赚钱	取美国的媳妇	在美国生娃

通过表2-3可以看得到，在山娃放羊的流程中，娶媳妇是流程增值的关键，娶哪里的媳妇决定了下一个流程循环起点，可以想象，山娃到了第六代便可以把羊放到美国，去赚美元了。

（三）流程的6大特征

不同的企业因为其价值链选择的差异，会有不同的流程，但从流程的属性特点上讲，所有的流程都具有以下六大特性：

1. 目标性

所谓流程的目标性，就是指制订流程时应有明确的输出（目标或任务）——只有明确了流程的相关目标，我们才能在设计流程或进行流程重组时，确定未来的服务对象和优化方向，做到有的放矢；否则将会在错误的道路上越走越远。

2. 普遍性

所谓普遍性，就是指企业的任何经营活动均是由流程构成的。一家企业代表着一种特定的价值创造模式和效率，在表层是以经营活动所产生的产品或者服务的方式呈现在客户面前的，而在其背后进行深层支撑的则是一系列流程，包括价值的创造、传递和增值过程。

因此可以讲，企业的经营活动实际是流程的组合体，而通过流程管理，我们可以将隐藏在企业背后的价值创造方式进行优化、提高和完善。

3. 整体性

所谓整体性，就是指不同的流程之间应有比较统一的理念或者思想作为指导和支撑。企业内部的流程可以分层分类划分为多种形式，每个流程之间只有建立起比较统一的指导思想，形成共同的目标指向，才能达到我们所期望的目的，否则就可能形成相互矛盾、冲突或者内耗。指导思想可以是将企业的战略发展目标细化分解得来，也可以根据企业的实际经营需要进行提炼。

4. 动态性

所谓动态性，就是指流程在企业内部运行的过程中，会受到相关因素的影响，流程负责人应及时进行调整、优化甚至是重新设计。这些变化因素包括企业发展战略的变化、组织职能的调整、企业信息化技术的提升、组织内部业绩评估要求的变化、外部市场行情的重大变化、流程操作者技能的提升等方面。企业流程管理是一个持续不断进行完善的过程，只有更好，没有最好。

5. 层次性

层次性就是指流程可以按照不同的组织层级进行划分。我们前面讲流程可以分为跨部门流程、跨岗位流程和岗位级流程就是这个意思。另外，流程的层次性还说明，上一级流程是下一级流程的指引，而下一级流程又是对上一级流程的细化和支撑。

6. 结构性

所谓结构性，就是指根据不同流程的实际执行情况，可分为串联、并联或反馈等多种方式。不同的流程结构，会对流程的运作效率和运作质量产生重大影响。一般来讲，串联结构有助于对流程节点活动和信息的控制；并联结构有助于流程节点活动的协同，提高运行效率；而反馈结构则有助于系统部分环节的改善和调整。在进行流程优化设计时，往往需要在了解流程现状的基础上，对流程的部分结构进行调整和优化设计，以达到流程改良的目的。

三、流程分类与分层

在企业，流程有很多，为了读者能够充分理解，根据流程的价值和作用可以分为业务流程、管理流程和辅助流程（如图2－1）；根据流程级别可以分为公司级流程、部门级流程和岗位级流程（如图2－2）。

（一）业务流程、管理流程和辅助流程

如图2－1，我们可以看到，业务流程的价值在于打通客户开发、产品研发、采购供应、生产制造、市场推广、营销管理等全业务，旨在为企业创造更大的价值；管理流程的作用在于风险管控和服务、监督；而辅助流程的作用则为业务活动和管理活动提供支持和帮助。

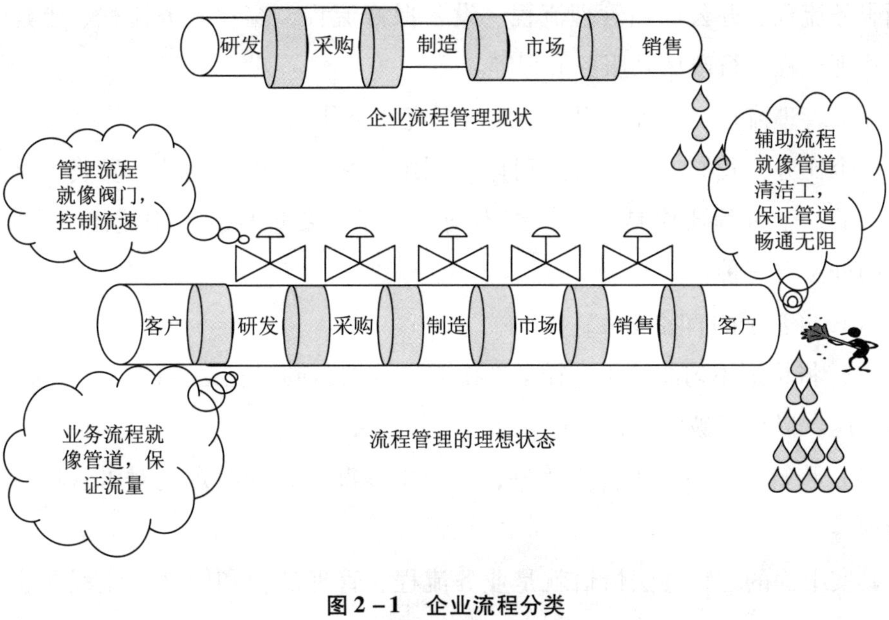

图2－1　企业流程分类

1. 业务流程

业务流程（又称“订单实现流程”）主要是直接参与企业经营运作的相关流程，涉及企业“产—供—销”三个基本环节。通过业务运作流程，企业可以为客户直接创造价值，最终也保证了企业自身经营目标的实现。常见的业务流程主要有：客户开发流程、客户需求分析流程、产品规划流程、新产品研发流程、销售订单管理流程、原材料采购流程、原材料储运管理流程、生产制造管理流程、产成品发货运输流程、货款回笼管理流程等。

2. 管理流程

管理流程主要是企业实施开展各种管理活动的相关流程，它并不直接为企业经营目标负责，而是通过管理活动对企业业务开展进行监督、控制、协调、服务，间接为企业创造价值。常见的管理流程主要有：战略管理流程、人力资源管理流程、财务分析管理流程、财务核算流程、财务预算编制及调整流程、供应商评价流程、合格供应商管理流程、项目管理流程、客户满意度管理流程、客诉受理流程、销售信用管理流程等。

3. 辅助流程

辅助流程主要是为企业的管理活动和业务活动提供各种后勤保障服务的流程。这些流程与管理流程一样，并不直接为企业创造价值，而是通过为企业创造良好的服务平台和保障服务，间接实现价值增值。常见的辅助类流程主要有：车辆服务流程、办公用品管理流程、设备保修流程、客户服务流程、土建工程施工管理流程、行政后勤服务流程等。

那么管理流程、业务流程和辅助流程究竟是什么关系呢？

打个比方，我们把企业从接到订单到组织采购、生产制造、发货、满足订单要求的这个过程比作是一根粗细不均的管子，要想从管子中流出更多的水，我们的办法有三种：

（1）将管子的直径变大；

（2）将粗细不匀的管子直径全部换成一致的，同时在必要的节点安装水阀，调节水压，以免胀破水管；

（3）将管子的各个焊接点管好，以免中途漏水，同时定期对水管进行疏通和清理。

其实上面的三种办法恰恰就是业务流程、管理流程和辅助类流程在企业中扮演的角色：企业通过业务流程尽可能多地接到订单，并在最短时间，以最佳的交期和品质满足顾客需求；同时企业又需要建立一系列关于品质、工艺、交期、成本的控制点，减少企业的经营风险，提高运作效率，这就是管理流程在企业中扮演的角色；辅助流程则扮演管道清理的角色，为业务流程的快速实现提供必要的服务。

（二）公司级流程、部门级流程和岗位级流程

另外，在企业内部，流程是有非常严密的层次性的，通常我们将企业内部的流程分为公司级流程（跨部门流程）、部门级流程（跨岗位流程）以及岗位级流程（岗位操作规程）。三者之间具有严格的逻辑关系，上一级流程中的某个过程环节往往就可以细化成下一级完整流程。

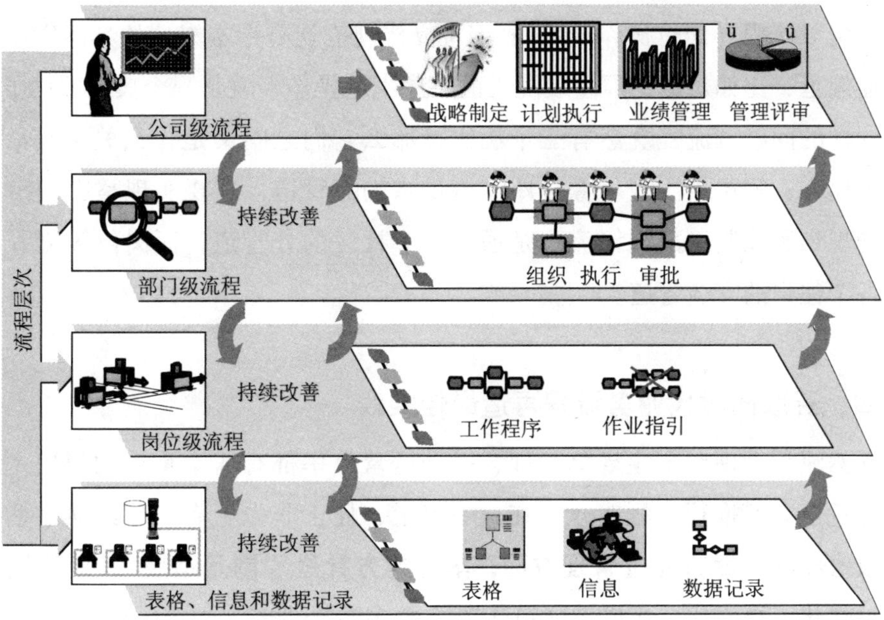

图2－2　企业流程分级

1. 公司级流程

公司级流程（跨部门流程）：跨部门流程往往是对公司整体经营运作具有重要影响的、相对比较宏观的重要流程，这些流程需要经常进行跨部门的协调运作才能最终完成流程的相关输出。比如：市场调研管理流程（需要市场部、销售部、技术部参与）、企业发展战略管理流程（需要公司高层、战略管理部、企业各职能管理部门参与）、供应商管理流程（需要SQE、采购部、技术部、财务部等参与）、销售合同管理流程（需要销售部、销售管理部、生产计划部、财务部等参与）等，这些流程的完成都是需要两个或几个部门之间的协调配合才能完成的。公司级流程是企业流程管理的重点和关键。

2. 部门级流程

部门级流程（跨岗位流程）：跨岗位流程侧重于部门内部不同岗位之间的配合，通过相关岗位的协调完成部门的工作目标和工作任务，比如财务核算流程（需要财务部门销售会计、成本会计、税务会计、出纳等多个岗位的参与）、招聘组织流程（需要人力资源部门招聘专员、招聘经理、人力资源经理等多个岗位的参与）。

3. 岗位级流程

岗位级流程（岗位操作规范）：岗位操作规范就是指本岗位的具体作业程序和作业规范，比如机械工厂里装配工的工序工艺操作卡就是一个典型的例子。

同样的问题：流程既然有三个层次，那么它们之间又是什么关系呢？我们也打个比方：公司级流程就像一座城市供水的总管道，它要实现整个城市总供水量的规划和控制；部门级流程是通往各个社区的分管道；而岗位级流程则是通往各个住户的支线管道。

四、互联网时代业务流程再造最佳实践

既然流程管理对企业规范管理、提升运营效率都有非常重要的作用，那么企业究竟该如何推行流程管理。在这一点上，任正非先生有一句经典的话：**在管理改进和学习西方先进管理方面，华为的方针是“削足适履”，对系统先僵化、后优化，再固化**。我想，这句话对绝大多数企业都是适用的，因为华为的实践证明，要想让流程能够真正落地并发挥价值，借鉴西方以及国内企业推行的流程管理的最佳实践是一条捷径。

根据多年的实践经验，我们把企业推行业务流程再造的经验总结为：

第一，用互联网思维实施业务流程再造。现在企业面临的经营环境远比5年、10年前更残酷，因为我们已经迈入互联网时代，我们要用互联网的模式打造企业核心业务流程体系。

第二，保证流程的相关责任人充分知晓。有本书叫《知道，做到》，其核心

观点是："知道，就一定要做到；做到，就一定要有结果。""知道"是"做到"的前提，"做到"是"知道"的结果；没有"知道"就不可能"做到"，没有"做到"，"知道"也是白"知道"。企业流程体系优化后，全面培训、保证所有员工充分知晓和理解是保证流程落地的基础。

第三，高管以身作则。员工充分学习业务流程只是保证流程落地的第一步，如果离开了高管的以身作则，业务流程的落地也必将成为"空中楼阁"。我们经常讲一句话：在公司，业务流程的最大破坏者往往不是员工，而是高管。上梁不正下梁歪，高管不遵循流程、不按流程办事、随意破坏流程，最终的结果是所有员工都会对流程熟视无睹。

第四，全员参与。流程的实施离不开全体员工的参与，因为每个员工都是流程节点的承接人，都是流程节点实施的监督者。流程的良好运行需要流程的每个环节都做好，如果某个或某几个环节没有按流程执行，整个流程就会跑偏，就像火车在轨道交接的地方，如果搬道工没有及时调整轨道，就会改变火车行进的轨迹。

第五，系统优化。流程的优化是一个系统工程，在流程实施的过程中，我们往往会觉得某个节点有问题，就马上进行调整和优化，殊不知这样的调整和优化，不但不会帮助整个流程提升效率，相反会带来更多的问题。因为一个有效的流程应长期稳定运行，不能因为有一点问题就改动它，频繁改动的成本往往会抵消改进所获得的效益。

第六，建立流程责任制。对流程实施的效果和流程绩效定期评价也是可以保证流程落地的重要举措。

（一）海尔：互联网转型的弄潮儿

自 1998 年提出流程再造以来，从实施市场链、拆掉两堵墙、人单合一，到大幅削减管理者，海尔在业务流程方面积累了非常丰富的经验。张瑞敏曾经说过：**流程再造不是请客吃饭，而是一场革命**。这对企业而言是一件非常非常困难的事情，但即便这么困难，海尔还是要做下去，虽然自身动手术非常痛苦，也比病情迁延致死要好得多。

1. 实施市场链

市场链是指以海尔文化和 OEC 管理为基础，以订单信息流为中心，带动物流和资金流的运行，实施“三个零”（零库存、零距离、零营运成本）目标的业务流程再造。通过市场链同步流程的速度和SST（索酬、索赔、跳闸）的强度，以市场链工资激励员工把用户的需求作为自己的价值取向，创新并完成有价值的订单，构筑核心竞争力，不断挖掘需求，创造市场。

2. 拆掉两堵墙

为了实现张瑞敏提出的“三个方向转移”（市场方向转移，从国内市场向国际市场转移；产业方向转移，从制造业向服务业转移；管理方向转移，从直线职能式管理向业务流程再造的市场链转移），海尔提出了要“拆掉两堵墙”，即企业与企业之间的墙、企业内部各个职能部门之间的墙。

拆掉企业与企业之间的墙让海尔变成一个开放的企业，拆掉部门与部门之间的墙使各个部门不再以自我为中心，而是以市场及客户需求为中心。其实海尔当时推行流程再造：一是推倒了企业内外部的两堵墙，把割裂的流程重新连接起来，形成以订单为核心的市场链流程；二是通过流程的简化和优化，提升企业运营效率，输入客户需求，快速输出客户满意，从而提升海尔的活力和市场竞争力。

3. 正确地做事与做正确的事

海尔在推行流程再造的过程中，先后经历了3个阶段：

第一阶段：内部资源整合，搭建市场链框架。通过内部组织体系、员工流程管理意识的改变，打破原来职能式管理的模式，树立以市场和客户需求为核心的理念，搭建基本的市场链框架体系。

第二阶段：获取有价值的订单。在已经搭建的市场链框架基础上一只手抓住客户的需求，另一只手抓住可以最大化满足客户需求的全球供应链体系。

第三阶段：整合人力资源。使每个人成为创新的主体，让每位员工都直接面对市场。用海尔公司的一句话：让每个人都成为一个SBU。

张瑞敏对海尔流程再造的目标下过这样一个定义：满足两部分人的需求，即对外满足用户的个性化需求，对内满足员工体现自身价值的需求。通过行动，使员工真正从传统经济时代转到新经济时代，即从需要有人告诉他“如何正确地做事”，转到自己“应当做正确的事”上来。

4. 人单合一

海尔把业务流程管理的最高境界总结为：“人单合一，速决速胜”。“人单合一”的关键在于人，它要求每个人都要有自己的订单，都要为订单负责，而每一张订单都要有人负责。“人单合一”要求员工有老板意识，有自主创新的意识。张瑞敏认为，人的素质高低决定了订单质量的高低，“人单合一”是全流程的，流程中的每一个人都要创造出自己市场上的第一。

根据“人单合一”的理念，海尔将80000多名员工分为2000多个经营主体，让员工真正成为经营者，让每个人都成为自己的“老板”。

5. 干掉中层

2014年中，张瑞敏高调宣布：“2013年初，海尔员工数量是8.6万人，2013年底减少至7万人，裁员比例为18%。今年预计再裁掉1万人，裁员对象主要是中层。”谈及裁员原因，张瑞敏表示：一方面制造业务的智能化减少了用工数量；另一方面，海尔一直在探讨传统企业和互联网企业相交的问题，裁员和海尔正在推进的新战略有关。

是的，**在互联网时代企业业务流程设计的思路不再是以前那种依靠人海战术做加法的思路，而是要利用互联网特征做减法。**

（二）小米：互联网时代的佼佼者

可以这么说，小米是一家长在互联网下的实体企业，他的成功让很多传统企业看到了互联网转型的曙光。2010年才创立的小米科技，犹如一阵飓风吹开了实体经济互联网转型的大门。互联网经济的强大动能，我们通过小米科技的成长轨迹可见一斑：

2010年4月6日，小米科技正式创立。

2010年8月16日，MIUI首个内测版推出。

2011年7月12日，小米宣布进军手机市场，揭秘旗下3款产品：MIUI、米聊、小米手机。

2011年12月18日，小米手机创下5分钟30万台的销售纪录。

2012年5月29日、11月19日、11月25日、11月29日、12月14日、12月24日、12月28日，小米手机屡创销售新高。

2013年3月1日，MIUI V5版本公测。

2013年3月19日，小米盒子、小米手机同步销售。

2013年8月12日，红米手机正式开售。

2013 年 9 月 5 日，小米科技发布世界顶级四核小米手机和超窄边小米电视机。

…………

1. 打造生态圈

雷军是一个典型做互联网的人，他从产品设计、供应链整合、市场营销中开始新的战略布局：以小米手机为核心，向电视、阅读器、平板、机顶盒等硬件延伸，并通过硬件整合图片、音乐、视频等互联网服务，以及电商、娱乐、游戏等互联网应用，打造小米科技生态圈。

2. 极致的产品

雷军始终强调要打造让客户尖叫的产品，这一点小米科技确实做到了，不管是小米手机还是小米电视机，都会让小米用户眼前一亮。而要实现这一目标，除了小米团队对产品的严苛标准之外，内部业务流程的设置也是非常关键的。

3. 打造扁平化组织

在小米科技，内部组织很简单，从高层到基层员工只有 3 级（7 个核心创始人—部门负责人—基层员工），同时小米科技把内部组织分为产品、营销、硬件、系统、电商序列，每个序列由一名创始人把关。

在小米，还有一个非常奇怪的现象，除了 7 个创始人之外，其他人都没有职位，都是工程师，不像很多公司有总经理、副总经理、总监、经理、主管等这些管理职位。在这样的团队中每个人都觉得是公平的。

（三）华为：业务流程再造的楷模

任正非是大家非常熟悉的企业家，他提出的很多关于流程管理的思想——如削足适履，先固化、后僵化、再优化，让听得到炮声的人去决策，等等——正在影响着很多企业家。

大家都知道，华为是在国内较早关注并实施流程管理的企业之一，它通过对流程的不断优化，取得了巨大的成功，成为国内企业学习的榜样。

任正非先生在《华为的冬天》一文中提到：“规范化管理的要领是工作模板化。什么叫做规范化？就是我们把所有的标准工作做成标准的模板，就按模板来做。一个新员工，看懂模板，就会按模板来做。而这个模板是前人摸索几十年才摸索出来的，你不必再去摸索。各流程管理部门、合理化管理部门，要善于引导各类已经优化的、已经证实行之有效的工作模板化。清晰流程，重复运行的流程，工作一定要模板化。一项工作达到同样绩效，少用工，又少用时间，这才说明管理进步了。我们认为，抓住主要的模板建设，又使相关模板用流程连结起来，才会使信息化管理成为现实。”

这就是任正非先生对华为流程管理经验的高度概括和总结，在任正非先生看来，流程管理的核心在于工作模板化，模板化需要规范的流程去实现，同时又需要成熟的IT系统去支撑。

1. 精简冗余

2009年，任正非先生向华为的全体员工发出指示：让一线直接来决策！任正非认为，去除流程中的冗余环节，让工作流程的各个环节得到精简，是优化工作程序、提高工作效率的第一步。

（1）发现和去除缺少价值的环节。如果流程中各个环节结束后未能如愿以偿地创造出预期的价值，那么，流程的执行也就失去了意义，执行流程只会平白地消耗资源；此时，只有删除那些冗余的流程，才能将有限的资源投入其他流程中去，在总体上缩短流程周期。

华为一名中层管理者说：“我现在最大的爱好之一，就是分析工作流程的网络图，每一次能去掉一个多余的环节，就少了一个工作延误的可能，这意味着大量时间的节省。这两年来，我去掉的各种冗余工作环节达70个，粗略评估一下，省下的时间达3000多个小时，也就是120多天啊！”

（2）剔除流程中的多余环节。充分、良好的内部控制才能保证流程输出结果的质量。不过，需要注意的是，最理想的状态并非控制越多越好，而是保证流程中“杂草不生，禾苗旺盛”。反过来，我们可以利用流程进行内部控制分析——确定一个控制目标后，根据内部控制目标来确定关键的内部控制程序，再分析这些关键的控制程序，确定是否存在重复之处，是否存在优化的可能。一环扣一环地分析下来，冗余和重复的环节也就无处藏身了。

2. 合并同类项

除冗的另一种方法是合并同类项。庄子云：“丘山积卑而为高，江河合并而为大。”合并的作用不仅在于化零为整，更在于能叠加优势、消除劣势。

在华为，如果当前的工作环节皆不能被取消，那么，管理者就会换个思路——将各个环节适当加以合并怎么样？合并是将两个或两个以上的事务或环节合为一个，例如工序或工作任务的合并、工具的合并等。很多情况下，各个环节之间的生产能力不平衡，有的人手短缺，有的则人浮于事、忙闲不均，将这些环节加以调整和合并，往往能去劣存优，取得立竿见影的效果。

（1）合并上下环节。将一项任务的多个环节分别交给几位执行者，可以大大加快企业内部物流和信息流的速度。但是从上一个环节到下一个环节的交接过程也可能是一次发生错误的机会。所以，为避免出现交接时的失误，可将多个环节的工作任务交由一位执行者负责。

华为通常指定一位员工负责一个产品或服务的全过程——从下订单到发货或从服务开始至结束。这些员工在服务组织中被称为“项目专员”或“项目经理”，是客户与企业的单一接触点。

（2）合并任务相似的环节。常言道，熟能生巧。任务相同或相似的环节并轨，由一位执行者来完成，能最大限度地减少人力和时间方面的浪费。

同时，由于具有整合复杂环节的功能，信息技术可以成为一个流程加速的强大工具；如果用于基础扎实的流程，信息技术能够大大增强它的能力。以数据采集、数据传送为例，华为采用机器代替部分人力数据采集工作，降低了人为差错率；而自动化的数据传送，避免了对已经存在于一个系统里的数据的重复录入，省掉了数据不匹配带来的麻烦。

3. 合理排序

任正非要求：“员工参加管理，不断地优化从事工作的流程与工作质量……改革一切不合理的流程。”

那么，如何改进才能调整不合理的环节，保证流程的合理，达到化繁为简的目的呢？

（1）衡量各个环节安排的合理度。华为通过“何人、何处、何时”三个问题，来确认流程中各个环节的安排是否合理；一经发现不合理之处，立即推倒重来，以使各个环节保持最佳的顺序，保证工作环节的有序性。

何人：该环节由谁操作？操作技能是否娴熟？该环节是否为该员工最擅长的？是否存在岗位与员工能力不匹配的现象？如果让熟悉第一环节工作的员工从第二环节调回，可以节省多少时间？

何处：各环节的操作场所之间距离远近如何？是否便于工作交接？如果将某环节的操作场所加以调换，是否可以使工作交接时间变短？调整设备仪器的摆放位置后，操作者使用起来是否更方便、时间更短？

何时：从第一环节开始至最后一个环节结束的时间，包括在各个环节之间的移动时间、加工时间及由机器故障、部件无法得到等问题引起的延迟时间分别是多少？时间安排是否过于紧凑，使员工紧张、疲劳，或过于宽松，难以在交期前完成任务？

（2）理清逻辑顺序。工作流程中可能只有几个环节，也可能有数百个作业环节。如果对各个环节排序不当，不合逻辑，将造成工作秩序的极大混乱，无形中延长了作业时间。

环节安排顺序是否符合逻辑、是否清晰，我们可以从以下两个方面加以评价：

是否等待：一个环节完成后，作业者是否需要等待其他环节结束，才能共同进入下一个环节？

是否混乱：一个环节的开展过程中，是否需要下一个环节完成结果的辅助。一旦出现等待或混乱的状态，必须予以调整。

第三节　互联网时代业务流程再造五步法

在拙著《流程优化与再造》（中国经济出版社，2013 年版）中，我把企业业务流程再造归结为五步法，即企业价值链分析与流程体系规划、流程现状描述、流程问题分析、流程优化与再造、流程配套设计。

很明显，在互联网时代，这种方法存在明显的缺陷：首先，传统企业在互联网转型的过程中其价值链和业务蓝图会发生巨大的变化；此外，如果内部业务流程不能跟外部资源和客户实现无缝链接，就很难适应互联网时代的需求。

因此，在本书中，为了适应互联网时代的需求，我把业务流程优化和再造方法论进行了修正和调整，即业务蓝图与业务流程规划、业务流程现状描述与问题分析、业务流程再造、业务流程配套设计、业务流程信息化与信息系统集成。

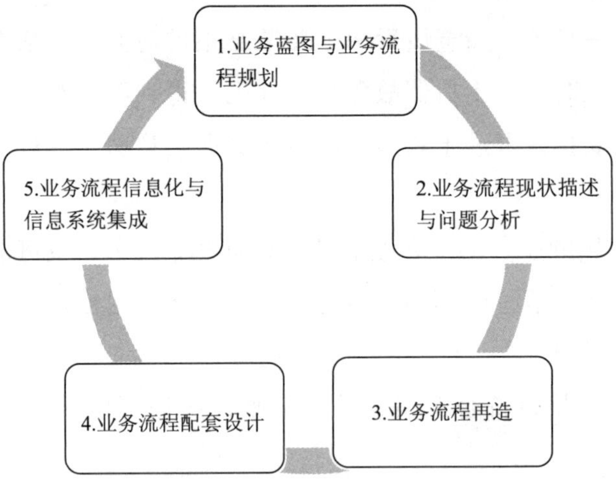

图 2－3　互联网时代业务流程再造五步法

一、价值链分析、业务蓝图与业务流程规划

传统企业进行业务流程再造的第一步便是对自身价值链进行分析，识别企业核心业务和辅助业务，并根据价值链分析结果绘制企业业务蓝图，根据业务蓝图进行流程体系规划（包括核心业务流程、核心管理流程、核心辅助流程）。

1. 价值链分析与价值环分析

迈克尔·波特基于工业化体系的价值链模型随着互联网经济的蓬勃发展越来越受到限制，传统价值链模型以核心业务（基本活动）与非核心业务（支持活动）对企业内部业务进行区分，比如说：信息化和数据管理在波特的理论中是支持活动，但在互联网时代这一业务很有可能会成为基本活动；同理，在波特的理论中，生产和物流是基本活动，而在互联网时代这些活动也很有可能会变为支持活动。因此，企业必须按照互联网时代的运营模式定义自己的价值链模型。

在互联网时代，我们把传统的价值链优化为价值环（具体见图 3－3），即**企业运作的核心是客户，企业必须首先明确客户是谁，客户的核心价值主张是什么**。在弄清楚了客户之后，企业的所有基本活动、支持活动都围绕客户展开，对那些不能满足客户需求或者对提升客户满意度无贡献的活动进行弱化。

2. 业务蓝图

业务蓝图是通过对公司业务现状的调研分析，梳理出业务未来的信息流、物流和业务流的处理模型。业务蓝图之前更多地使用在企业信息化规划中，而在企业进行业务流程规划之前，也必须按照价值链选择绘制业务蓝图，并根据业务蓝图对目前企业各项业务运营状况进行分析。

3. 业务流程规划

业务流程规划是在对业务蓝图和业务逻辑进行分析的基础上，对企业核心业务运作需要的业务流程、管理流程和辅助流程进行识别，同时还需要对公司级流程、部门级流程和岗位级流程进行规划。

二、业务流程现状描述与问题分析

业务流程规划清楚之后，企业需要利用多种工具和方法（如流程作业现场调查、文档调查、研讨会、流程主人及流程相关方访谈、问卷调查、现有解决方案的跟踪与调查、典型案例调查与分析、测时等）对业务流程的现状进行客观描述。

流程现状描述清楚后，企业还需要通过“望闻问切”等多种手段进行业务流程现状分析，发现问题，找到流程优化方向。

三、业务流程再造

业务流程优化（BPI）和业务流程再造（BPR）是两个完全不同的概念。业务流程优化是在现有流程的基础上进行局部的调整和优化。业务流程再造概念最早是由美国管理学家迈克尔·哈默于 1990 年提出，他认为：**“企业业务流程重组就是对企业的业务流程做根本性的思考和彻底的再设计，从而使企业在成本、质量、服务和速度等方面获得巨大的改善，并能最大限度地适应以顾客、竞争、变化为特征的现代企业环境。”**这种流程再造是对企业脱胎换骨式的改造，目标是使企业获得重生。

四、业务流程配套设计

业务流程配套设计和验证是业务流程顺利实施的基础和保障，所以企业还需要进行业务流程配套设计，如基于业务流程的管理流程和辅助流程优化、基于业务流程的流程型组织建设、基于业务流程的 KPI 评价体系建设、基于业务流程的制度和表单体系建设、基于业务流程的知识管理体系建设等。

五、业务流程信息化与信息系统集成

业务流程再造和配套设计完成后，便可以实施了，但在实施的过程中经常会面临这样的问题：业务流程越来越复杂，比如说之前企业只有100个客户，现在有1000个、10000个客户，单靠线下的操作已经很难满足客户的需求，怎么办？这时候企业就需要对业务流程进行自动化（简称BPA），流程自动化的结果是在企业内部产生了很多信息系统，如CRM，SRM，ERP，OA，DRP，BOSS等。

当企业内部存在很多系统的时候肯定会存在数据不能共享、数据统计接口不统一等问题，这时候企业又必须进行企业应用系统集成（简称EAI），通过系统集成建立报表中心，建立企业对外部资源（供应商、经销商、终端用户、其他利益相关者）的无缝链接。

第三章 谋定而后动

——业务流程规划

业务流程规划的起点是价值链和价值环分析、业务蓝图绘制及核心业务逻辑分析，并在此基础上根据企业的实际运营需要，准确地对现有业务流程运作体系进行定义和识别，这是我们进行业务流程再造工作的第一步。

第一节　互联网时代的企业价值链分析

前面已经提到，按照波特价值链模型进行企业价值链分析的方法存在一些瓶颈，那么如何进行价值链分析和布局才能满足互联网时代的需求呢？

一、波特及其价值链模型

美国管理学教授迈克尔·波特提出了价值链理论①，他认为企业内部的所有相关活动可以分为两大类：基本活动（价值创造活动）与辅助活动（支持价值创造活动），如图3－1所示：

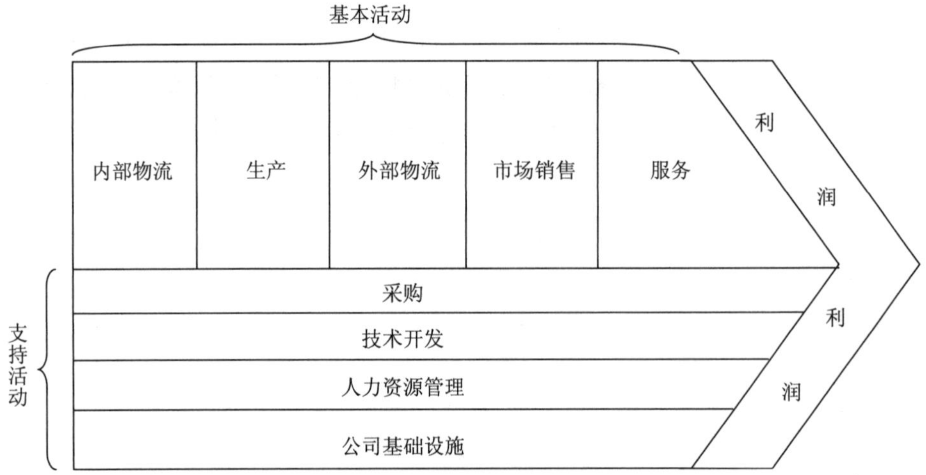

图3－1　波特价值链模型

迈克尔·波特认为，企业内外价值增加的活动可以分为基本活动和支持性活动。企业参与的价值活动中，并不是每个环节都创造价值，实际上只有某些特定的价值活动才真正创造价值，这些真正创造价值的经营活动，就是价值链上的“战略环节”。企业要保持的竞争优势，实际上就是在价值链某些特定战略环节上的优势。运用价值链的分析方法来确定核心竞争力，就是要求企业密切关注组织的资源状态，特别关注和培养在价值链的关键环节上获得重要的核心竞争力，以形成和巩固企业在行业内的竞争优势。

① 〔美〕迈克尔·波特. 竞争优势［M］. 北京：华夏出版社，2009：37.

迈克尔·波特的价值链模型为传统企业规划业务和盈利模式提供了很好的思路和帮助，是企业进行价值链选择和业务布局的非常好的工具和方法。迈克尔·波特指出，企业要想获得最大化的收益，可以思考从以下4个方向进行创新：

（1）是否可以在降低成本的同时维持价值（收入）不变；

（2）是否可以在提高价值的同时保持成本不变；

（3）是否可以在降低工序投入的同时保持成本收入不变；

（4）更为重要的是，企业能否同时实现以上点。

二、宏碁微笑曲线

由于每家企业的战略不同、商业模式不同，价值链选择也会存在差异，企业可以选择产—供—销“通吃”，也可以选择其中的一两项做精、做透、做强。通常来讲，企业的核心价值主要围绕采购（供应商开发、采购价格、采购交期与服务、采购、物流、仓储等）、生产（生产计划、制程、成品仓储、物流与交付等）、销售（销售定价、销售策略、订单处理、市场推广、促销、客户服务、客户关系、咨询服务、批发经营、终端零售等）进行。由于企业的核心目的在于追求经济效益最大化，所以在核心价值链选择的时候只需要根据自己的核心能力抓住最有价值的关键点就可以了。

在迈克尔·波特价值链模型的基础上，宏碁集团创办人施振荣先生于1992年提出了“微笑曲线”（图3－2）。我们可以看到，图中微笑嘴型是一条曲线，两端朝上，在产业链中，附加值更多体现在两端——设计和销售，处于中间环节的制造，其附加值最低。

微笑曲线中间是制造；左边是研发，属于全球性的竞争；右边是营销，主要是当地性的竞争。当前制造产生的利润低，全球制造也已供过于求，但是研发与营销的附加价值高，因此产业未来应朝微笑曲线的两端发展，也就是在左边加强研发创造知识产权，在右边加强客户导向的营销与服务，抓住客户，赢得终端。

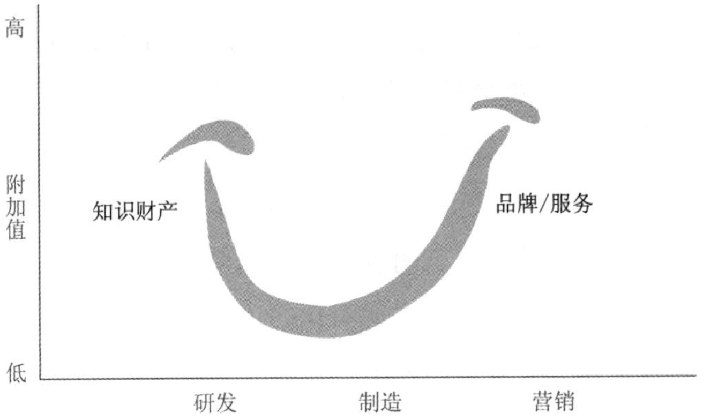

图 3－2　宏碁微笑曲线

其实，我们把微笑曲线可以理解为迈克尔·波特价值链模型的升级版，因为随着企业竞争格局的加剧和世界产业分工的不断细化，企业要想在经营上获得巨大的成功，微笑曲线的两头应该是首选，我们看到很多成功的案例：耐克（研发设计、品牌）、沃尔玛（终端零售）、苹果（研发设计、品牌）……都是通过占领产业链的制高点获得巨大成就的。

当然，我们也看到，并非所有的企业都能够通过研发、品牌和销售获得成功，富士康就是一个例外。富士康的核心在于制造，它通过在全国范围内大规模建厂，分包苹果的 iPhone 和 iPad 制造业务，同样获得了成功。

可见，企业价值链模型决定了企业的核心业务选择和流程增值方式，企业流程规划的起点是从核心价值链分析开始的。

三、互联网时代企业价值环模型

不管是迈克尔·波特的价值链模型也好，宏碁的微笑曲线也罢，在互联网时代，都存在一些明显的缺陷。因为随着互联网的发展，以大数据、云计算等为基础，以客户为中心，拉通客户、厂家与供应商之间的无缝连接，已经彻底改变了传统企业“技术研发——采购供应——生产制造——市场营销——经销商——客户”的经营模式，转而变为“客户＋技术研发——客户＋采购供应——客户＋生产——客户＋市场营销”的经营模式；在这种经营模式下，客户开始越来越多地参与到企业运营的各个环节，因此，**在互联网时代企业的价值链模型必须重构。**

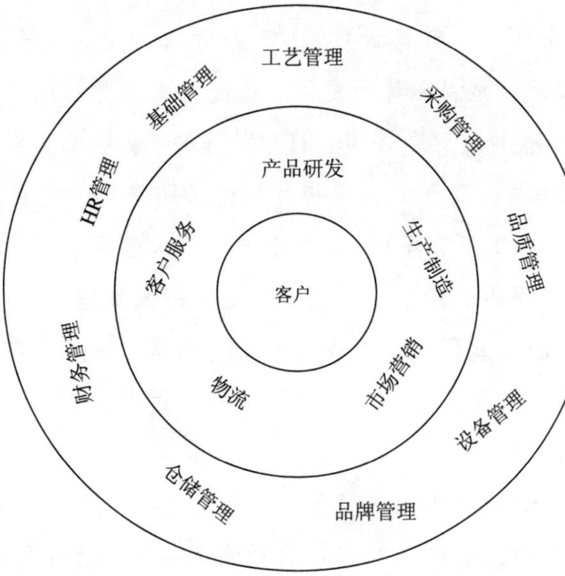

图 3-3　互联网时代企业价值环模型（示意）

如图 3-3，可以看到，在互联网时代，不管是基本活动，还是支持活动，企业的所有业务都必须围绕客户展开。与波特价值链模型（图 3-1）关注利润不同，互联网时代的企业价值环模型更加关注客户。

【案例 3-1】KKD 价值链模型与价值环对比

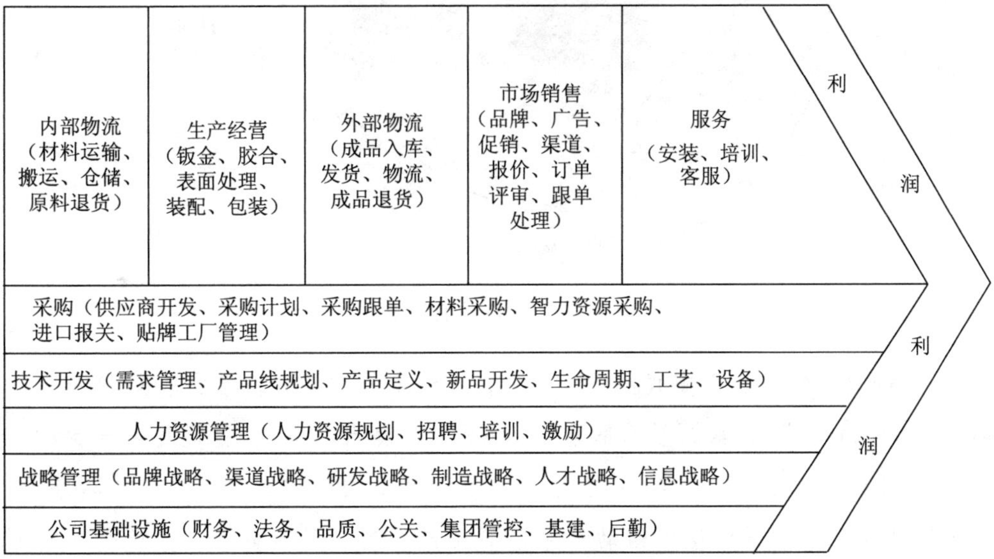

图 3-4　KKD 价值链模型

从图3-4中我们可以看到，KKD集团的基本活动包括内部物流（材料运输、搬运与装卸、仓储、原料退货）、生产经营（钣金、胶合、表面处理、装配、包装）、外部物流（成品入库、发货、物流、成品退货）、市场营销（品牌、广告、促销、渠道、报价、订单评审、订单处理）、服务（安装、培训、客服），支持活动包括采购（供应商开发、采购计划、采购跟单、材料采购、智力资源采购、进口报关、贴牌工厂管理）、技术开发（需求管理、产品线规划、产品定义、新品开发、生命周期、工艺、设备）、人力资源管理（人力资源规划、招聘、培训、激励）、战略管理（品牌战略、渠道战略、研发战略、制造战略、人才战略、信息战略）、公司基础设施（集团管控、财务、法务、品质、公关、基建、后勤）。

可以看得出来，KKD的价值链模型还是基于波特传统的价值链模型思考的，但在这个价值链模型中，淡化了对客户的聚焦和关注。为了能够适应互联网转型的需要，我们将KKD价值链模型转化成了价值环模型。（如图3-5）

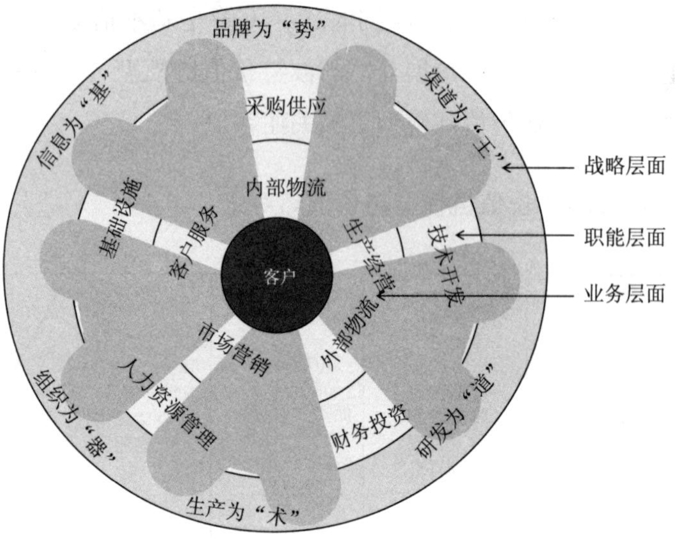

图3-5 KKD价值环模型

在KKD价值环模型中我们可以看到，不论是最外层的战略层（KKD系统战略的“六脉神剑”），第二层的职能层（KKD五大职能系统），还是第三层的业务层（KKD五大业务系统），所有活动的目标都是围绕“客户”这个核心展开，所有不能为客户创造价值的活动都应该简化或者弱化甚至取消，这就是一种互联网思维模式。

【案例3－2】LX生物价值链模型

LX生物是一家定位高端酸奶生产的企业，图3－6是我们为其规划的价值链模型。大家可以看到，LX生物价值链模型与波特价值链模型的本质区别就是在价值链的末端LX生物的导向是客户满意，而波特主张的是利润。

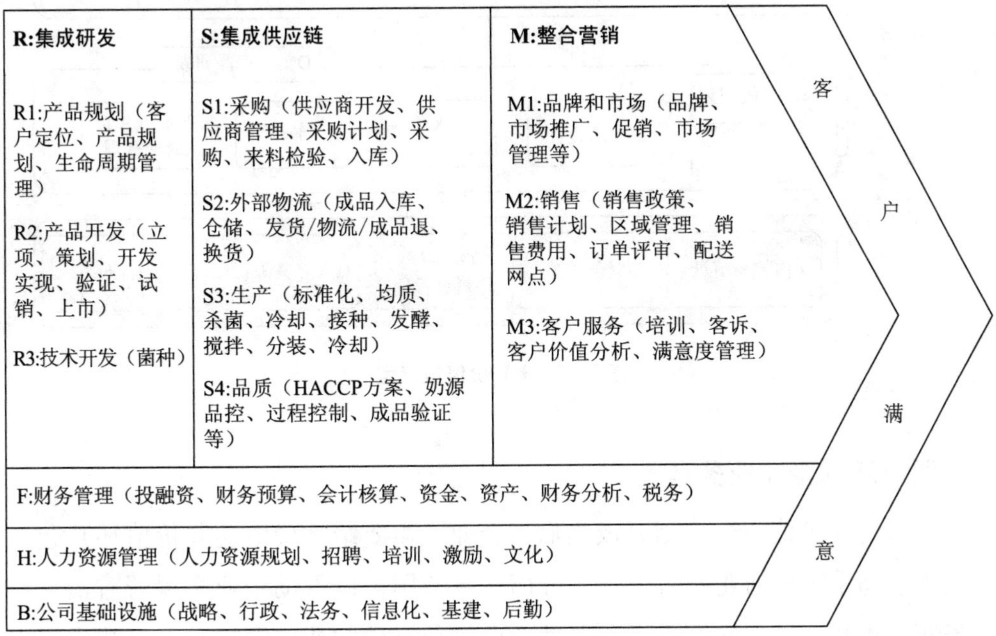

图3－6　LX生物价值链模型

【案例3－3】KF价值链模型

KF是一家国内知名的色纺企业，该公司在全国拥有2个研发中心、50多家生产企业，图3－7是KF价值链模型。

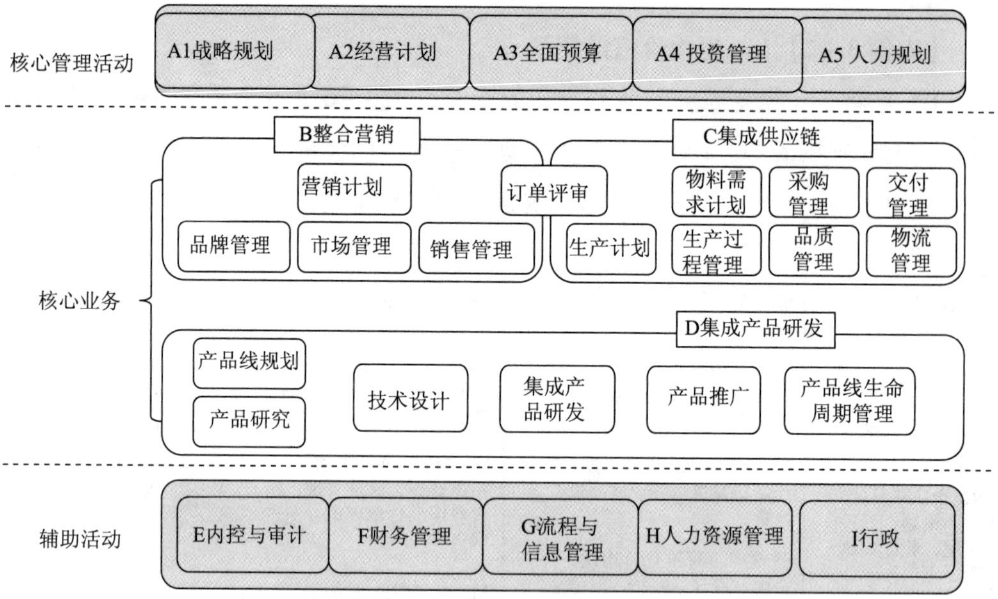

图 3－7　KF 价值链模型

四、绘制企业业务蓝图

价值链（价值环）规划完成之后，企业还需要结合价值链（价值环）包含的基本活动系统规划业务蓝图。一方面业务蓝图可以帮助企业全视野看清现有业务布局现状，另一方面还可以帮助企业进行有效的业务逻辑分析，找出现有业务中存在的问题，以便识别哪些业务活动对客户价值主张最大化满足是有利的、哪些业务活动是没有价值的。

【案例 3－4】KKD 业务蓝图规划

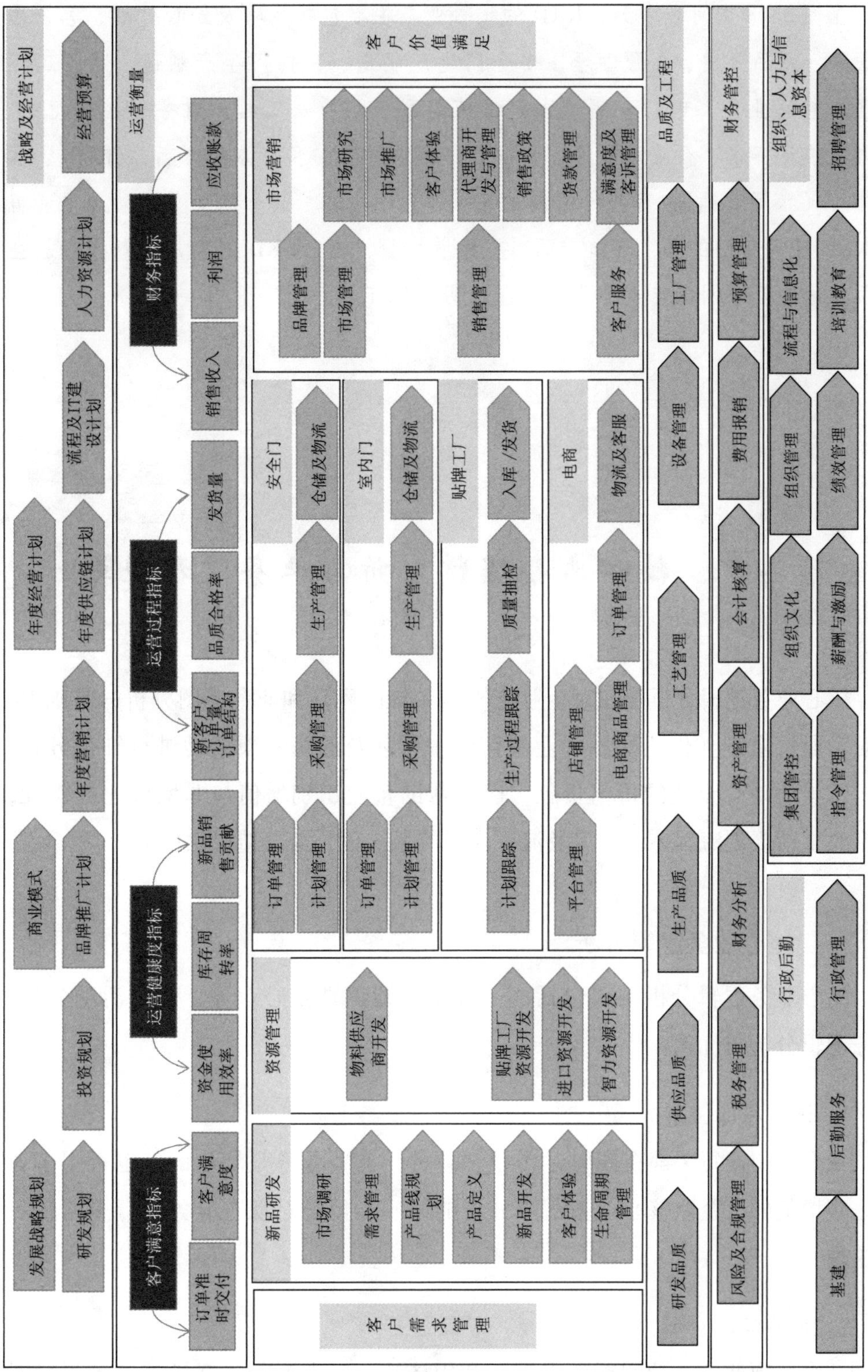
战略及经营计划
发展战略规划
研发规划
投资规划
商业模式
品牌推广计划
年度营销计划
年度经营计划
年度供应链计划
流程及IT建设计划
人力资源计划
经营预算
运营衡量
客户满意指标
订单准时交付
客户满意度
运营健康度指标
资金使用效率
库存周转率
新品销售贡献
运营过程指标
新客户/订单量/订单结构
品质合格率
发货量
财务指标
销售收入
利润
应收账款
客户需求管理
新品研发
市场调研
需求管理
产品线规划
产品定义
新品开发
客户体验
生命周期管理
资源管理
物料供应商开发
贴牌工厂资源开发
进口资源开发
智力资源开发
安全门
订单管理
计划管理
采购管理
生产管理
仓储及物流
室内门
订单管理
计划管理
采购管理
生产管理
仓储及物流
贴牌工厂
计划跟踪
生产过程跟踪
质量抽检
入库/发货
电商
平台管理
店铺管理
电商商品管理
订单管理
物流及客服
市场营销
品牌管理
市场管理
市场研究
市场推广
客户体验
代理商开发与管理
销售政策
销售管理
货款管理
满意度及客诉管理
客户服务
客户价值满足
品质及工程
研发品质
供应品质
生产品质
工艺管理
设备管理
工厂管理
财务管控
风险及合规管理
税务管理
财务分析
资产管理
会计核算
费用报销
预算管理
行政后勤
基建
后勤服务
行政管理
组织、人力与信息资本
集团管控
指令管理
组织文化
薪酬与激励
组织管理
绩效管理
流程与信息化
培训教育
招聘管理

图3-8 KKD业务蓝图

在图3-8中可以看到，KKD的核心业务主要包括战略及经营计划、客户需求管理、新品开发、资源管理、安全门生产制造、室内门生产制造、贴牌工厂管理、电商业务、市场营销、客户价值满足、品质及工程、财务管控、组织、人力与信息资本、行政后勤等，其中客户需求管理、客户体验（新品开发）、客户体验（市场营销）、客户价值满足等一系列围绕客户展开的业务活动几乎涵盖了KKD业务蓝图的各个环节，同时在运营衡量方面，KKD把客户满意指标放在首位，这是互联网时代企业业务蓝图的明显特征。

第二节　核心业务逻辑分析与业务流程规划

核心业务逻辑分析是在对企业价值链（价值环）和业务蓝图分析的基础上，针对企业价值链（价值环）和业务蓝图中所涉及的每一项活动进行细化分析，分析每项活动对企业的价值贡献，以便帮助企业识别增值与非增值业务单元，为企业重新规划流程体系，以及流程体系的系统优化与再造提供依据。

一、核心业务逻辑分析

核心业务逻辑分析主要包括四个环节，即识别核心业务、业务活动分析、业务逻辑分析与优化。

1. 识别核心业务

在企业中，每天都在同时运作很多业务，有些业务是增值的，也有很多业务是非增值的，企业核心业务逻辑分析的第一步便是对现有业务进行全面盘点和梳理。

2. 业务活动分析

结合每项业务活动的绩效表现，利用访谈、问卷调查、现场观察等手段对每项活动进行分析，明确关键活动及增值活动，并识别需要加强、削弱、增加或删除的业务活动。

3. 业务逻辑分析与优化

根据对现有核心业务的系统分析，企业还需要对这些核心业务活动的逻辑关系进行分析，以便确定这些业务活动存在的必要性及先后顺序。

在这里，很多读者朋友经常会问这样一个问题，那就是一家企业的核心业务活动究竟是多好还是少好？这也是我们在帮助企业进行流程优化的过程中经常遇到的问题。

很多管理者会认为，为了把工作做得更加细致，需要在管理和业务环节上增加很多的控制点，然而这样一来，工作会越来越复杂，工作量也会越来越大，一个部门会裂变出若干个岗位，甚至会分解成若干个部门，企业的组织会越来越庞大，流程也会越来越长，相应的，企业的运作效率也就会越来越低。

需要说明的是：企业内部的管理和业务工作并不是越多越好，而是要根据业务的需要恰到好处地设计，这才是最理想的。

特别是互联网时代，企业在做业务分析和布局的时候，通常会做减法：固定资产投入做减法，让尽可能多的钱流动起来；产品做减法，专心打造让客户尖叫的产品；渠道做减法，建设扁平化的渠道模式；工厂做减法，调整大规模生产为柔性化生产；管理层做减法，干掉多余的中层。做减法需要企业简化内部流程，提升效率，以客户需求为导向，最大化满足客户核心价值主张。

【案例 3－5】KF 公司集成研发、整合营销核心业务逻辑现状分析与优化规划　第一部分：KF 公司集成研发核心业务逻辑分析与优化规划

表 3－1　KF 公司集成研发业务现状分析

阶段	现有活动数	现有主要活动识别	存在的问题	业务活动优化建议	优化后活动数
产品规划	4 项	产品中长期规划、年度新产品开发计划、年度色咭规划、年度研发预算	基于产品为王的公司战略支撑，产品线规划、监控、全生命周期管理都亟待强化和规范	增加“产品线规划”	5 项

续表

阶段	现有活动数	现有主要活动识别	存在的问题	业务活动优化建议	优化后活动数
产品需求分析	8项	市场信息研究和分析（目标客户、替代品、竞品等）、新材料/新工艺/新技术研究和分析、纤维技术专项研究和分析、市场色彩信息研究和分析、专色设计和验证、色咭标准制作和发布（色咭样板、说明书等）、客户新产品需求分析、新产品立项评估	对产品需求变化研究不深入，集成产品研发更多的是以技术或工程师导向，与市场脱节严重	（1）增加“新产品立项收益评估”； （2）强化“色彩市场趋势研究”“产品市场信息收集与分析”“新材料/新工艺研究与分析”	9项
产品开发	9项	项目立项（独立立项、联合立项）、项目过程管理（样品设计、产品小试与评审、产品中试与评审）、开发品质验证、开发成本检讨分析与改进、可生产性评价、产品大试评审、产品大试与后处理、项目结案评审、新产品技术转移（工艺、物料、标准等）	（1）新产品的立项评审有些流于形式，未来需要强化技术评审和收益评审预估； （2）研发项目过程管理成熟度不高； （3）新产品的质量成熟度还不够高，量产后问题遗留比较多； （4）新产品的可生产性不足，影响生产效率成本控制	（1）增加“项目可生产性评审”和“成本分析检讨”； （2）强化“项目质量评审、产品项目团队组建”	13项
新产品推广	3项	新产品推广评审、新产品推广技术方案、新产品评价与总结	新产品推广与市场中心的协同需要强化（新产品推广方案）	增加“新产品推广信息收集与反馈”“项目收益评估分析”“项目评价总结”“产品生命周期管理”	7项
研发管理	4项	研发预算编制与管理、研发预算执行分析与改善、新产品技术资料管理（工艺文件、品质标准、BOM、产品界定表更新、专利资料、样纱管理等）、技术文件存档与分发	新产品名称管理混乱，导致企业内部产品线及产品结构极其复杂	强化“新品名申请、审批”	10项

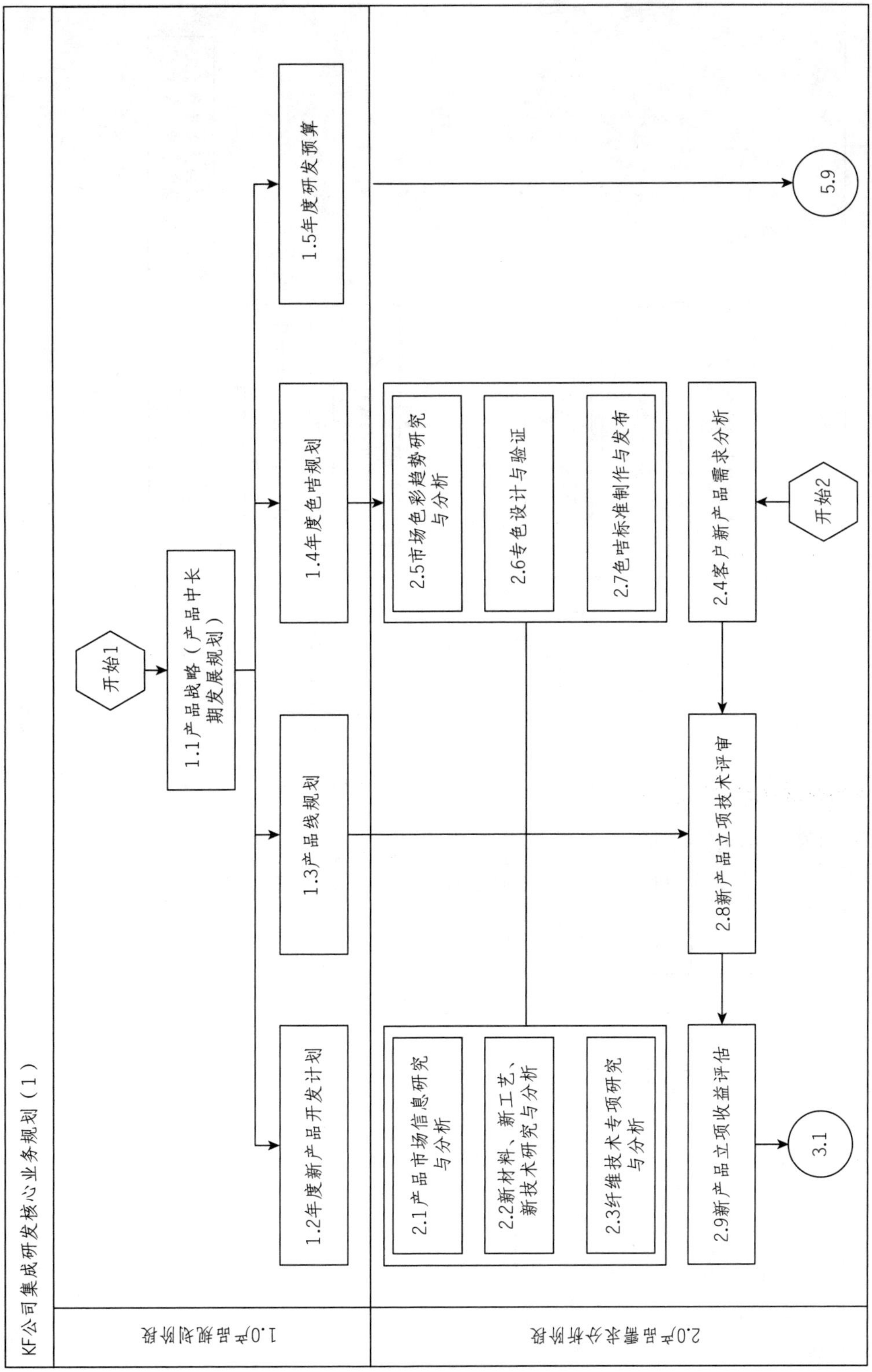

图3-9　KF公司集成研发核心业务规划（1）

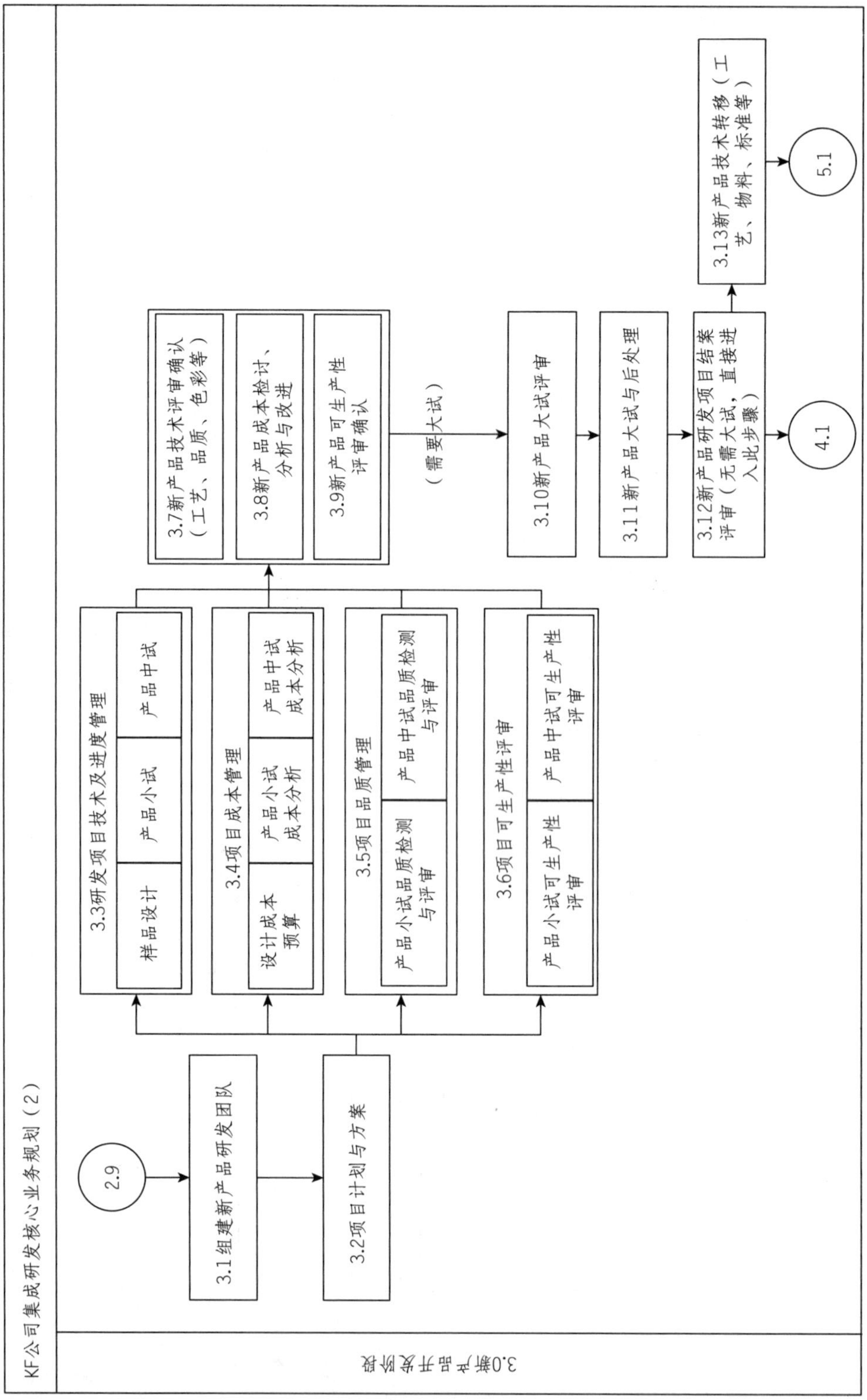

图3-10 KF公司集成研发核心业务规划（2）

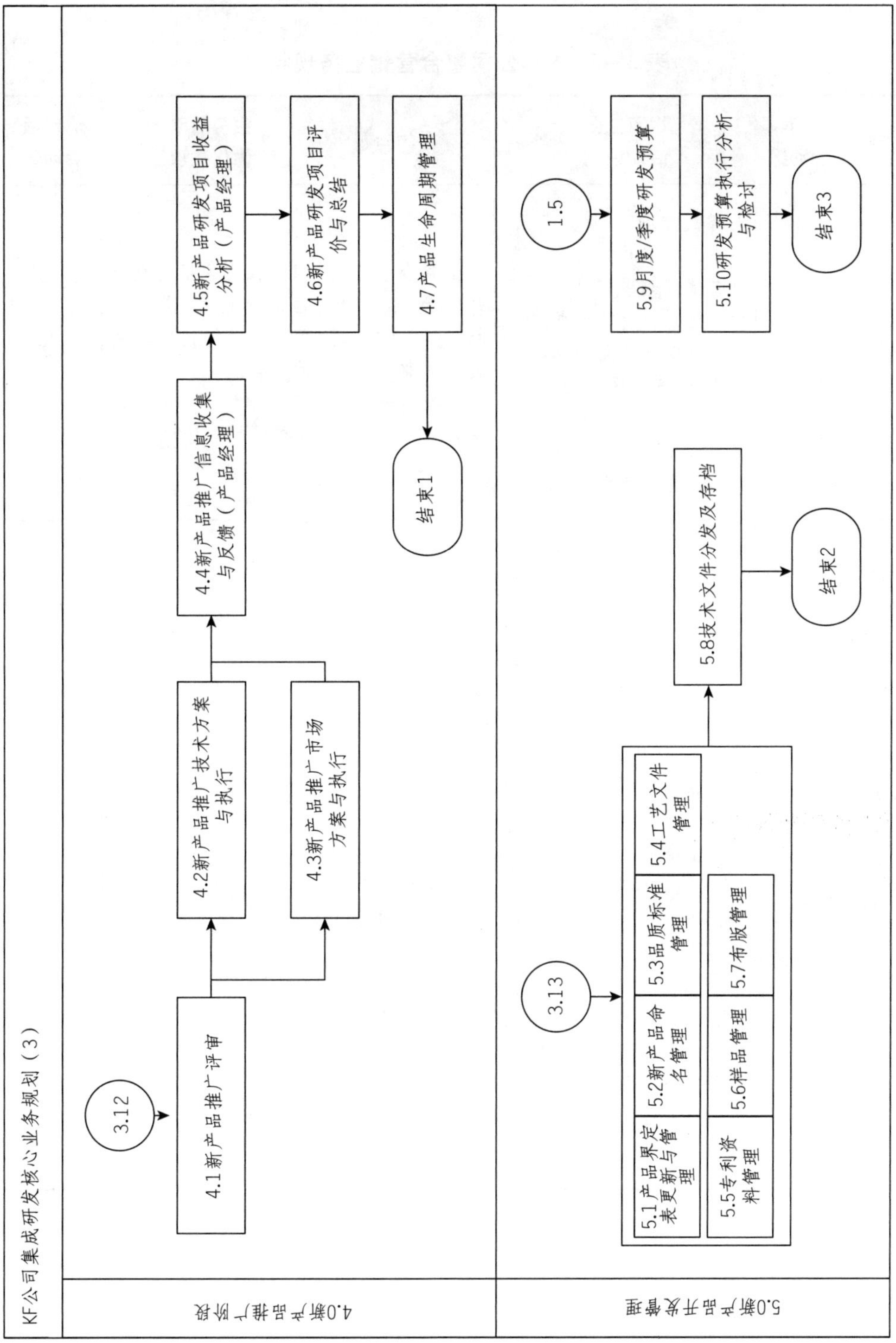

图3-11 KF公司集成研发核心业务规划（3）

第二部分：KF 公司整合营销核心业务逻辑分析与优化规划

表 3－2　KF 公司整合营销业务现状

阶段	现有活动数	现有主要活动识别	存在的问题	业务活动优化建议	优化后活动数
营销规划	11 项	业务战略（产业、产品、市场、客户）及定位、年度营销规划、年度终端开发计划、年度市场推广计划、年度销售计划、年度销售政策、区域销售计划、产品销售计划、客户销售计划、品牌战略及定位、年度品牌推广计划	基于整合营销思想，公司在市场、销售和品牌之间的整合协同能力有待进一步提升	(1) 强化“年度整合营销计划”，强调品牌、市场和销售之间的整合； (2) 增加“年度市场拓展计划”	9 项
策划与推广	16 项	终端开发策划方案、市场拓展及调研策划与实施、调研分析报告撰写及分发、市场活动策划（主题规划、产品方案、设计方案）、市场活动组织与实施（物料准备、现场布置、媒体宣传报道）、市场活动效果评估、市场活动档案管理、销售区域分析与执行（区域分析、区域调研、区域产品方案）、常规产品销售计划、新产品销售计划、新产品推广、品牌推广策划方案、VIS 规范管理、品牌推广活动实施、品牌活动效果评估与品牌形象监控、品牌档案管理	(1) 市场研究与集成产品研发、新产品推广协作需强化； (2) 销售预测准确率不高，对供应链运营效率影响很大； (3) 整合营销各类信息、数据缺乏统一管理，内部信息共享和开发利用不足	(1) 强化“终端开发策划”、“市场调研策划和实施”、“品牌推广活动策划”； (2) 将“市场活动档案”和“品牌活动档案”统一整合到“营销信息数据库”	16 项

续表

阶段	现有活动数	现有主要活动识别	存在的问题	业务活动优化建议	优化后活动数
客户与订单开发	11 项	终端开发（产品开发、客户开发）、终端开发订单落单管理、新客户开发、客户价值分析、客户提升计划（客户价值开发、潜力客户开发）、月度销售预测与计划、客户订单评审（订单自审、订单互审、订单变更管理、报价与价格管理、新产品打样订单评审）、客户订单转单管理、销售合同签订与管理、销售货款管理、销售台账管理	终端开发人员评价、激励管理需要进一步规范	(1) 强化“终端开发”和“月度销售预测和计划”； (2) 将“销售台账”统一纳入“营销信息数据库”	9 项
客户管理与服务	9 项	客户等级评价、大客户项目管理、价值客户项目管理、B/C 类客户关系维护、客户信息管理、客户满意度调查与管理、客户投诉管理、客户交接管理、客户档案维护与管理	各营销工作需要在继承原来优秀经验的基础上，需要进一步深挖潜力，更加深入化和细致化	(1) 强化“大客户项目管理”和“价值客户项目管理”规范化； (2) 将“客户档案”统一纳入“营销信息数据库”	9 项

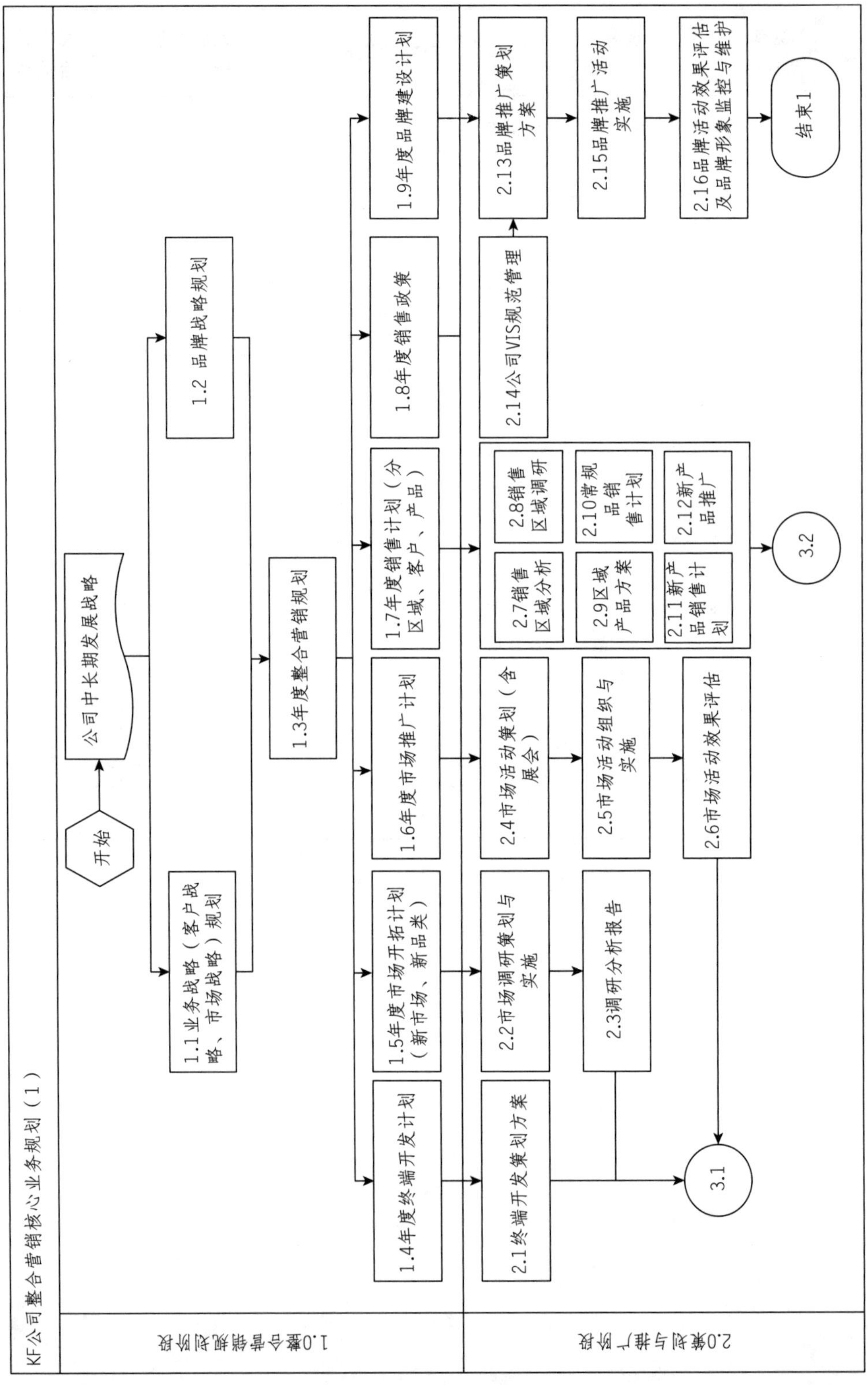

图3-12　KF公司整合营销核心业务规划（1）

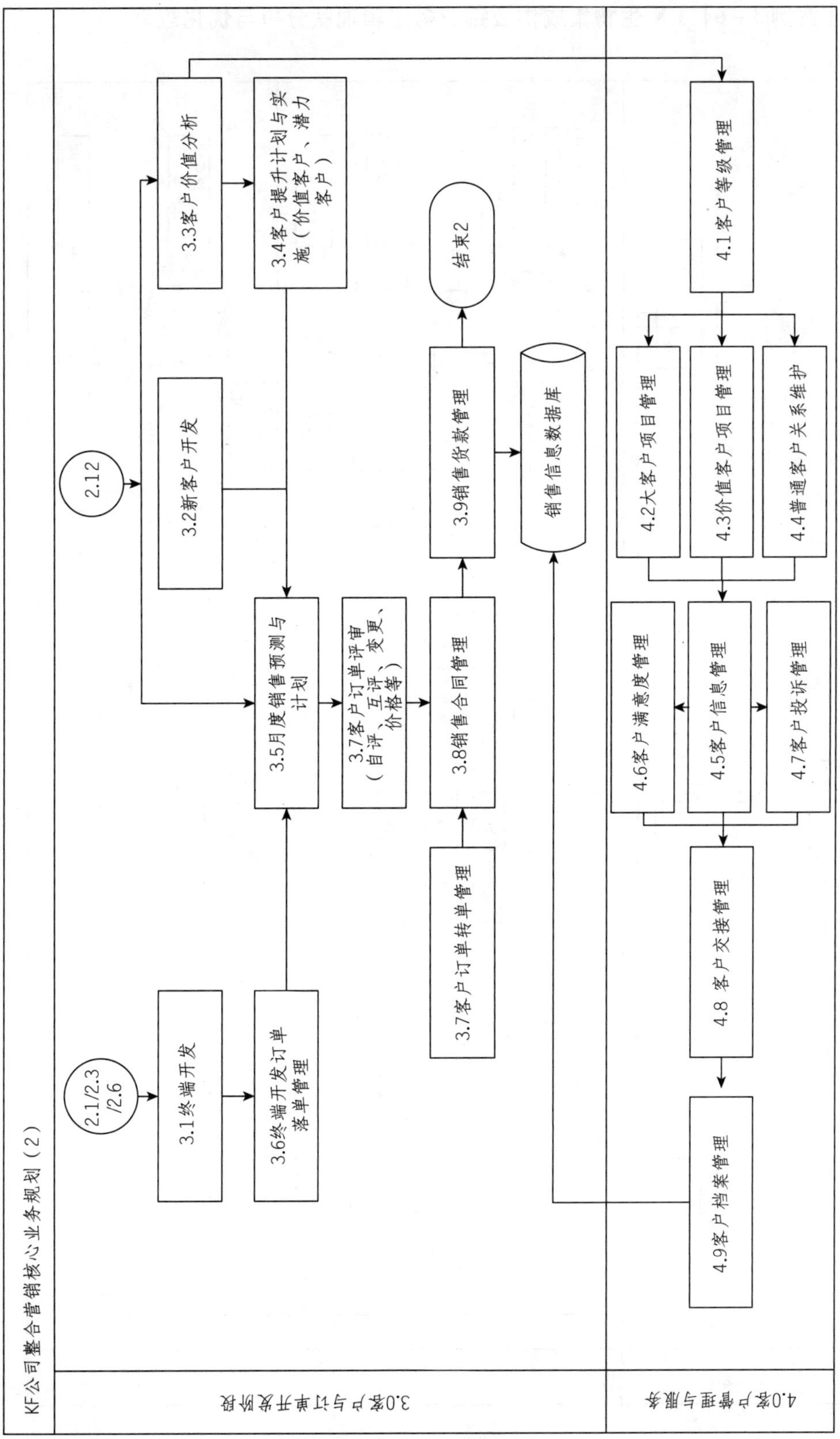

图3-13　KF公司整合营销核心业务规划（2）

【案例3－6】LX生物集成供应链业务逻辑现状分析与优化规划

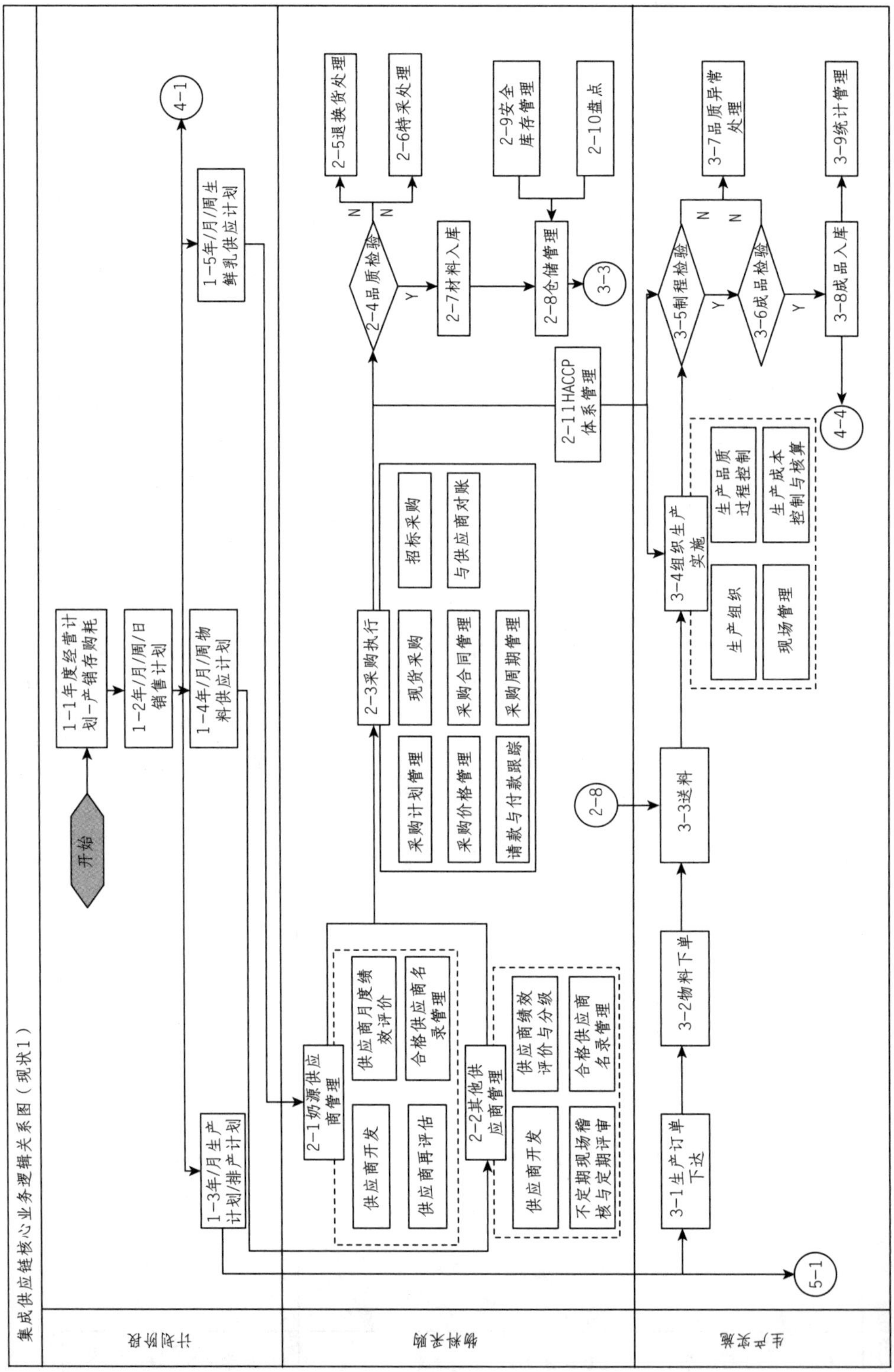

图3-14　LX生物集成供应链核心业务逻辑关系图（现状1）

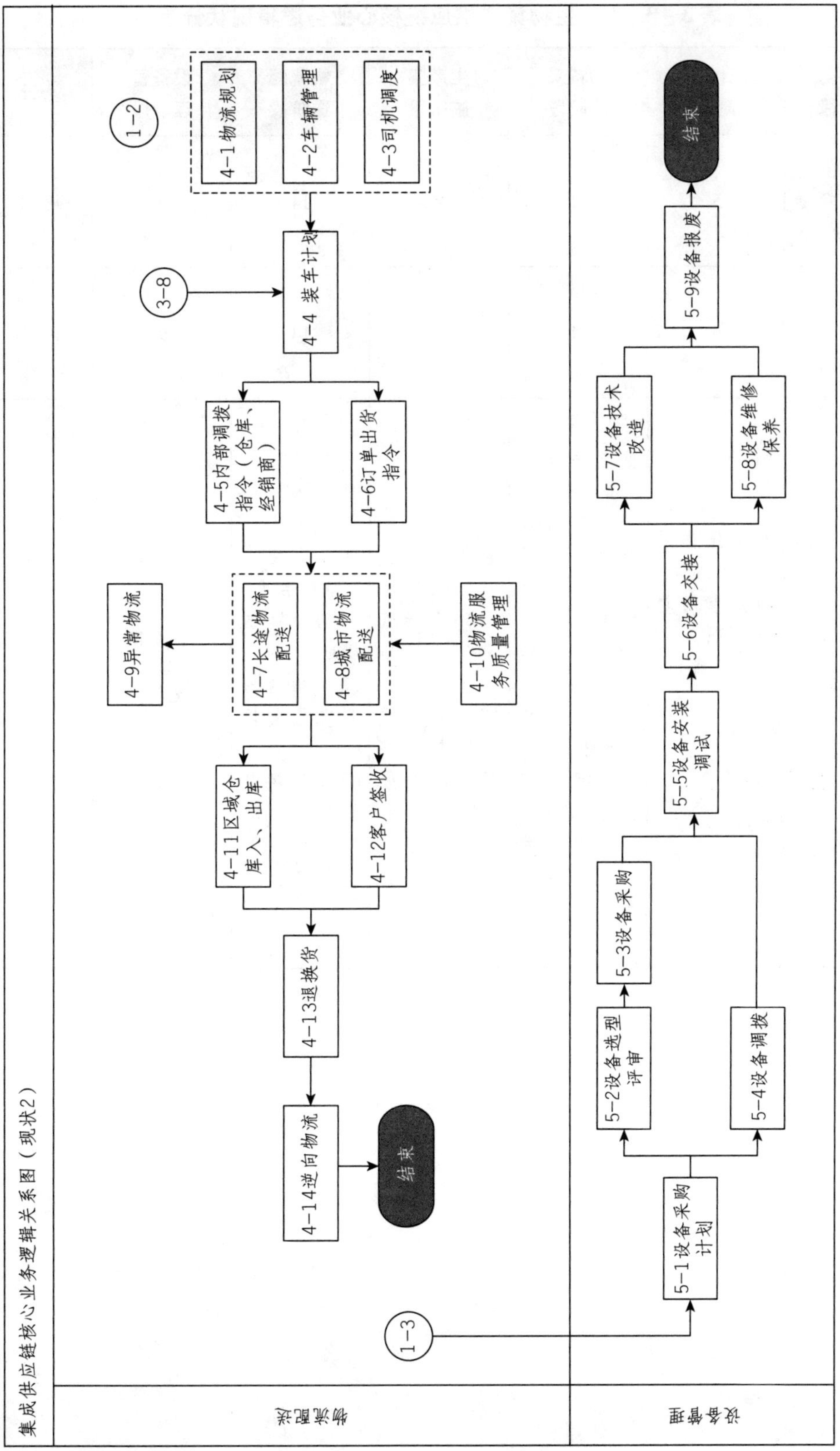

图3-15 LX生物集成供应链核心业务逻辑关系图（现状2）

表 3－3　LX 生物集成供应链核心业务逻辑现状分析

业务阶段	计划阶段	物料采购阶段	生产实施阶段	物流配送阶段	设备管理阶段	合计
核心业务活动项数（现状）	5	11	9	14	9	48 项
核心业务活动项数（建议）	6	11	9	14	9	49 项
优化说明	重点强化以下业务活动：（1）市场趋势预测；（2）排产计划；（3）增加"市场趋势预测"业务活动	重点强化以下业务活动：（1）奶源供应商开发（供应商分级标准）；（2）采购价格管理；（3）与供应商对账；（4）请款与付款跟进；（5）特采处理（决策效率）	重点强化以下业务活动：（1）现场管理（人员培训与激励）；（2）生产成本控制与核算（定额管理）	重点强化以下业务活动：（1）物流规划；（2）物流服务质量管理（第三方）；（3）退换货管理	重点强化以下业务活动：设备维修保养	

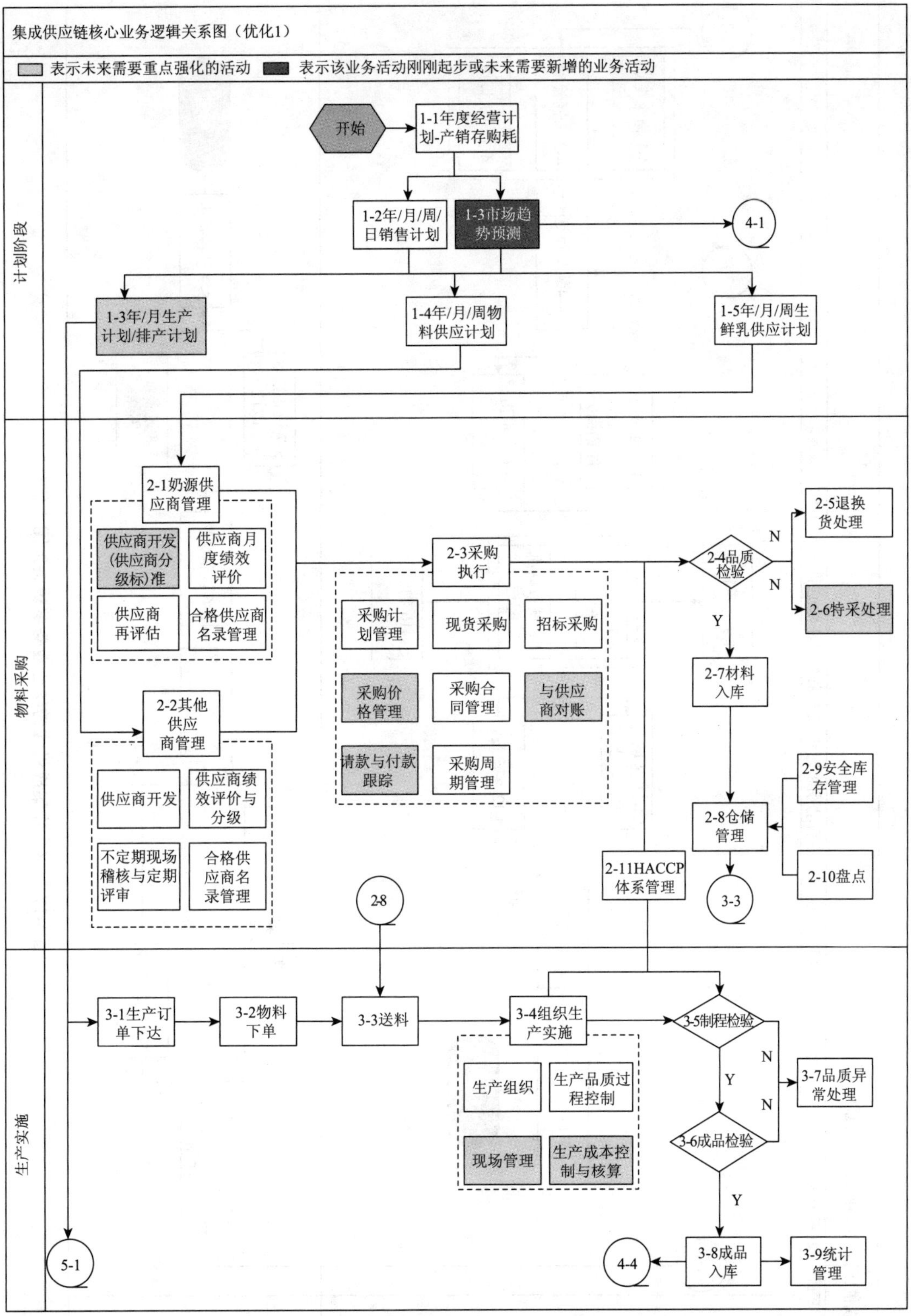

图 3－16　LX 生物集成供应链核心业务逻辑关系图（优化 1）

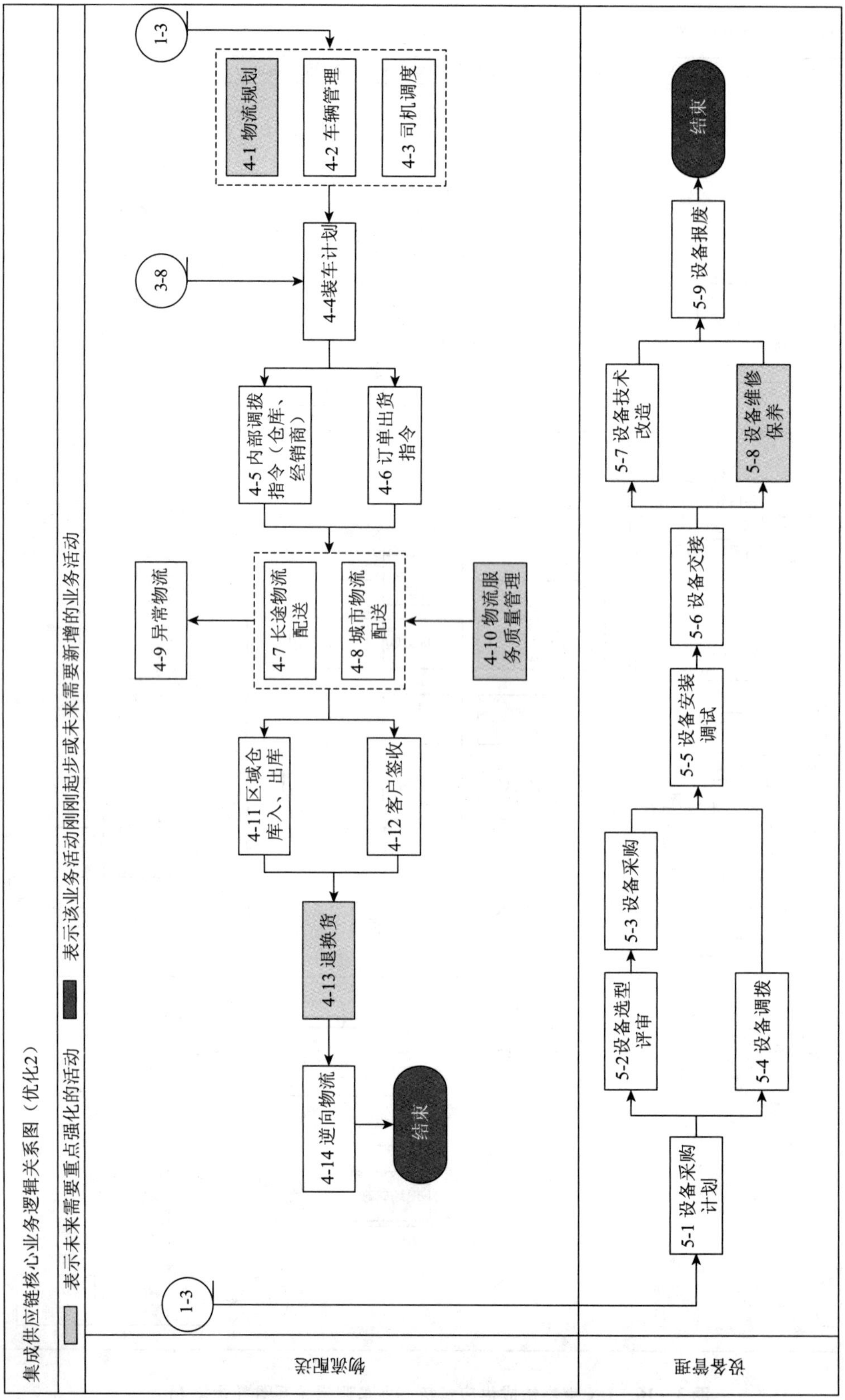

图3-17 LX生物集成供应链核心业务逻辑关系图（优化2）

二、流程规划基本方法

凡事预则立，不预则废。流程规划作为企业流程管理的第一环节，是非常重要的。

对企业流程进行科学、有效的规划，客观评价现有流程状况、员工素质、运行环境，可以为企业即将开展的流程优化活动打下坚实的基础，避免工作开展时失去改进的方向以及目标。同时，由于流程管理是以企业的经营整体为主要对象的，通过建立系统的流程体系，可以让企业学会系统思维，而不只是着眼于局部的最优化管理。

企业流程规划，主要有以下几种方法：价值链分析法、绩效重要性矩阵、学习五角星、成本收益矩阵以及流程优化矩阵。它们各自所着眼的流程优化管理角度不尽相同，需要我们根据流程优化的目的进行科学、合理的使用。

（一）价值链分析法

价值链分析法是一种常见的企业流程规划的方法，根据迈克尔·波特的价值链模型，American Productivity and Quality Center（简称：APQC）将企业内部的流程共分为12类：

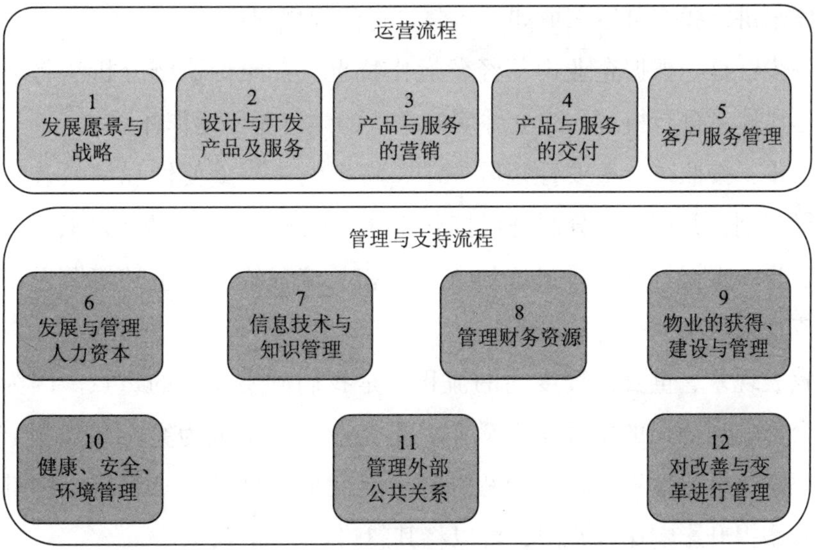

图3－18　APQC核心流程作用

如图3-18，在APQC的体系当中，企业内部的流程共被分为2大类12小类，其中，运营流程5类，管理与支持流程7类，在此基础上，APQC提出了详细的企业流程规划（读者可点击http：//www.apqc.org具体查阅）。

（二）绩效重要矩阵分析法

根据不同流程对企业的重要程度以及流程本身绩效水平的高低，我们可以对相关流程进行识别，并采取不同的管理方式，从而提高企业流程的管理水平。

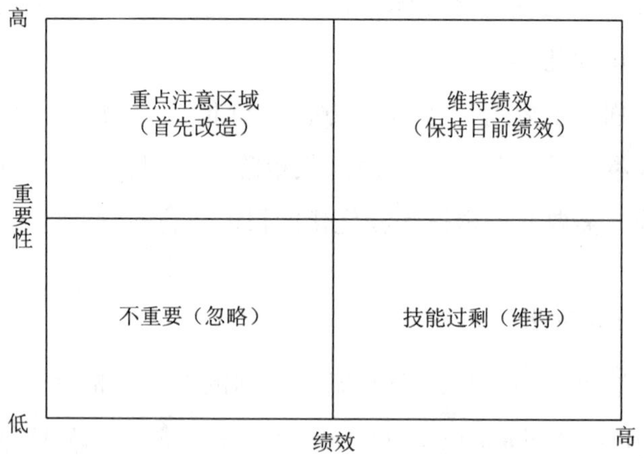

图3-19　绩效量变性矩阵

具体来讲，我们可以采取如下步骤进行流程规划：

第一步：首先根据企业内部经营运作特点，按照价值链分析法将企业内部的流程运作体系进行梳理，建立并明确企业的整体流程运作体系。

第二步：按照绩效重要性矩阵要求，将影响流程重要性和绩效表现的相关因素进行识别，并按照5分制进行打分评价（5分为最高，依次降低）。

第三步：根据打分评价最终结果，将相关流程绘制于上述矩阵图中，即可对不同流程采取不同的管理方式。

绩效表现差、重要性程度高的流程，是我们需要关注的重点。因为这类流程往往会影响到公司的整体运营效率，是企业运作中最为突出的短板。而那些绩效表现差、重要性程度低的流程往往不是我们管理的重点目标，因其对企业的运营效率提升影响比较有限，可以将其忽略。

（三）学习五角星分析法

采用学习五角星进行流程规划，是基于这样一种假设前提：企业生产运营会受到各类利益相关者的影响，企业的存在必须要平衡和满足这些利益相关者的需要，为了满足这些利益相关者的需要而组织的活动就构成了企业的各类流程活动。因此，从利益相关者的角度出发，对现有各类流程进行识别和分析，可以更为有效地满足利益相关者的价值期望。

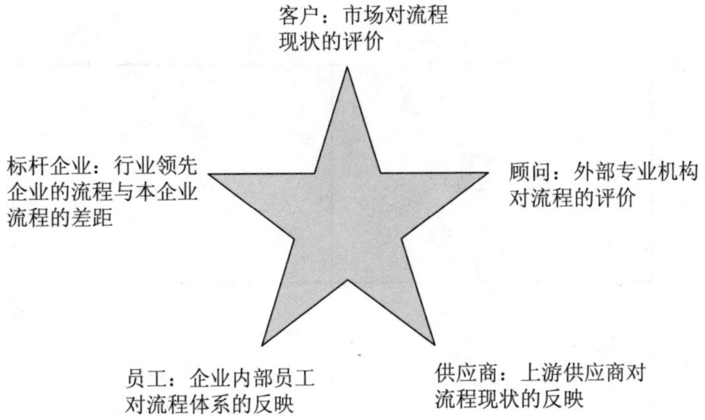

图 3-20　学习五角星

学习五角星中包括五类利益相关者的需求，分别是客户、标杆企业、员工、供应商和外部顾问。通过利益相关者对现有流程运作状况的评价，我们可以发现相关的问题流程，进而进行有效的分析和改进。

一般来说，**供应商和客户**经常直接与企业打交道，因此他们的评价多与企业所接触的相关界面流程有关，有助于企业外部相关流程的改进分析。某些特别挑剔的顾客所提出的观点往往正是流程进行全新设计时需要考虑的目标。

标杆企业相关流程的分析评价则要结合企业的实际运营，选择与自身情况接近的流程进行分析。指出标杆管理所能达到的水平，可以使企业须改进的领域显现出来。当福特公司了解到马自达公司的收款部仅有 5 个人时，其管理层深受刺激，对其原有的收款管理方式进行反思，最终下定决心实施流程改造。

顾问作为专业人士，能够从专业管理的外部角度对企业流程现状提出专业化的指导意见，具有较强的科学性和合理性。流程管理的实施工作一定要由可承受变化的企业员工来完成，因此顾问所提出的意见往往更具有现实性。

员工作为企业内部流程的执行者，对流程的运作情况最为熟悉和了解，也能提出具针对性的改进意见。

上述学习五角星方法是我们开展流程分析、发现问题流程的重要诊断工具和方法。

（四）成本收益矩阵分析法

成本收益矩阵主要是针对流程的花费成本与产出价值之间的关系进行分析评价，通过发现绩优流程，提高公司对现有流程的价值管控能力，增加流程的增值空间。

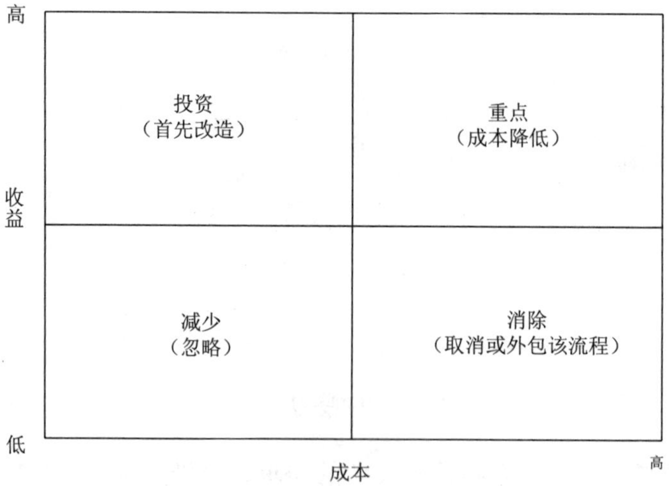

图 3－21　成本－收益矩阵

我们将流程按照收益与成本的相对关系分为 4 类：

（1）收益高、成本低的运作流程是我们优先进行流程优化和重组的对象，应重点对其进行投资和建设。比如对于高科技企业来讲，产品研发活动花费的成本低而产出价值大，其流程活动应是公司考虑的重点。

（2）收益高、成本高的流程是公司流程运作体系中不可缺失的重要组成部分，应着重降低其运营成本，以增加企业的增值空间。对于许多企业来讲，职能部门的管理活动就是最为突出的例子：它们对企业来讲是履行监控和管理职能的必要体现，但如果成本耗费过高，由于其成本最终都将由消费者买单，将不利于提升企业的产品价格竞争能力。

（3）收益低、成本高的流程耗费了企业过多的人力、物力、财力，其流程的实际表现与企业的期望存在较大的差距，我们可考虑取消或者外包。比如美国著名的体育用品商耐克公司，如果由它自己进行生产制造，显然并不划算，因此它将低价值的生产制造环节都外包给中国、越南等国家的许多企业，利用这些国家的廉价劳动力实行 OEM 生产，省去了大量的管理费用，而耐克只进行必要的质量监控，将最核心的产品研发环节和市场营销环节掌握在自己手中，从中赚取大量的利润。

（4）收益低、成本低的流程环节我们可以逐渐减少，并最终将其忽略掉。这类流程由于往往对企业并不能起到较大的支撑和管理作用，其存在的必要性也大打折扣，可以考虑将其取消。

（五）流程优化矩阵分析法

流程优化矩阵主要是从实现公司战略的关键成功因素出发，观察相关的运作流程与公司战略目标之间的关联，从而识别出对公司未来发展起关键作用的核心流程，提高企业对这些核心流程的管控水平和能力。

表 3－4　流程优化矩阵分析表

关键成功因素	关键成功因素 1	关键成功因素 2	关键成功因素 3	关键成功因素 4	关键成功因素 5	总分
KPI	KPI11/KPI12/KPI13	KPI21/KPI22/KPI23	KPI31/KPI32/KPI33	KPI41/KPI42/KPI43	KPI51/KPI52/KPI53	
流程 1	2	1	0	0	0	3
流程 2	0	1	2	1	0	4
流程 3	2	2	1	1	1	7
流程 4	0	0	2	1	1	4
流程 5	2	2	1	0	0	5
流程 6	0	0	1	1	2	4

具体运用步骤如下：

第一步，根据价值链分析工具，将企业内部的流程整体框架进行梳理，建立完整、清晰的流程体系。

第二步，召集公司相关高层管理人员，从实现公司战略目标的角度出发，得出相关的关键成功因素（KSF），并提炼至少三个相关的关键业绩指标（KPI）。

第三步，将识别出的公司相关分级流程与公司关键成功因素的 KPI 指标分别进行两两配比，观察这些流程对 KPI 指标的实现有效性和保障性，并据此由公司高层人员进行相关性打分评价（以 2 分代表关联程度最高，依此类推）。

第四步，将各个流程的关联性打分结果进行汇总，得分高的流程即为公司的核心流程，也就是我们所要重点关注的流程。

从操作方式上看，绩效重要性矩阵、成本收益矩阵和流程优先矩阵都比较类似，但它们对流程所考虑的侧重点却不尽相同，我们在运用以上这些工具时，应结合流程优化的目的合理使用，这是必须注意的。

对以上这些工具方法进行总结分析，我们可以发现它们基本体现了以下四种工作导向。未来我们在进行流程规划时，也可以参照下面的思路进行思考和分析。（见表 3 –5）

表 3 –5　流程规划思路分析表

思考导向	含义	对应工具
策略导向	在公司既定的策略下，应先改造哪个流程对达成策略目标最为有利？	流程优化矩阵
顾客导向	对顾客而言，哪些流程是最重要的？	学习五角星
问题导向	现有运作流程中，哪个流程的问题最大、对企业运作造成最大困扰？	绩效重要性矩阵
收益导向	哪些流程是最容易见效且成功的？哪些流程可以证明是行之有效的？	成本收益矩阵

三、业务流程规划

1. 核心业务流程特点分析

前面我们讲过，按照流程的功能特点进行划分，可以分为核心业务流程、核心管理流程和核心辅助流程。其中，核心业务流程是企业为了实现经营目标，按照客户需求，向市场生产、制造并提供产品/服务的活动，说白了就是直接为企业创造价值的活动。

从企业自身来看，其经营活动是以价值创造为核心，价值创造贯穿了企业业务运作的各个环节，形成了企业内部业务活动的一体化。它们之间是相互关联并相互影响的。如果某个业务活动运作不畅，将会导致企业整体业务运作体系遭受巨大影响。

从企业实现自身价值的路径看，从发现顾客需求到满足顾客需求基本上形成一个循环，可以让企业所创造的价值最终在市场上通过交换得到体现，因此，企业的核心业务流程可以看作以发现顾客需求为起点、以满足顾客需求为重点的企业经营活动的横向一体化进程，简单地讲，也就是我们常说的产—供—销体系。基本上所有企业都具有相同的或者相类似的横向业务运作流程。比如说所有的制造型企业都具有材料供应、产品开发、生产运行、成品储运、市场营销和售后服务环节，而服务型企业都由材料供应、产品开发、服务提供、市场营销和售后服务等基本环节构成，不同的是少了生产环节。

通常情况下，企业核心业务流程分为三大类：集成研发类核心业务流程（参见表3－6）、整合营销类核心业务流程（参见表3－7）和集成供应链类核心业务流程（参见表3－8）。

2. 核心业务流程规划说明

进行核心业务流程划分，必须要注意把握企业的核心价值链要素、满足企业的经营管理需要、照顾客户需求以及遵循配套管理体系要求。

（1）把握企业的核心价值链要素，是指企业在进行核心业务流程设计时必须要分清楚哪些是直接创造价值的业务活动、哪些是为创造价值提供辅助支持服务的管理活动和辅助活动。企业的业务活动具有横向连贯性，在设计相关业务流程体系时，应注重整体的完整性，不可缺失任何一个重要的业务运作环节。

（2）满足企业的经营管理需要，是指对相关核心业务的设计，我们应识别出哪些是亟须改进的、哪些是有待改进的、哪些是可继续维持的、哪些是可以忽略的。这些方法前面已经详细介绍过，这里就不再赘述。只有以满足企业的经营管理需要为出发点，将业务流程进行有效的分类，我们才能够提高对业务流程管理的针对性和有效性。

（3）照顾客户需求，是指企业生存和发展的基础是发现和满足客户需求，企业内部必须建立起以市场为导向、以客户需求为目标的业务流程运作体系以及业务流程管理模式。

（4）遵循配套管理体系要求，是指企业在进行业务流程设计时，需要同时考虑和照顾配套管理体系的要求，比如ISO9000管理体系、企业内部职权划分要求，等等。流程管理仅仅是企业管理的一个分支，它主要是从如何提高系统效率和整体运作能力的角度去解决问题的，但在进行相关流程设计时，我们还应注意与其他配套管理体系有效结合以便形成合力，这样才能系统提高企业的管理水平和能力，而不是造成相互的矛盾和冲突。

【案例3-7】承接【案例3-5】KF整合研发、整合营销核心业务流程规划

表3-6　KF公司集成研发业务流程规划清单

序号	流程名称	对应业务活动编号	流程主人	流程相关部门	流程输入	流程输出
D1	产品线规划和管理流程	1-1、1-2、1-3、1-5、4-6	产品开发中心	公司领导、营销系统、产品设计中心、经营管理中心	产品中长期规划	年度产品线规划图
D2	产品开发流程	2-1、2-2、2-8、2-9、3-1至3-13	产品开发中心	营销系统、品质中心、产品设计中心、经营管理中心、财务系统、生产大区、生产工厂	产品需求调研产品线规划	新产品项目评价和总结
D2-1	产品市场信息研究和分析流程	2-1	产品开发中心	营销系统、采购与物流系统、生产大区、生产工厂	产品市场信息收集计划	产品市场信息需求趋势分析报告
D2-11	目标客户锁定流程	2-1	产品开发中心	营销系统、采购与物流系统、生产大区、生产工厂	产品市场信息收集计划	目标客户分析报告
D2-12	目标客户需求挖掘流程	2-1	产品开发中心	营销系统、采购与物流系统、生产大区、生产工厂	产品市场信息收集计划	目标客户核心需求分析报告
D2-2	产品立项评估流程	2-8、2-9	产品项目部	公司领导、营销系统、产品设计中心、开发中心、经营管理中心	年度产品开发计划年度产品线规划图	技术和收益评估分析

续表

序号	流程名称	对应业务活动编号	流程主人	流程相关部门	流程输入	流程输出
D2－3	项目生产性评审流程	3－6、3－9	产品项目部	产品设计中心、生产大区、生产工厂、品质中心	新产品小试	项目可生产性评审确认报告
D2－4	项目成本管理流程	3－4、3－8	产品项目部	采购中心、财务系统、产品设计中心	新产品项目预估成本	新产品成本检讨分析和总结
D2－5	项目质量评审流程	3－5、3－7	品质中心	产品设计中心、生产大区、生产工厂、产品项目部	项目质量标准	质量评审确认报告
D2－6	产品结案评审流程	3－12	产品项目部	产品设计中心、生产大区、生产工厂、产品项目部	项目各类评审报告	项目评审报告
D2－61	客户体验评审流程	3－12	产品项目部	产品设计中心、生产大区、生产工厂、产品项目部	项目各类评审报告	客户体验评审报告
D2－7	新产品技术转移管理流程	3－13	产品设计中心	开发中心、采购中心、品质中心	新产品项目结案评审	新产品技术资料系统维护和知识档案
D2－8	新产品推广流程	4－1至4－6	产品项目部	公司领导、营销系统、产品设计中心	新产品推广评审	新产品收益分析、评价和总结
D2－9	新材料、新工艺、新技术研究和导入流程	2－2、2－3	产品开发中心	采购中心、营销系统、生产大区	研究计划	导入立项评审
D3	设计变更管理流程	2－1、2－2、2－8、2－9、3－1至3－13	产品开发中心	营销系统、品质中心、经营管理中心、财务系统、生产大区、生产工厂	设计变更申请	设计变更总结分析

续表

序号	流程名称	对应业务活动编号	流程主人	流程相关部门	流程输入	流程输出
D4	专色设计流程	1-4、1-5、2-5、2-6、2-7	产品设计中心	营销系统、经营管理中心、开发中心	专色年度规划	色咭标准制作和发布
D4-1	市场色彩趋势研究和分析流程	2-5	产品设计中心	外部顾问、开发中心、营销系统	市场色彩信趋势调研计划	市场色彩趋势分析报告
D4-2	色咭制作与发放流程	2-7	产品服务部	产品设计中心、销售大区、市场中心	色咭标准制作和发布	色咭发放
D4-3	新替原料引进流程	2-2、2-3	采购中心	研发生产系统	新替原料开发	原料进入商品目录

表3-7　KF公司整合营销核心业务流程规划清单

序号	流程名称	对应业务活动编号	流程主人	流程相关部门	流程输入	流程输出
B1	营销预测与计划流程	1-3、1-4、1-5、1-6、1-7、1-8、1-9	营销管理中心	市场中心、销售大区、终端开发部、产品研发中心、经营管理中心、品牌宣传部	年度整合营销计划	月度预测与销售计划
B1-1	销售承包管理流程	1-10	营销管理中心	销售大区、财务系统、公司领导	销售承包方案	评价和结果应用
B2	客户开发和管理流程	1-7、3-1、3-2、3-3、3-4、4-1	营销管理中心	销售大区、市场中心、财务系统	年度客户规划	客户满意度分析
B2-1	价值客户评价流程	3-3、4-1	营销管理中心	销售大区、财务系统、公司领导	价值客户标准	评价结果应用

续表

序号	流程名称	对应业务活动编号	流程主人	流程相关部门	流程输入	流程输出
B2-2	终端开发管理流程	3-1	营销管理中心	终端开发部、市场中心、销售大区	终端开发计划	终端开发总结分析
B3	客户订单管理流程	3-7、3-8	经营管理中心	销售大区、采购与物流系统	客户询单/PO	客户订单转单
B3-1	新产品报价流程	3-7	经营管理中心	财务中心、产品设计中心	报价申请	价格审批
B3-2	订单变更流程	3-7	经营管理中心	营销管理中心	订单变更需求/申请	订单变更审批
B3-3	打样管理流程	3-7	营销管理中心	各销售大区	打样申请	样品提交
B4	客户服务流程	4-2、4-3、4-4、4-5、4-6、4-7、4-8、4-9	产品服务部	销售大区、品质中心、物流中心、经营管理中心	客户服务年度计划	客户服务总结分析
B4-1	价值客户项目管理流程	4-3	营销管理中心	各销售大区	客户需求	客户服务记录
B4-2	大客户项目管理流程	4-2	营销管理中心	各销售大区	客户需求	客户服务记录
B4-3	客户投诉/退货处理流程	4-7	营销管理中心	各销售大区	受理投诉	投诉得到妥善处理
B4-4	客户满意度管理流程	4-5	营销管理中心	各销售大区	客户满意度调查方案	客户满意度结果发布
B5	市场推广流程	1-6、2-2、2-3、2-4、2-5、2-6	市场中心	销售大区、营销管理中心	市场推广计划	市场活动效果评估
B5-1	市场活动管理流程	2-4/2-5/2-6	市场中心负责人	品牌传讯部	市场活动选题	活动效果评估

续表

序号	流程名称	对应业务活动编号	流程主人	流程相关部门	流程输入	流程输出
B6	市场拓展流程	2－1到2－6	市场中心	营销管理中心	市场拓展计划	市场拓展总结
B7	品牌管理流程	1－9、2－13、2－15、2－16	品牌策划部	市场中心、销售大区	品牌战略	品牌监测与分析
B7－1	品牌推广活动管理流程	2－13、2－15、2－16	品牌策划部	市场中心、销售大区	品牌活动选题	活动效果评估

【案例3－8】承接【案例3－6】LX生物集成供应链核心业务流程规划

表3－8　LX生物集成供应链核心业务流程规划清单

编号	主要流程清单	流程主人	流程可能参与的部门	建议流程输入	建议流程输出
C1	生产计划流程	生产部	供应部、奶源部、品控部、物流部、分管领导	销售预测计划	生产订单下达
C2	物料供应计划流程	供应部	品控部、分管领导	生产计划、物料市场趋势分析、使用部门的采购申请	物料需求计划下达
C3	生鲜乳供应计划流程	奶源部	品控部、分管领导	生产计划、生鲜乳市场趋势分析	生鲜乳需求计划下达
C4	采购管理流程	供应部、奶源部	品控部、财务部、生产部、研发部、公司领导	物料需求计划、生鲜乳需求计划	采购物料入库
C41	供应商开发与评估流程	供应部、奶源部	品控部、财务部、生产部、研发部、分管领导	供应商标准建立	合格供应商进入供应商库
C42	供应商评价与考核流程	供应部、奶源部	品控部、生产部、研发部、分管领导	供应商考评申请	考评结果应用
C43	招标采购流程	供应部	品控部、财务部、生产部、公司领导	招标采购需求	招标合同签订

续表

编号	主要流程清单	流程主人	流程可能参与的部门	建议流程输入	建议流程输出
C44	现货采购流程	供应部、奶源部	品控部、财务部、生产部、研发部、公司领导	现货采购申请	物料到货
C45	采购价格管理流程	供应部、奶源部	财务部、公司领导	采购价格申请	采购价格审批
C46	采购异常处理流程	供应部、奶源部	品控部、财务部、生产部、研发部、公司领导	采购异常处理申请	采购异常处理总结
C47	采购货款管理流程	供应部、奶源部	品控部、财务部、公司领导	资金计划	采购货款支付台账
C48	原材料入库管理流程	供应部、奶源部	品控部、财务部	原料检验报告	入库
C49	原材料安全库存管理流程	供应部	品控部、财务部、生产部、销售部、分管领导	销售预测计划	补货单
C5	原料检验控制流程	品控部	供应部、奶源部、研发部、生产部	原料检验申请	原料检验分析报告
C6	生产过程控制流程	生产部	品控部、财务部、供应部、分管领导	生产计划、客户订单	成品入库
C61	生产订单管理流程	生产部	供应部	排产计划	物料下单
C62	送退料流程	生产部	供应部、财务部	物料下单	送退料台账
C63	工艺管理流程	品控部	生产部、研发部、销售部、公司领导	工艺开发、改进需求	生产工艺分析与总结
C64	制程检验控制流程	品控部	供应部、奶源部、生产部	排产计划	制程检验分析报告
C65	生产异常反馈处理流程	生产部	品控部、供应部、奶源部	生产异常反馈	处理措施跟进
C66	生产成本控制与核算流程	生产部	品控部、供应部、奶源部、财务部、公司领导	定额标准	生产成本统计与分析

续表

编号	主要流程清单	流程主人	流程可能参与的部门	建议流程输入	建议流程输出
C67	成品入库管理流程	生产部	品控部、财务部	入库申请	入库
C68	成品存货统计与分析流程	生产部	品控部	成品入库	存货异常处理
C7	成品检验控制流程	品控部	供应部、奶源部、生产部	成品送检申请	成品检验分析报告
C71	成品品质异常处理流程	品控部	供应部、奶源部、生产部、市场部、销售部、物流部、公司领导	成品检验分析报告、投诉反馈表	不合格品处理
C8	物流配送流程	物流部	品控部、销售部、市场部	销售订单/调拨单	客户签收
C81	物流规划管理流程	物流部	品控部、销售部、市场部	销售预测计划	物流配送规划

四、管理流程规划

1. 管理流程特点分析

为了对企业的业务运作活动进行有效的监督、控制、协调、计划、指挥，我们需要实施相应的管理活动，而实施这些管理活动的流程即是企业的管理流程。不同的企业具有不同的管理流程，同一家企业不同的战略举措也将导致不同的管理流程。换句话讲，管理流程具有较强的个性化色彩，它是企业经过长期积累、有效整合而形成的管理技能、管理机制、管理手段和管理方式，是企业核心竞争能力的主要体现。

当然我们还应该看到，管理技术在一定程度上仍具有共通性。参考借鉴标杆单位的优秀管理流程做法，并结合自身的实际情况和管控要求，进行有针对性的设计服务，才是正确的解决方法。

与业务流程不同，管理流程主要是对某一具体业务运作环节实施管理和监督，它并不具有横向一体化的色彩。某一管理流程运作的好坏并不会对其他管理流程的运作造成直接的影响和障碍，这一点与业务流程是不相同的。

2. 核心管理流程规划说明

职能部门掌握着公司的相应资源，对下属业务单位进行监督管理，形成了不同的管理活动。资源本身代表着企业对生产经营活动的投入，从这个道理上讲，我们按照资源的分类，就可以对相应的管理流程进行不同的划分。

一般来讲，我们将企业内部的资源分为以下几类：

表 3-9　企业核心管理流程分类

资源类别	含义说明	典型管理流程
人力资源	能够推动公司业务发展的具有智力劳动和体力劳动的人员的集合	薪酬管理流程、目标绩效管理流程、培训管理流程、人力资源规划流程、招聘管理流程、组织管理流程、文化建设管理流程
财务资源	指公司所掌握的相关资金、资产、现金等综合财务资源	预算管理流程、投资管理流程、固定资产管理流程、内部审计流程、财务核算管理流程、合同管理流程
信息资源	指公司内部存在的，通过综合开发利用能够对企业经营产生良好效益和影响的信息总和	网络建设管理流程、网站维护管理流程、信息化系统管理流程
市场资源	指公司所掌握的相关市场信息、品牌形象、营销渠道、客户信息等资源	品牌管理流程、市场信息管理流程、经销商管理流程、顾客管理流程
供应链资源	指公司所掌握的相关供应商信息、物料信息、市场供应状况等对公司采购仓储起促进和提升作用的相应资源	供应商管理流程、原料采购检验流程、招标采购管理流程、成品品质检验流程
技术资源	指公司内部的相关技术成果、技术标准、技术方案等经转化可为企业技术发展提供保障的资源	专利管理流程、技改项目管理流程、技术保密管理流程
管理资源	指公司内部所掌握的相关管理技能、管理技术、管理经验的集合	战略规划流程、战略调整调整、年度经营计划管理流程

需要说明的是，对上述资源的划分并没有一个统一的标准。由于许多企业的管理活动寓服务于其中，因此随着公司管理重点的调整和变化，管理流程和辅助流程之间也是可以相互转换的。

五、辅助流程规划

1. 核心辅助流程特点分析

辅助类流程主要是指公司的相关辅助工作业务和管理工作正常开展的工作之间的传递和转移的过程。管理类流程是针对某一具体业务环节进行管理和监督，具有较强的导向性和针对性；而辅助类流程则不具有上述的特点，它所服务的对象并不针对企业价值链的某一特定环节，同时辅助类流程之间也不具有必然的逻辑关系，它可以是孤立存在的。

2. 核心辅助流程规划说明

进行核心辅助流程的划分，并没有特定的方法和技术。一般来讲，主要是从为企业提供的各种后勤保障服务的角度入手进行划分。常见的企业后勤保障服务包括办公用品服务、用车管理服务、食堂保障服务等。由于辅助流程并不直接创造价值，而只是消耗成本，同时对价值创造的提升作用也没有管理流程那么明显和直接，因此并不是我们关注的重点。

一般情况下，企业内部辅助类流程会包括以下几个部分：

设备类辅助流程，包括设备选型评审流程、设备验收流程、设备维护保养流程、设备维修流程等。

工程类辅助流程，包括工程项目预算流程、工程项目规划流程、工程项目建设流程、工程项目监理流程、工程项目决算流程等。

行政类辅助流程，包括档案管理流程、印章管理流程、会议管理流程等。

后勤类辅助流程，包括车辆服务流程、宿舍服务流程、接待服务流程、食堂服务流程、日常办公服务流程等。

【案例3-9】承接【案例3-4】KKD核心流程规划

表3-10 KKD核心流程规划清单

	流程层级规划			流程类型规划		
流程名称	一级流程	二级流程	三级流程	业务流程	管理流程	辅助流程
1. 战略管理流程	√				√	
1.1 战略规划流程		√			√	
1.2 年度经营计划管理流程		√			√	
1.2.1 年度研发规划流程			√	√		
1.2.2 年度投资规划流程			√		√	
1.2.3 年度品牌推广计划流程			√	√		
1.2.4 年度营销计划流程			√	√		
1.2.5 年度供应链计划流程			√	√		
1.2.6 年度流程与信息化建设计划流程			√		√	
1.2.7 年度人力资源规划流程			√		√	
1.2.8 年度经营预算流程			√		√	
2. 研发管理流程	√			√		
2.1 目标客户锁定流程		√		√		
2.2 市场调研流程		√		√		
2.3 需求管理流程		√		√		
2.4 产品线管理流程		√		√		
2.5 新产品定义流程		√		√		
2.6 新产品开发流程		√		√		
2.5.1 新产品开发立项流程			√	√		
2.5.2 新产品开发验证流程			√	√		

续表

流程名称	流程层级规划			流程类型规划		
	一级流程	二级流程	三级流程	业务流程	管理流程	辅助流程
2.6 产品生命周期管理流程		√		√		
3. 资源管理流程	√			√		
3.1 物料供应商开发流程		√			√	
3.1.1 合格供应商管理流程			√		√	
3.2 贴牌工厂开发流程		√			√	
3.3 进口资源开发流程		√			√	
3.4 智力资源开发流程		√			√	
4. 安全门事业部流程	√			√		
4.1 订单管理流程		√		√		
4.1.1 常规订单评审流程			√	√		
4.1.2 特殊订单评审流程			√	√		
4.1.3 工程订单评审流程			√	√		
4.2 生产计划管理流程		√		√		
4.3 采购管理流程		√		√		
4.3.1 采购订单管理流程			√	√		
4.3.2 采购货款管理流程			√		√	
4.4 制程管理流程		√		√		
4.5 仓储及物流流程		√		√		
5. 室内门事业部流程	√			√		
5.1 订单管理流程		√		√		
5.1.1 常规订单评审流程			√	√		
5.1.2 特殊订单评审流程			√	√		
5.1.3 工程订单评审流程			√	√		
5.2 生产计划管理流程		√		√		
5.3 采购管理流程		√		√		
5.3.1 采购订单管理流程			√	√		
5.3.2 采购货款管理流程			√		√	
5.4 制程管理流程		√		√		

续表

流程名称	流程层级规划			流程类型规划		
	一级流程	二级流程	三级流程	业务流程	管理流程	辅助流程
5.5 仓储及物流流程		√		√		
6. 贴牌工厂流程	√					
6.1 生产计划管理流程		√		√		
6.2 生产过程跟踪流程		√		√		
6.3 品质抽检流程		√			√	
6.4 入库及发货流程		√		√		
7. 品质、工程、工厂管理流程	√				√	
7.1 研发品质管理流程		√			√	
7.2 原料品质管理流程		√			√	
7.2.1 原料品质检验流程			√		√	
7.2.2 不合格物料处理流程			√		√	
7.3 生产品质管理流程		√			√	
7.3.1 半成品品质检验流程			√		√	
7.3.2 成品品质检验流程			√		√	
7.4 工艺管理流程		√			√	
7.5 设备管理流程		√				√
7.6 工厂管理流程		√			√	
7.6.1 现场管理流程			√			√
7.6.2 安全管理流程			√			√
7.6.3 精益生产流程			√			√
8. 电商业务流程	√			√		
8.1 电商平台管理流程		√		√		
8.2 电商店铺管理流程		√		√		
8.3 商品管理流程		√		√		
8.4 电商订单管理流程		√		√		
8.5 电商物流及客服流程		√		√		
8.6 电商货款管理流程		√		√		

续表

	流程层级规划			流程类型规划		
流程名称	一级流程	二级流程	三级流程	业务流程	管理流程	辅助流程
9. 市场营销流程	√			√		
9.1 品牌管理流程		√			√	
9.2 市场管理流程		√			√	
9.2.1 市场研究流程			√		√	
9.2.2 市场培训流程			√		√	
9.2.3 市场推广流程			√		√	
9.2.4 促销管理流程			√	√		
9.2.5 客户体验流程			√	√		
9.3 销售管理流程		√		√		
9.3.1 代理商开发与管理流程			√	√		
9.3.2 销售政策管理流程			√	√		
9.3.3 货款管理流程			√	√		
9.4 客户服务流程		√			√	
9.4.1 客户满意度管理流程			√		√	
9.4.2 客户投诉受理流程			√		√	
10. 财务管理流程	√				√	
10.1 预算管理流程		√			√	
10.2 费用报销流程		√			√	
10.3 会计核算流程		√			√	
10.4 资产管理流程		√			√	
10.5 财务分析流程		√			√	
10.6 税务管理流程		√			√	
10.7 财务风险及合规管理流程		√			√	
11. 组织及人力资源流程	√				√	
11.1 招聘管理流程		√			√	
11.1.1 内部招聘流程			√		√	
11.1.2 外部招聘流程			√		√	

续表

流程名称	流程层级规划			流程类型规划		
	一级流程	二级流程	三级流程	业务流程	管理流程	辅助流程
11.2 培训管理流程		√			√	
11.2.1 入职培训流程			√		√	
11.2.2 在职培训流程			√		√	
11.3 绩效管理流程		√			√	
11.4 薪酬管理流程		√			√	
11.5 指令管理流程		√			√	
11.6 流程与信息化管理流程		√			√	
11.7 组织管理流程		√			√	
11.8 组织文化管理流程		√			√	
11.9 集团管控流程		√			√	
11.9.1 投资管理流程			√		√	
11.9.2 融资管理流程			√		√	
11.9.3 资金调度流程			√		√	
11.9.4 干部任用流程			√		√	
11.9.5 高管绩效管理流程			√		√	
11.9.6 审计管理流程			√		√	
11.9.7 印章及用印管理流程			√		√	
11.9.8 合同管理流程			√		√	
11.9.9 集团权限管理流程			√		√	
11.9.10 档案及保密管理流程			√			√
12. 行政后勤管理流程	√					√
12.1 行政管理流程		√				√
12.2 后勤服务流程		√				√
12.3 基建管理流程		√				√

第四章 望闻问切

——业务流程描述与问题分析

中医在看病的时候，主张“四诊法”，即望诊、闻诊、问诊和切诊，简称为“望闻问切”。

战国时期著名医家扁鹊就精于此道。他晋见蔡桓公时，通过望诊判断其有病，但是病情尚浅，病位还只是在体表肌理的部位。他劝蔡桓公接受治疗，指出如不治疗则病情将会加深。蔡桓公因自我感觉良好，拒绝治疗。不久，扁鹊再度晋见蔡桓公，指出其病情已加重，病位已进展到血脉，再次劝说其接受治疗，以免病情更加发展。蔡桓公仍然拒绝治疗，而且心中不悦，认为扁鹊在自我炫耀，并以此牟利。当扁鹊第三次晋见蔡桓公时，认为病情已恶化，病位进入内部肠胃，如不及时治疗，终将难治。然而蔡桓公仍不予理睬。最后一次，扁鹊通过望诊，判断蔡桓公病情危重，已深入骨髓，无法救治。果不出其所料，蔡桓公不久即发病，终于不治而亡。

我们把企业流程问题分析的基本方法也总结为“望”“闻”“问”“切”四类：

“望诊”：通过流程绩效分析发现流程存在的问题；

“闻诊”：通过客户声音倾听会、流程文档调查、流程管理成熟度分析等手段发现流程存在的问题；

“问诊”：通过访谈、问卷调查等方法发现流程存在的问题；

“切诊”：通过测时法、标杆法、现场模拟、实际参与等方式发现流程存在的问题。

第一节　流程语言与流程描述

准确、客观地对流程现状进行描述是我们进行流程优化与设计的基础。在进行流程现状描述时，应首先掌握如何运用各种流程绘制的符号进行现状描述。

对于企业内部运作的流程，根据设计的需要，我们可以用三种方式进行流程描述，分别是框图、工作流图和泳道图（或称职能式流程图），不同的表达方式适用于不同的流程描述目的。

另外，进行流程现状了解和描述具有其必要性和合理性。通过了解流程现状描述，我们可以固化经验、使工作例行化和模板化、建立持续优化的基础、发现客户真实需求，以及识别与其他管理系统之间的配合关系。

一、流程语言与流程图

猫有猫路，鼠有鼠道。流程描述亦如此。企业在做流程描述时，需要使用流程语言（流程符号），这些符号代表着特殊的含义，其先后排列顺序说明了流程步骤之间的逻辑关系。

（一）常见流程语言

常见的流程符号如图 4－1 所示，共有 9 个。

我们在运用以上符号进行流程描述时，应注意以下事项：

（1）注意相关流程步骤的先后顺序，避免逻辑关系错乱。

（2）流程逻辑线条不宜交叉太多，太多交叉容易造成流程阅读者误解。

（3）流程步骤描述不宜文字太多，如需详细说明，可以放在流程说明中另外阐述。

（4）运用决策点符号对流程流向进行判断时，在其前面都应有相应的流程步骤作为前期活动。在做出判断的情况下，一般右方连接“是”的情况，下方连接“否”的情况；另外，每个判断后至少会存在两种结果：“Y”或者“N”。在有些流程中，经过判断后会存在 2 个以上的结果，比如说检验人员对来料检验后可能会存在合格或不合格两种结果，对不合格的物料会有三种处理方式——特采、退货和降级使用。

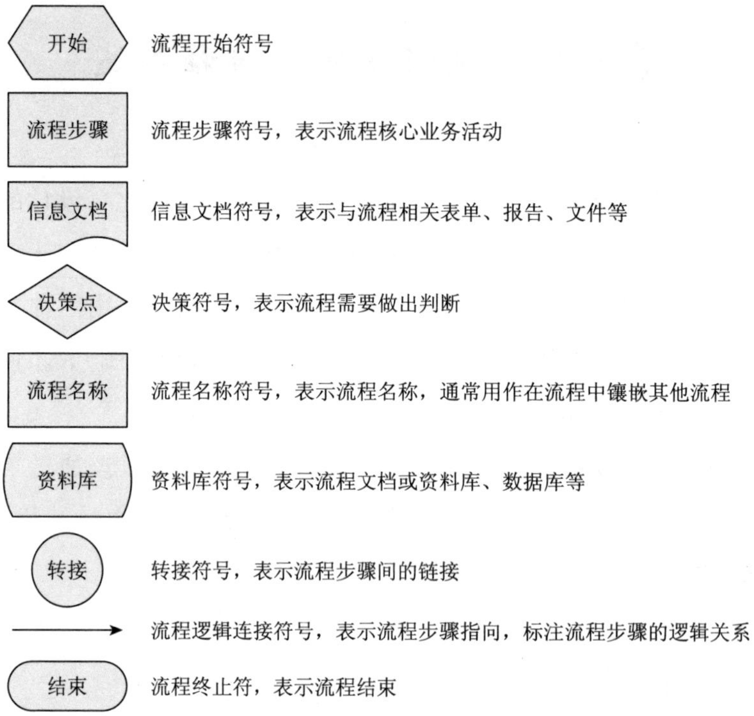

图4－1　常见流程符号

（5）流程审批环节不宜设计过多，最理想的状况是两级审批，如果有些事项需要多级审核的时候，最好以会议或者集体决策的形式。在实际设计流程的时候，还需要特别留意的是我们很多时候把知会的角色也作为审批来做，这样增加了流程审批环节，同时也降低了流程效率，不符合互联网时代的流程设计原则。

（6）每个流程都有完整的起点和终点。对某些可循环运作的流程，需要分清相关的截止区间。

（7）每个流程可能有多个起点，也有可能存在多个终点。

（8）对流程设计中所需运用的相关文档资料，应尽量明确和清晰。

【案例4－1】为了能够让读者朋友对流程符号及流程描述技巧有一个比较清晰的认知，特举例说明。

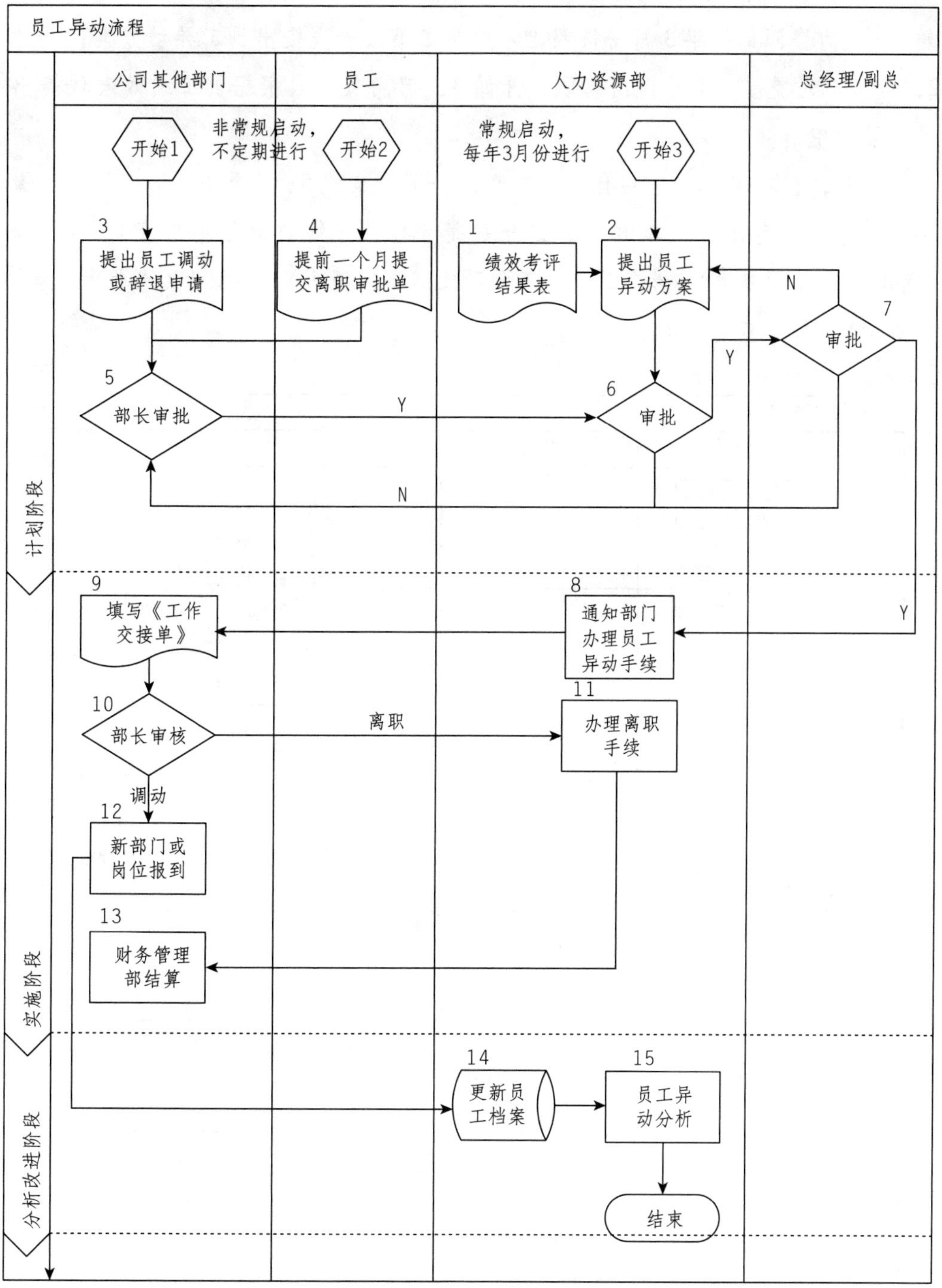
员工异动流程
公司其他部门
员工
人力资源部
总经理/副总
非常规启动，不定期进行
常规启动，每年3月份进行
开始1
开始2
开始3
3 提出员工调动或辞退申请
4 提前一个月提交离职审批单
1 绩效考评结果表
2 提出员工异动方案
5 部长审批
6 审批
7 审批
Y
N
8 通知部门办理员工异动手续
9 填写《工作交接单》
10 部长审核
离职
调动
11 办理离职手续
12 新部门或岗位报到
13 财务管理部结算
14 更新员工档案
15 员工异动分析
结束
计划阶段
实施阶段
分析改进阶段

图 4－2　员工异动流程

如图4－2所示，在该流程中，在3种情况下都可以启动流程，分别为：开始1，人力资源部每年3月份按照上年度员工绩效表现提出员工异动方案；开始2，员工个人提前一个月提出离职；开始3，部门负责人根据员工绩效表现提出员工异动申请。

同时，在本流程中一共有4个判断，分别是步骤5、步骤6、步骤7和步骤10。另外，还有5个表单和文件，分别是步骤1（绩效评估结果表）、步骤2（年度员工异动方案）、步骤3（员工调动或辞退申请表）、步骤4（离职审批单）和步骤9（工作交接单）。

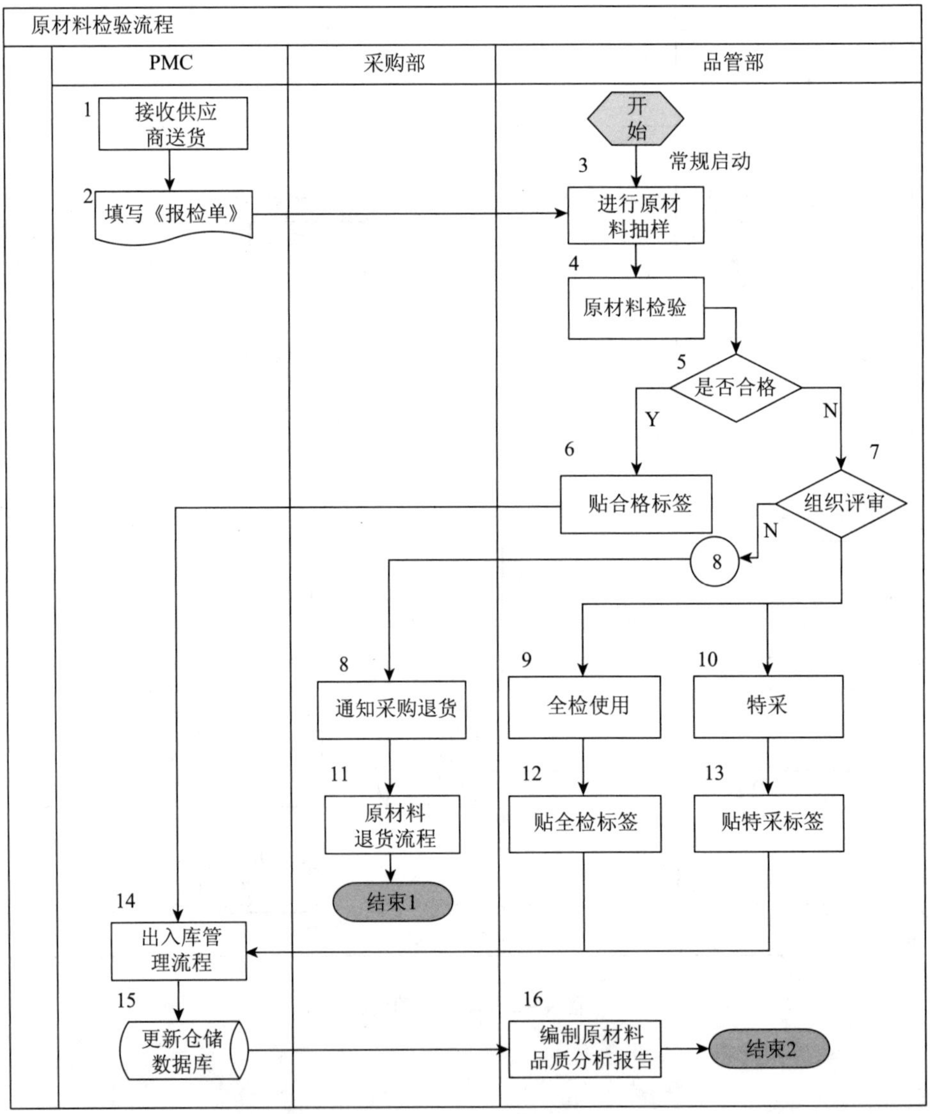

图4－3　品质检验流程

在图4-3中，这个流程有一个开始、两个结束。值得注意的是在流程步骤7中，检验不合格的原材料经组织相关部门评审后有三种处理方式——直接退货、特采、通知退货，在通知退货的情况下，流程中用了一个转接符把步骤7和步骤8连接起来，这样就可以避免由于逻辑线的交叉造成阅读障碍。另外，在本流程中还镶嵌了另外一个流程（步骤14：出入库管理流程）。

（二）常见流程图

流程图是一种用图形描述流程的方法，它运用简单的符号、线条和语言，以图形展示流程中的作业及其先后次序。通过流程图我们可以了解、分析和研究公司的相关流程活动，发现其中的薄弱环节，从而确定改进的具体方向和措施，提高效率。

流程图最大的好处就是可以将复杂的业务逻辑关系用简单的流程语言表达出来，从而让阅读者很清晰地了解工作关系。

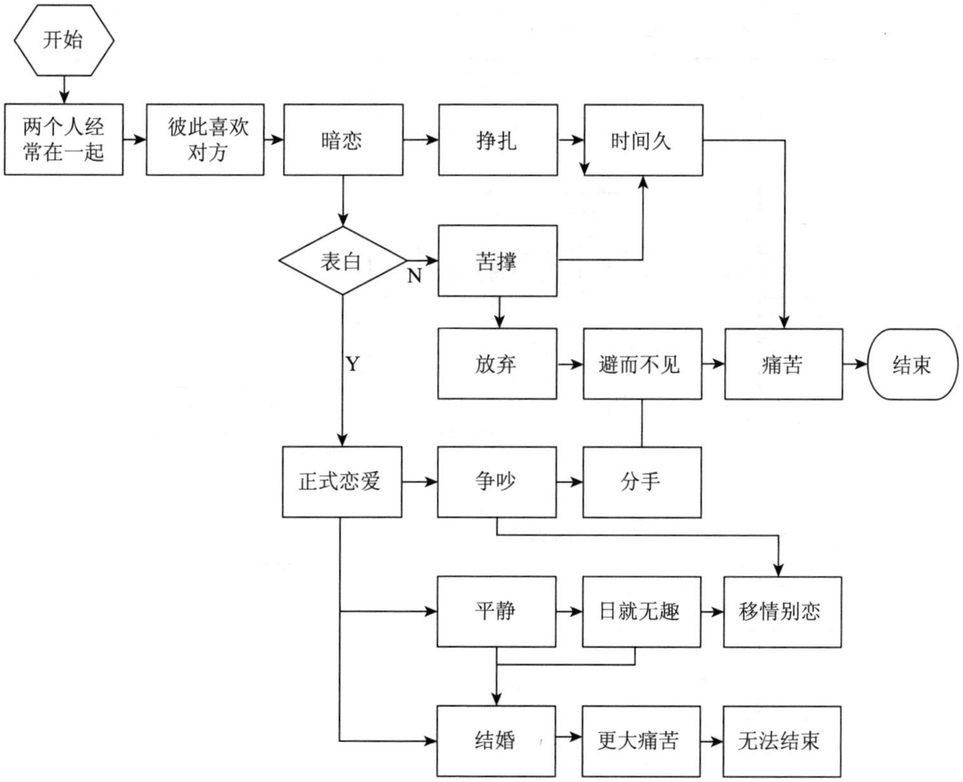

图4-4　谈恋爱流程图

上图4－4中，我们可以用简单的流程符号将恋爱、失恋、结婚的全部可能性全部表达出来，这就是流程图神奇的地方。

一张流程图显示了如何将输入转化成为输出的全部相关过程，根据不同的流程设计目的和要求，我们常常将流程分为以下几种类型：

1. 框图

框图，又叫方框流程图，是最简单、最常用的一种方法，用于快速、简洁地描述流程的运作状况。主要使用方框和箭头两种符号来描述流程，其中：

方框：表示相关作业活动；

箭头：表示作业活动之间的关系，或者是信息流动的方向。

【案例4－2】我们通过使用框图可以将大型、复杂的流程进行逐级细化描述，图4－5就将招聘流程中的不同环节进行了逐级描述。

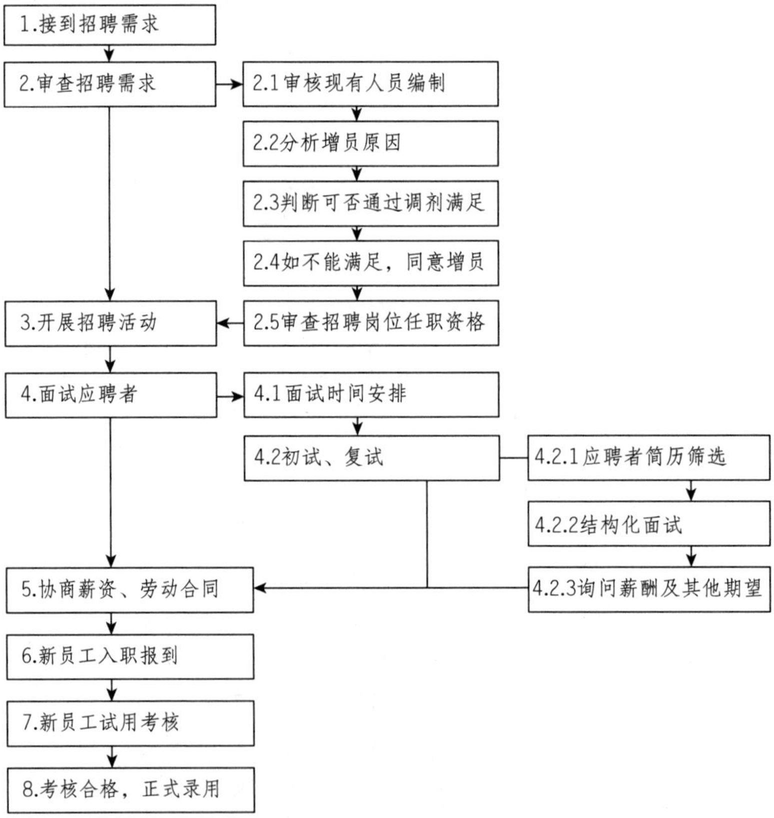

图4－5 员工招聘流程（框图）

图 4－5 是一个员工招聘流程，如果粗略地描述，这个流程可以分为八步，即：接到招聘要求、审查招聘要求、开展招聘活动、面试应聘者、协商薪资与劳动合同、新员工入职报到、新员工试用考核、考核合格后正式录用。

另外，根据需要，还可以对每个步骤进行细化，图 4－5 中，我们可以将第 2 步（审查招聘要求）细化为审核现有人员编制、分析增员原因、可否通过调剂满足、不能满足的同意增员、审查招聘岗位任职资格等 5 个步骤。

同样，我们还可以将 4.2 步（初试、复试）分解为应聘者简历筛选、结构化面试、询问薪酬及其他期望等 3 个步骤。

可以看得出来，利用框图描述流程，步骤会非常清晰，而且容易理解。

2. 工作流程图

工作流程图就是利用基本流程语言对某项工作的逻辑关系进行描述。用工作流程图描述流程所使用的流程语言可参考图 4－1，同样，为了能够让读者能够有一个直观的理解，特举例说明。

【案例 4－3】 我们通过工作流程图可以将某个流程的基本步骤及过程进行清晰的描述，图 4－6 就是按照工作流程图描述的某公司采购流程。

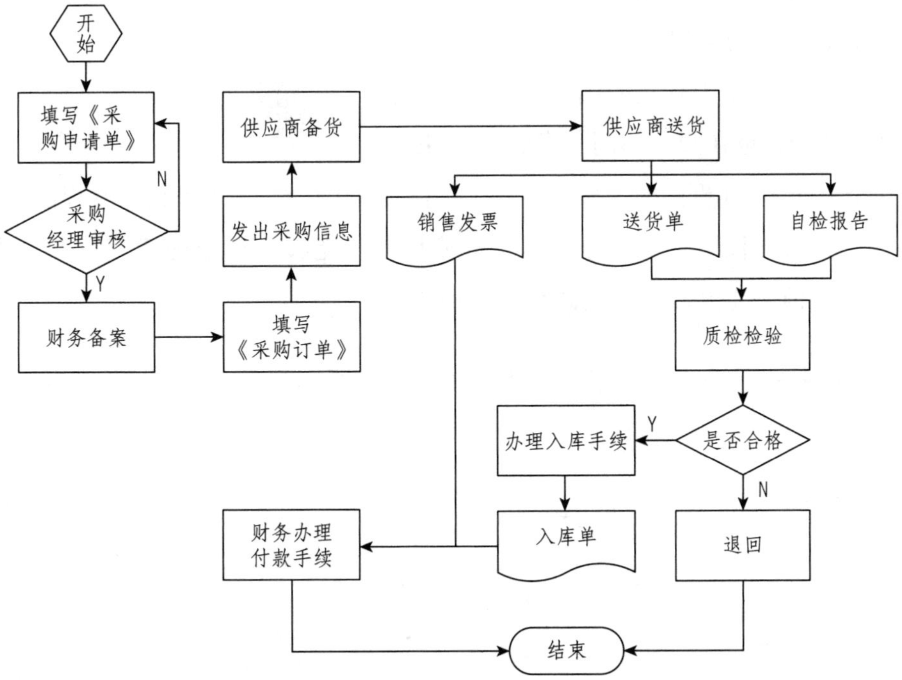

图 4－6　某公司采购流程图（工作流程图）

3. 职能流程图

职能流程图，又称泳道图，由于绘制时需要对每个部门在流程中所承担的角色和职能用相互隔离的区域进行设计和说明，就像游泳池里的独立泳道一样，因而得名。运用泳道图可以更为有效地对跨部门职能运作进行分析，是目前比较理想的流程图绘制方式。

我们对流程图绘制的要求是简洁、清晰，不应过于复杂和烦琐。在用泳道图进行流程绘制时，除了需要将流程步骤在图表中设计出来以外，为了将相关的步骤更为详尽地进行说明，还需要对每个流程步骤进行编号，并在流程图附页说明。在后面的案例分析中大家可以看到上述要求是如何操作的。

用职能流程图进行流程描述时，应该注意：

（1）每两条泳道隔开的部分为一个独立职能（或者角色），对于一级流程而言是部门，而对于二级部门而言则是岗位或者角色。

（2）流程步骤不宜太多，每个流程控制在 15 个步骤为宜，特殊情况可以控制在 20 ~ 25 步。

（3）流程的归口部门可以考虑放在流程图的中间。

（4）一般情况下，流程的左边为相关部门或者角色，中间为流程归口部门或者角色，右边为流程审批部门或者角色。

（5）为了便于识别流程归口部门（角色），一般情况下流程应该从归口部门（角色）开始，也在归口部门（角色）结束。

对比图 4 – 5（框图）、图 4 – 6（工作流程图）、图 4 – 7（职能流程图），不难发现这三种流程图之间的差别。三种流程图都能够清晰地描述流程的过程及核心步骤，但职能流程图让人读起来更加清晰。

【案例 4 – 4】 我们用职能流程图来表达某公司客户信用管理流程。（见图 4 – 7）

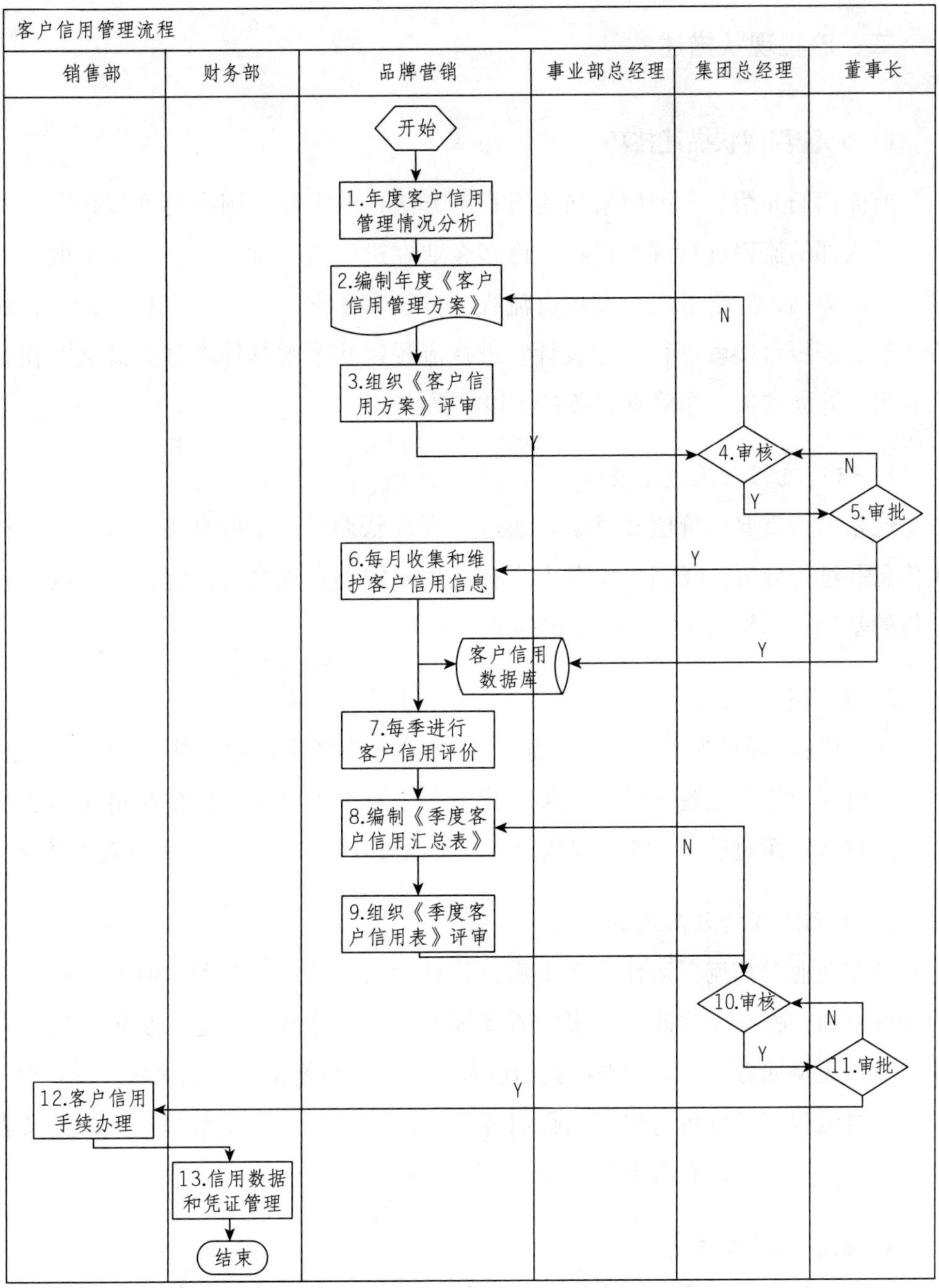

图 4－7　某公司客户信用管理流程（职能流程图）

二、流程现状描述

（一）流程现状描述技巧

前面我们介绍了三种用来描述流程的方法，但实际上国内的许多企业并没有对其内部的流程进行现状描述。许多企业在进行流程优化时，往往采取了拿来主义的原则，忽略了对企业现有流程的分析和了解。在进行流程设计时，能否跳过这一步直接就进行流程设计？进行流程现状了解具体有什么意义？在我们看来，开展这项工作确有其必要性和重要性：

1. 识别流程的改进节点

这是最为重要的价值和意义。通过流程现状调研、掌握真实资料、收集相关信息并进行分析，我们可以发现现有流程中的不合理之处，建立流程改进和分析的基础，识别出相关流程改进的节点和机会。

2. 关注事实而非印象

人常说："眼见为实，耳听为虚。"如果没有认真开展流程现状调研和摸底，我们很可能会凭借主观感受对相关流程下一个草率的结论，最终在错误的道路上越走越远；而通过进行流程现状梳理，可以发现流程运作的真实绩效和情况。

3. 建立流程绩效改进的基点

许多企业对其流程运作感觉不满意，认为效率低、质量差，但流程到底差在哪些方面，哪些需要改进、哪些需要提升，在对这些问题进一步细化后，大家才发现无从回答，原因就在于我们没有对流程进行衡量，也就无从进行管理。

通过流程现状分析与研究，我们可以明确流程的绩效要求和标准，真实表达流程客户的期望，有助于对流程的设计与优化工作。

4. 显示利益相关者

在企业的日常经营运作中，有的流程可能有一个客户，有的流程可能有多个客户，有的可能客户并不明确。作为企业来讲，需要将不同的流程利益相关者进行有效识别，并对其需求进行科学分析，这样才能将企业有限的资源合理地配置到流程中去，从而在不同利益相关者之间取得均衡，并达到客户的期望。

比如，对于一家资金紧张的企业来讲，在进行资金管理流程的运作过程中可能会碰见公司内部的各个部门相互争夺资金的状况。如果资金状况会直接影响到每个部门的实际经营业绩，这种趋势将会更加明显。在这种情况下，公司内部的每个部门都是资金管理流程的用户，它们的需求也是不同的，对于公司的财务管理部门而言，其有限资金应首先满足公司内部的哪个部门，就需要对每个部门的需求进行分析，并结合公司的整体利益和经营策略去进行衡量和判断。

5. 识别与其他系统的关系

流程管理仅仅是企业内部管理的一个分支，企业管理就是由人力资源管理、战略管理、财务管理、ISO 9000 标准管理等众多的管理活动而构成的。通过流程现状调研与分析，我们可以发现流程管理与其他管理系统之间存在的接口、矛盾、冲突和不足，从而进行调整、优化和改善，使企业的整体管理系统内部能够协调、有效地进行运作，提高企业整体的运行效率和质量，避免出现顾此失彼的现象发生。

（二）流程刻度

古人云："尺有所短，寸有所长。"企业在描述流程现状时经常会面临一个问题，那就是流程究竟需要细化到什么程度：如果写得过细，流程图会非常复杂；相反，如果写得太粗，可能导致流程相关者对很多细节关注不到。这就需要企业思考流程刻度的问题。

打个比方，如果我们需要测量深圳到北京的距离，我们将常会用"公里"作为基准单位，但如果我们需要测量一个体育场跑道的长度，这时候用"公里"作为基准单位显然是不合适的，我们可能要用到"米"作为基准单位。

企业进行流程描述也是一样的，我们的经验是：**但凡涉及跨部门的工作流程，如一级流程、二级流程，只需要界定清楚相关部门在本流程的分工即可，刻度可以适度放大；但如果是三级流程，则越详细越好，刻度必须缩小。**

根据我们的经验，一般情况下一级流程的核心步骤以 10 ~ 15 步为宜，二级流程以 10 ~ 15 个步骤为宜，三级流程以 10 个步骤左右为宜。

第二节　用互联网思维进行业务流程问题分析

中医讲究“望闻问切”，流程问题分析可借用中医的方法。企业可以利用不同的手段和方法对流程存在的问题进行全面诊断，进而提出流程优化的方向和重点。

常见的流程问题分析的方法很多，根据我们的实践经验，我们把企业流程问题分析也总结为“望”“闻”“问”“切”四类：

（1）“望”：通过流程绩效分析发现流程存在的问题。

（2）“闻”：通过客户声音倾听会、流程文档调查、研讨会、业务流程管理成熟度分析等手段发现流程存在的问题。

（3）“问”：通过访谈、问卷调查等方法发现流程存在的问题。

（4）“切”：通过测时法、标杆法、现场模拟、实际参与等方式发现流程存在的问题。

一、为业务流程把脉

流程问题分析的方法有很多，比如流程作业现场调查、文档调查、问卷调查、研讨会、流程绩效分析、测时、现场模拟、实际参与、流程节点时间分析、标杆对比分析等，下面我们将一一为读者进行阐述。

（一）业务流程问题分析之“望诊”

中医云：“视其外应，以知其内脏，则知所病矣。”对流程问题，流程绩效分析就是一种非常理想的“望诊”方法。

流程绩效分析首先需要识别与流程相关的绩效指标，然后通过绩效数据的分析，发现流程存在的问题。

【案例4－5】某公司集成供应链流程问题分析

深圳某电子企业集成供应链系统的核心业务包括计划、采购、制造、物流、质量、工艺等共6部分，具体见图4－8。

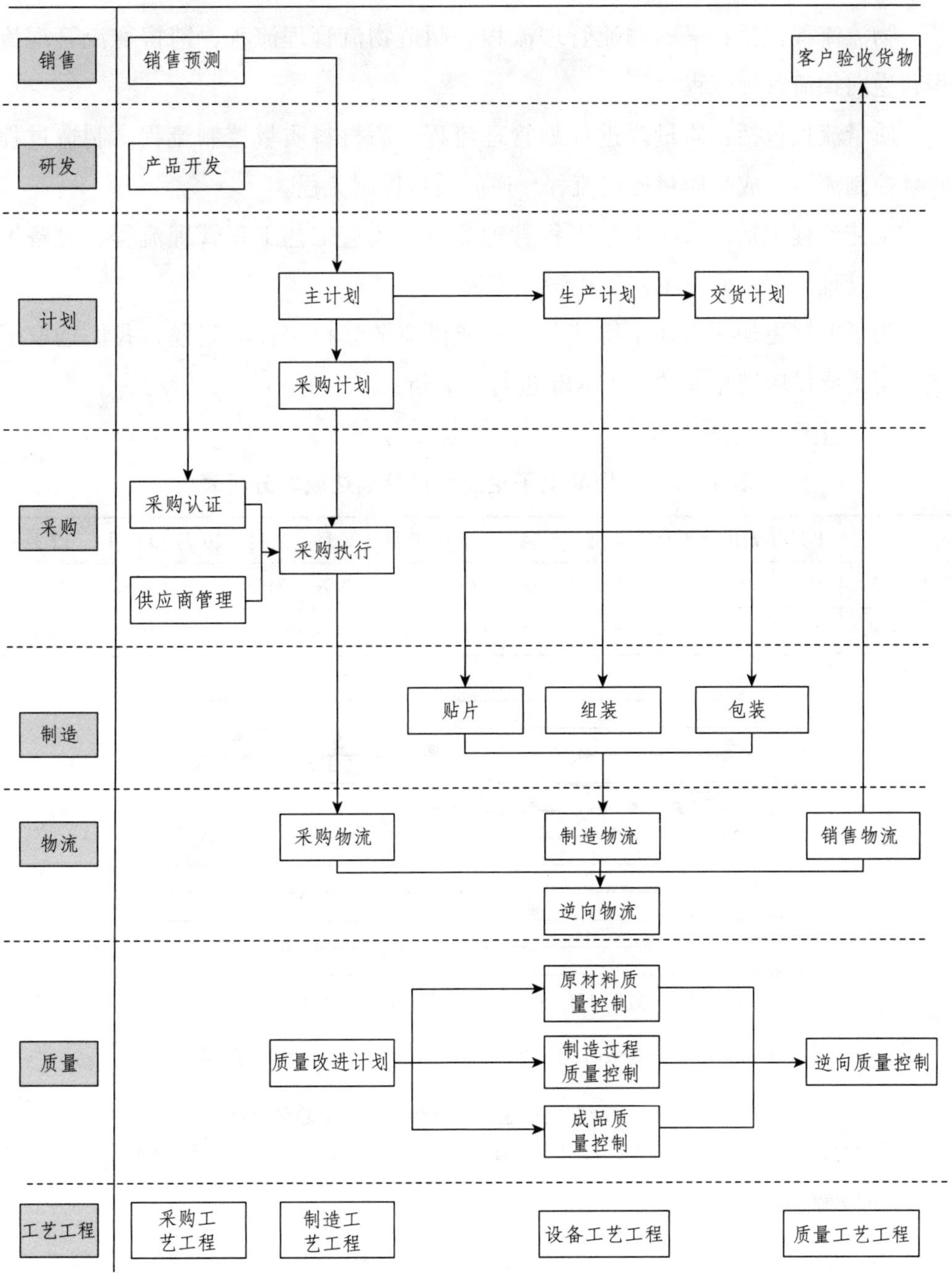

图 4－8 深圳某电子企业集成供应链核心业务（示意）

其中，计划流程包括：主计划管理流程、采购计划管理流程、生产计划管理流程、交货计划管理流程。

采购流程包括：采购认证流程、供应商管理流程、采购执行流程。

制造流程包括：贴片生产流程、组装生产流程、包装生产流程。

物流流程包括：采购物流管理流程、制造物流管理流程、销售物流管理流程和逆向物流管理流程。

质量流程包括：质量改进计划管理流程、原材料质量控制流程、制造过程质量控制流程、成品质量控制流程、逆向质量控制流程。

工艺流程包括：采购工艺工程管理流程、制造工艺工程管理流程、设备工艺工程管理流程、质量工艺工程管理流程。

为了能够更加深入地了解该公司集成供应链流程存在的问题，我们选取了该公司集成供应链相关的 4 个 KPI 进行了分析：

（1）生产计划达成率。

表 4－1　深圳某电子企业生产计划达成率分析表

	1 月	2 月	3 月	4 月	5 月	6 月	7 月	8 月	9 月	10 月	11 月	12 月
2011 年	92%	80%	75%	79%	62%	83%	91%	79%	94%	55%	88%	71%
2012 年	90%	81%	81%	90%	81%	80%	81%	89%	91%	87%	93%	88%

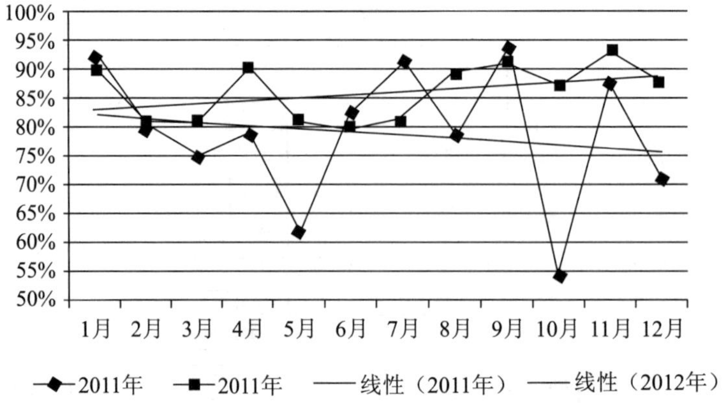

图 4－9　深圳某电子企业生产计划达成率趋势分析

数据分析：生产计划达成率 2012 年较 2011 年有明显提升，但与行业水平（95% ~98%）还存在很大的差距。

（2）采购物料齐套率。

表 4－2　深圳某电子企业采购物料齐套率分析表

	1 月	2 月	3 月	4 月	5 月	6 月	7 月	8 月	9 月	10 月	11 月	12 月
2011 年	82%	92%	94%	87%	86%	90%	92%	90%	94%	88%	90%	81%
2012 年	90%	83%	91%	90%	91%	92%	91%	89%	91%	97%	93%	96%

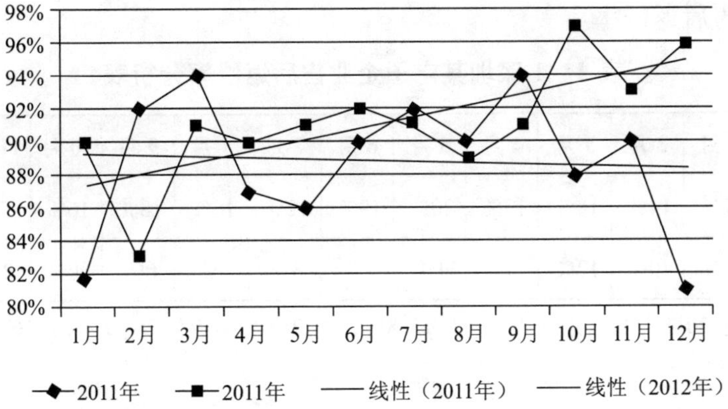

图 4－10　深圳某电子企业采购物料齐套率趋势分析

数据分析：物料齐套率 2011 年全年平均为 88.9%，2012 年全年平均为 91.1%，2012 年较 2011 年有一定的提升。从数据增长趋势来看，2012 年进步明显。

（3）来料品质合格率。

表 4－3　深圳某电子企业来料品质合格率分析表

	1 月	2 月	3 月	4 月	5 月	6 月	7 月	8 月	9 月	10 月	11 月	12 月
2011 年	89%	98%	97%	91%	95%	89%	93%	93%	92%	90%	88%	90%
2012 年	92%	86%	88%	96%	96%	95%	97%	96%	95%	90%	88%	87%

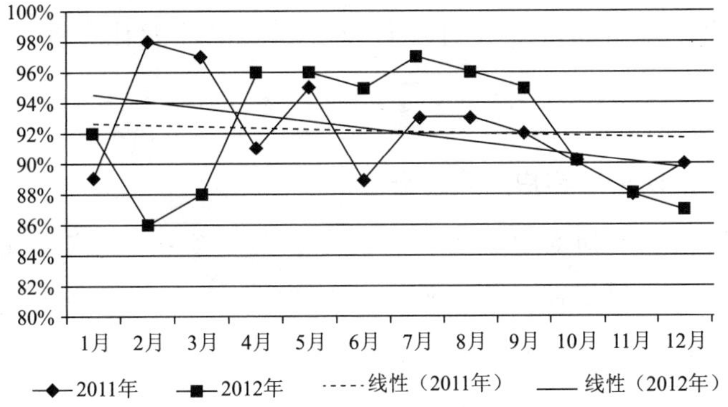

图 4－11　深圳某电子企业来料品质合格率分析

数据分析：2011 年来料品质合格率下滑非常严重，2012 年下滑趋势较 2011 年稍好；来料品质合格率指标波动很大，这说明公司对来料品质的可控性很差。

（4）售后返修率。

表4－4 深圳某电子企业售后返修率分析表

	1月	2月	3月	4月	5月	6月	7月	8月	9月	10月	11月	12月
2011年	12%	14%	18%	13%	20%	19%	12%	10%	18%	16%	17%	21%
2012年	12%	10%	12%	11%	4%	7%	8%	9%	6%	4%	2%	3%

数据分析：2011年售后返修率平均为15.8%，2012年售后返修率平均为7.3%，售后返修率下降明显。

通过以上分析，我们不难得出，该公司在计划管理、采购管理及采购物料质量方面均存在很多的问题，可以将计划、采购相关流程作为重点优化的对象。

（二）业务流程问题分析之“闻诊”

“闻诊”在中医里面是指通过听声音和嗅气味两个方面，以分辨病情的虚实寒热。我们也可以通过文档调查、研讨会、流程成熟度分析等方法，对流程进行“闻诊”。

1. 独具特色的客户声音听证会

华为的任正非先生曾经说过，让听得到炮声的人去决策。是的，只有听得到炮声的人才真正了解市场，才有发言权。那如何才能让企业更多的人听得到炮声呢？

【案例4－6】DOOV客户声音听证会

DOOV是国内一家知名的女性手机品牌企业，该企业一向重视倾听代理客户及终端用户的声音，并以此作为内部流程及产品设计改善的第一输入。

在DOOV，每个月公司企管部门都要对本月上市的新产品及市场部门推动的市场活动进行客户满意度调查，集中突出的问题由企业发展总监亲自打电话给相关代理商。

另外，该公司还有一个非常特别的会议，那就是每周一上午公司会组织全体高管对上周400热线中客户投诉、抱怨的录音进行集中倾听，从而发现终端用户的期望和不满。

其实类似的案例在互联网时代可以说不胜枚举，比如：腾讯在每款游戏正式上线之前，会先采用大批量试用的形式集中获取市场信息；小米主张的参与感其实是另外一种倾听客户声音的手段；海尔的“海立方”也是一种通过让客户参与产品创新来收集客户声音的方式。

正如金山网络傅盛所言：**用户体验要前置，要让用户感受到，不要把精力耗费在擅长却无意义的点上**。只有在第一时间听到客户的声音，企业才有可能通过改善内部流程获得更大的成长。

2. 文档调查法

在对流程开展调研的同时，我们应该收集与流程运作有关的制度、表单、文件、方案等文档，这些材料是支撑流程运行的基础。通过分析上述材料所记录的数据、规定、事件，我们可以推断流程实际运作的有效性。同时，文档本身制订得是否合理、是否充分满足了流程环节监控与管理需求、所需数据是否记录全面等问题，也会对流程有影响。

3. 业务流程研讨会

召集与业务流程相关的部门和人员，大家共同对实际运作中存在的问题进行描述、分析，有助于避免个人偏见造成的片面认识和理解，信息收集将更加真实和全面，同时也有助于提高各部门对流程系统运作的认识，增强相互协作和配合。

4. 业务流程管理成熟度分析

业务流程管理成熟度（Business Process Management Maturity，简称 BPMM）分析是通过对流程管理活动、流程中的角色认知与履行、流程文化、IT 对流程管理的支持、流程团队成员的流程管理技能、各级管理者对流程管理的看法及参与程度等多个维度进行评价，从而评估企业流程管理能力。

美国生产力与质量协会（APQC）把企业流程管理成熟度分为 5 级，分别是经验级、职能级、规范级、绩效级和标杆级。

表 4－5　APQC 流程管理成熟度分级

流程成熟度级别	级别定义
标杆级	改进已经成为全体员工的习惯，最佳的综合改进过程，证实达到了最好的结果
绩效级	分析、确认上下游工作的需求，并对过程进行不断改进，保证结果良好且保持改进趋势
规范级	管理系统基于过程方法的应用，管理体系有相对完整的规划性，但仍处于系统改进的初级阶段，可获得符合目标的数据和所存在的改进的趋势方面的信息
职能级	能对管理运作过程遇到的问题做出反应，但处于就事论事阶段，只是基于问题或纠正的反应式系统方法，改进的结果很少以数据或总结形式反映解决的方法和过程
经验级	企业管理没有采用系统方法的证据，没有结果或结果不好，处于非预期结果阶段，充满突发性错误，危机四伏，管理人员“忙”而“盲”

知名的咨询机构埃森哲把流程管理成熟度也分为 5 级，分别为非正式的、基础的、形成中的、被管理的、优秀的，处于不同级别的流程具有其明显的特征：

表 4－6　埃森哲流程管理成熟度

成熟度阶段	流程管理特征
优秀的	(1) 流程思想普及于整个组织 (2) 流程拥有者为客户代言人 (3) 有良好的评估与回报
被管理的	(1) 流程是主要动机 (2) 组织以流程为中心，但职能管理依然存在 (3) 流程拥有者为资深领导 (4) 利用评估架构
形成中的	(1) 流程开始具有影响 (2) 流程拥有者有更大权限 (3) 公司以混合模式运作 (4) 功能与流程都存在评估
基础的	(1) 流程已被定义 (2) 流程拥有者作为项目主管主导流程相关工作 (3) 功能拥有者仍是主要领导 (4) 面向任务与功能的评估
非正式的	(1) 流程及其拥有者未定义 (2) 随机的评估，不与结果相联系

（三）业务流程问题分析之“问诊”

“问诊”是中医中常见的一种方法。《素问·三部九候论》中提到：“必审问其所始病，与今之所方病，而后各切循其脉。”对流程问题的分析，可以通过访谈、问题收集与反馈等多种方式进行。

1. 访谈

访谈是进行流程调研最为常见的方法。通过与流程运作各个环节的相关人员进行面对面的沟通和交流，能够了解到实际流程运行的真实情况和存在的问题，从中查找出造成问题的实际原因，便于将来对流程改进对症下药。

2. 问卷调查

为了增强流程调研过程中的相关数据和信息收集的全面性，企业可以适度开展问卷调查。开展问卷调查，有助于提高员工对流程改进的参与程度，并能较全面地体现公司各个运作部门对企业整体流程运作效率的看法。但是问卷调查也有一定局限性，主要表现为相关问题比较固化，不能给人以开放性的思考，因此需要结合其他方法一同使用。

（四）业务流程问题分析之“切诊”

“切诊”是指医者用手指按病人腕后挠动脉搏动处，借以体察脉象变化，辨别脏腑功能盛衰、气血津精虚滞的一种方法。在流程管理中，我们可以通过测时、现场模拟、实际参与等多种手段对流程存在的问题进行系统分析。

1. 测时法

测时法就是通过对流程过程中每个步骤实际耗时进行测量与记录，然后分析用时最长的环节及浪费时间做多的环节，从而发现影响流程效率的环节及原因。

【案例4-7】某肥业企业采购管理流程利用测试法分析的结果

表4-7 某肥业企业采购管理流程效率分析表

流程步骤	持续时间（分钟）	传递或等待时间（天）
1. 填写采购单	6	—
2. 送采购部经理签字	—	0.5
3. 采购部经理签字	3	—
4. 送采购单到财务部	—	1
5. 财务部审核登记	3	—
6. 送回采购部	—	0.5
7. 采购部核查采购物品清单	3	—
8. 发出订货信息	—	1
9. 供应商备货	—	1
10. 货物运输	180	—
11. 送检验中心化验	5	—
12. 卸货入库	120	—
时间合计	320	4
增值时间/非增值时间 =320分钟/（4小时×8小时/天×60分钟/小时）=320分钟/1920分钟 =16.7%		

通过上表可以看得出来，导致采购周期较长的主要环节分别为步骤2（送采购单到财务部）、步骤4（送采购单到财务部）、步骤6（采购单送回采购部）、步骤8（发出订货信息）、步骤9（供应商备货）等几个步骤，要想对该流程进行优化、提升其运作效率，企业必须从以上几个环节着手进行压缩。

2. 标杆法

标杆法是企业开展流程管理的理论基础之一。选择标杆的作用在于可以根据标杆企业的做法选择衡量企业流程的绩效指标，并根据标杆企业的经营成果确定本企业的目标，同时还可以借鉴标杆企业在解决企业相应问题时候的思路和工作办法，探索新的处理问题的方法。

进行标杆管理，主要有选标、对标、超标三个步骤，其具体含义如下：

选标：向业内或业外的最优秀企业学习。

对标：不断寻找和研究一流公司的最佳实践，并以此为基准与本企业进行比较、判断和分析，从而使自身企业得到不断提高和改进，进入赶超一流企业、创造优秀业绩的管理循环过程。

超标：通过学习，企业重新进行思考和改进经营实践，创造自己的最佳实践，实际上就是模仿创新的过程。

3. 流程作业现场调查

流程作业现场调查主要是用来对运作类流程进行诊断的一种方法。通过观察实际作业活动，记录活动耗费时间、对作业现场环境进行查看、询问相关作业操作人员等手段，对流程运作的基础进行了解。

4. 现有解决方案跟踪与研究

通过对现有解决方案的跟踪和研究，我们可以更为深刻地理解现有流程运作中存在的问题，验证解决方案的有效性和执行程度，挖掘流程运作中实际存在的干扰因素和问题，更为有效地对流程进行分析和研究。

二、业务流程问题分析最佳实践

前面为大家介绍了很多业务流程问题分析的方法，不管用哪种方法都需要把握住以下几点：

（1）明确流程增值方式，围绕增值方式顺藤摸瓜、找到问题的根源。

（2）明确流程相关利益人，从各利益相关人的角度出发，摸清导致这些相关人痛点及不满意之处并加以改善。

（3）站在流程用户的立场上去体验，把握用户最重要的需求，并加以改善。

（一）业务流程问题分析需要注意的问题

为了让读者朋友能够更加准确地了解流程现状分析的过程，下面简单介绍一下在流程现状分析过程中需要重点关注的几个切入点：

1. 如何识别并分析业务流程问题区域

一个流程在运行的过程中经常会出现这样那样的问题，这些问题可能会非常严重，直接影响流程的效率和“增值”，也有可能对流程本身没有很大的影响，所以企业在进行流程现状分析的时候，第一个需要考虑的就是先把流程存在的问题找出来，然后根据问题的严重程度进行区分。

【案例4-8】 大家都知道，在企业内部很多流程都与产品成本控制相关，比如新产品研发流程、生产工艺管理流程、采购管理流程、生产制造流程、产品检验流程等，因为这些流程会分别涉及研发成本、工艺成本、原材料成本、生产成本及检验成本。在很多企业，管理者想当然地会认为，企业的产品成本绝大部分是在生产环节发生的，所以企业把产品成本控制的核心放在生产成本的控制方面。这个看似非常合理的想法，其实是一个完全错误的认识，图4-12是我们对某纺织企业产品成本分析的结果：

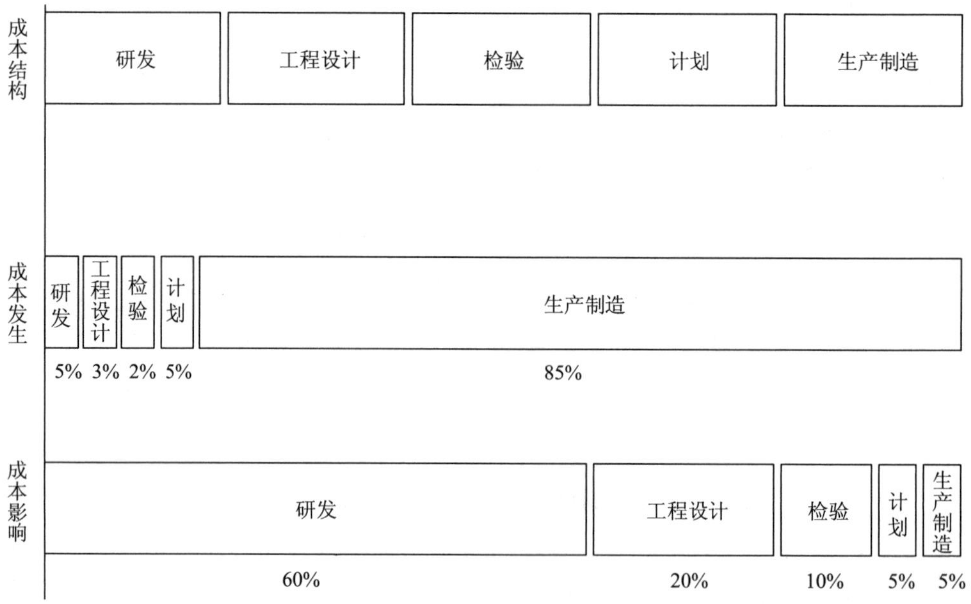

图4-12 某纺织企业产品成本分析

如图4-12所示，虽然85%的产品成本在生产制造环节发生，但生产环节对产品成本的影响只有5%，而研发环节对产品成本的影响度却高达60%，由此可见，企业要想降低产品成本，首先应该从研发下手，而不是将重点放在生产制造环节。

同理，我们对该企业的产品品质相关流程也进行了分析，最终得出的结论是，产品品质最终是从生产制造环节表现出来的，但影响产品品质的环节却有很多，诸如研发、工艺、原材料、生产制造过程等，而且对产品品质影响度从大到小排列依次为：研发、工艺、生产制造、原材料。由此也可以得出结论，要想提升产品品质，首先应该从研发端开始，其次是工艺，因为研发端确定的产品造型和材料，以及制造工艺确定的产品加工方式在很大程度上已经注定了产品品质的好坏，仅从制造端进行改进和提升很多时候是徒劳的。

2. 如何识别并评估流程中的关键活动

在一个流程中，我们经常会把所有的活动分为关键活动、非关键活动，增值活动、非增值活动等，那么企业在进行流程现状分析的时候，首先需要关注关键活动、增值活动的状态。

3. 如何分析流程中的角色与活动匹配问题

另外，在企业流程现状分析的过程中，还需要重点思考各个角色在流程过程中的定位与职责履行状况，如果发现某个或某几个流程定位有误或出现偏差，企业应该进行纠正。

（二）业务流程问题分析实践

企业为什么要进行流程优化？如何快速有效地发现流程中存在的问题？根据多年的实践经验，我们认为，流程问题的分析可以从以下几个方面思考：

1. 流程效率

首先分析流程在效率提升方面是否还存在空间，因为企业进行流程管理的终极目的就是要提升运营效率。特别是在互联网时代，天下已经没有新鲜事，你能做出来的东西，别人很快也能做出来，那么企业唯一能够取胜的关键就是效率。

2. 风险控制

一个合理、健全的流程，一定是可以做到对流程涉及的相关风险进行预警和控制的，大家试想一下，如果没有流程进行规范，企业任何的风险控制都要靠人去实现，而人又存在流动性、忠诚度等诸多方面的限制，因此，企业进行流程管理的另外一个主要原因就在于风险控制。

3. 知识传承

没有知识传承的企业是很可怕的，因为企业管理成熟度以及经营能力的提升一定是要通过不断积累和传承企业在过往经营过程中的知识沉淀，在很多企业，知识只是存放在员工个人电脑中，甚至存放在员工大脑中，而且是零散的。没有经过流程链接的知识体系不能为企业提升经营和管理能力带来任何帮助，所以企业在进行流程问题分析的时候，也可以从这个维度进行着手。

4. 有效分权

在绝大多数中国企业都存在这样一个现象：企业高层非常想放权给总监甚至经理，但下属总是不敢甚至不愿意接受。为什么呢？因为在大多数企业，企业老板有着"神"一般的权威，老板"一支笔"在很多企业都是常见的现象，那么在这种情况下，如果缺乏流程体系的合理分工和对权限的划分，事实上，老板的所谓授权也就只能是空谈了。

5. 绩效管理

很多企业在推行绩效管理的时候，最头疼的一件事情就是绩效数据很难收集，最终导致绩效管理只能停留在纸面上。其实企业做绩效管理的另外一个目的就是要通过流程客观记录每个环节的相关数据流和信息流。

企业还可以按照以下思路进行流程问题分析（见表4-8流程问题分析表）：

（1）流程的问题区域在哪里？

（2）该流程的关键活动有哪些？存在什么问题？

（3）在本流程中各部门的角色定位和职责履行是否到位，是否存在错位的现象？

（4）问题的具体表现是什么？

（5）如果问题得不到改善，可能会导致的结果是什么？

（6）流程应该从哪些维度进行优化？

表4-8 流程问题分析表

序号	存在的问题	具体表现	可能导致的结果	优化思路

【案例 4－9】某公司客户满意度流程、客户投诉处理流程问题分析

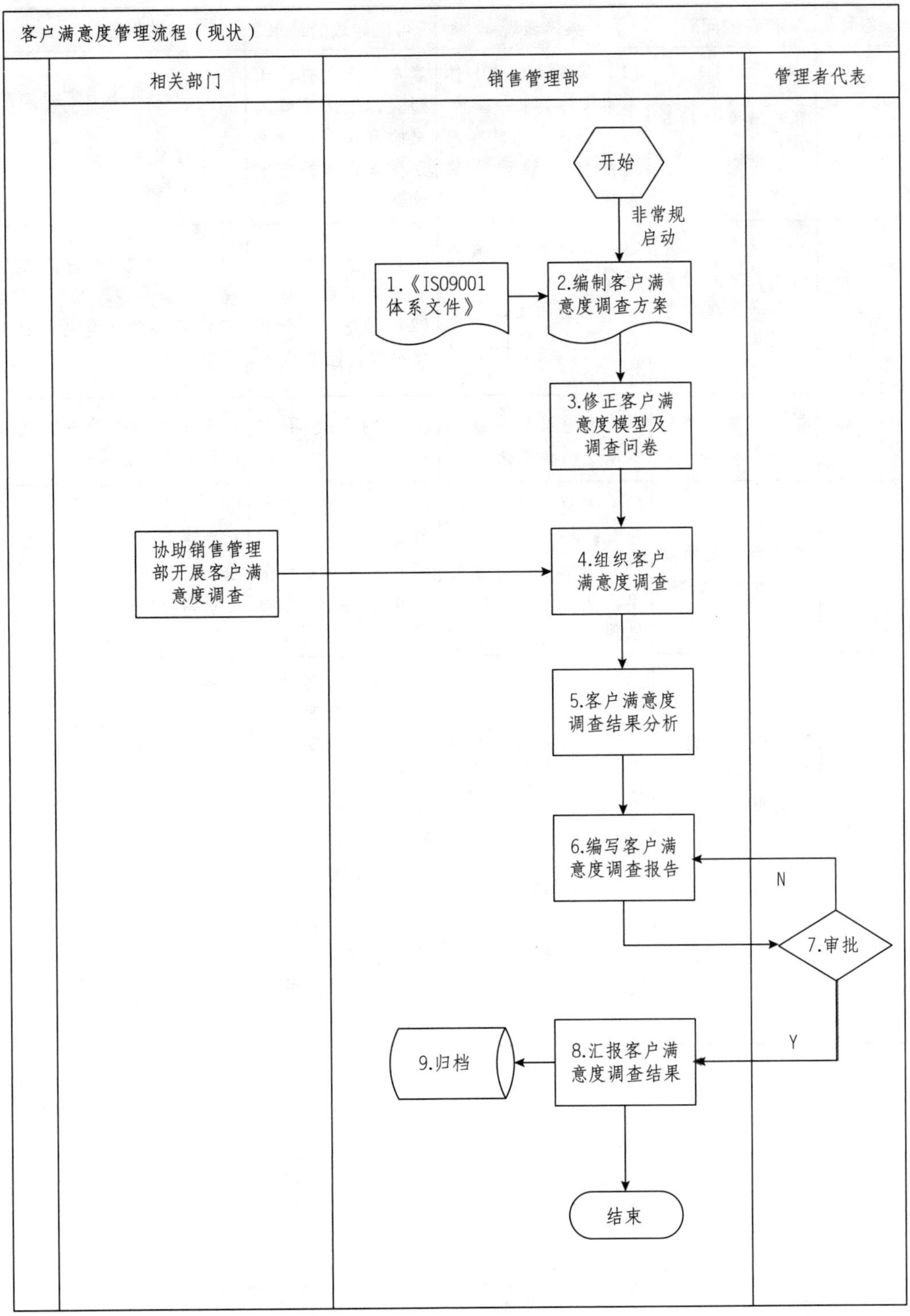

图 4－13　某公司客户满意度管理流程（现状）

表 4-9　某公司客户满意度管理流程问题分析表

序号	存在的问题	具体表现	可能导致的结果	优化思路
1	客户满意度指导思想	(1) 应付 ISO9001 体系审核的要求； (2) 公司内部对客户满意度的管理不够重视	客户满意调查流于形式，无法了解客户的真实需求，无法获取公司的有效改善点	(1) 培养员工客户服务意识； (2) 建立完善的客户满意度体系
2	缺乏科学合理的客户满意度模型和问卷	(1) 无满意度调查的模型； (2) 调查问卷过于复杂，调查问题的针对性不够	(1) 无法获取客户的真实需求； (2) 调查信息针对性和有效性不够	(1) 建立客户满意度模型； (2) 根据客户类别设计调查问卷
3	客户满意度信息收集渠道单一	客户满意度信息收集仅限于问卷调查	获取的信息不够完整	建立多种模式的满意度的信息收集方式
4	客户满意度调查信息分析不够	(1) 只进行了定性的分析； (2) 分析报告过于简单，没有深入分析其原因	(1) 无法获取客户的真实需求； (2) 无法从分析报告中获取改进的需求	建立满意度分析报告目录，并目录要求进行调查数据的分析
5	客户满意度信息目前只对公司内部发布	满意度调查报告只是在管理评审中发布	(1) 无法让客户了解公司满意度的结果，调查后没有进行信息回馈； (2) 无法让客户了解公司客户满意度改进的措施	扩大客户满意度调查发布的范围（管理评审、客户、公司内部相关部门）
6	客户满意度弱项分析改进不足	没有针对满意度弱项进行改进	(1) 客户不重视； (2) 不满意问题重复出现，客户服务工作无法改进	导入 CS100 工程

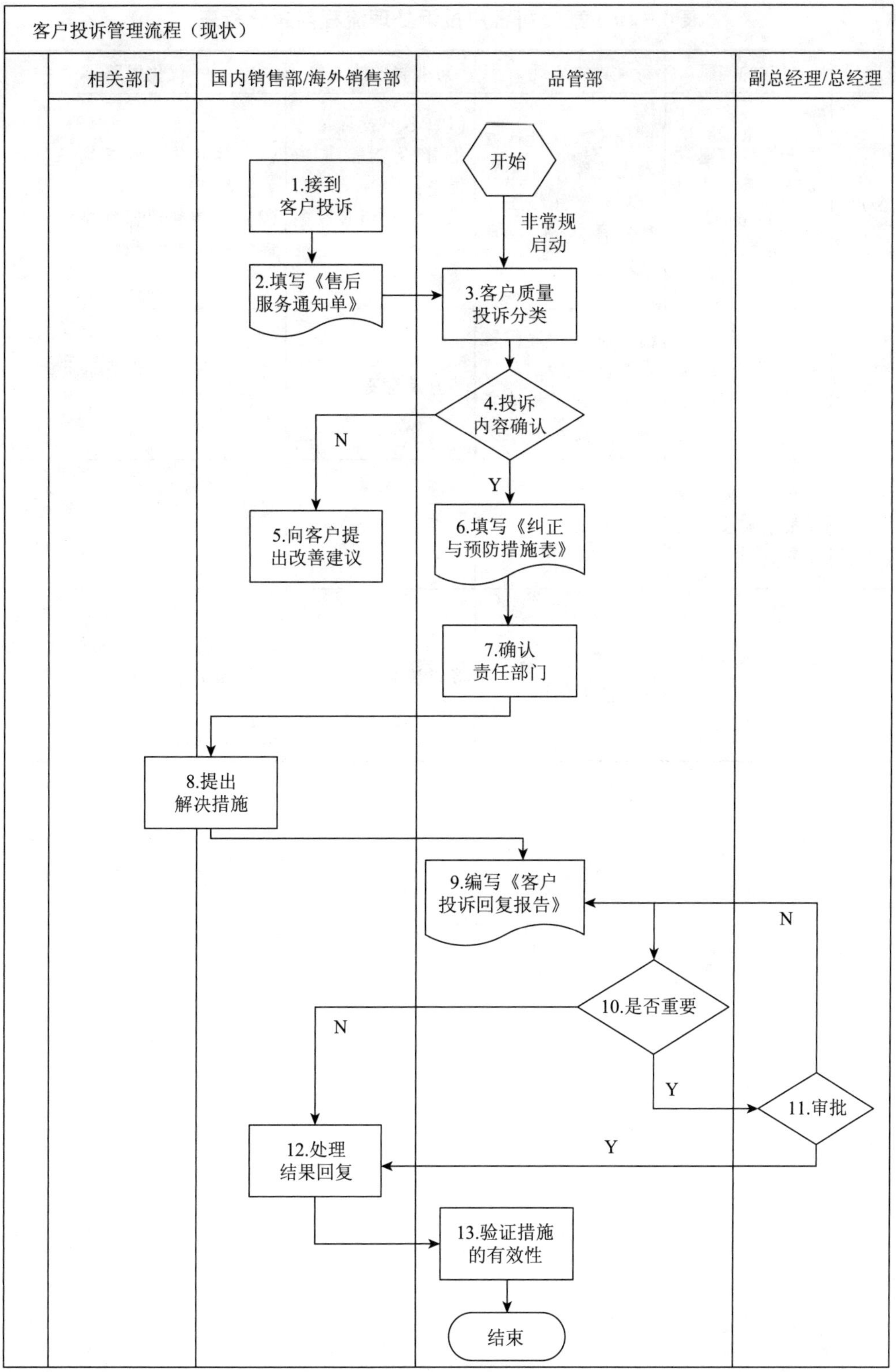

图 4－14　某公司客户投诉处理流程（现状）

表4-10　某公司客户投诉处理流程问题分析表

序号	存在的问题	具体表现	可能导致的结果	优化思路
1	客户投诉信息收集不全面，尤其是对销售服务、交期等	目前的客户投诉基本上是客户首先发传真或邮件给业务员，再由业务员判定	(1) 客户投诉信息不能及时、准确传递； (2) 对于销售服务的投诉信息很难收集	(1) 客户信息收集统一归销售管理部； (2) 销售管理部需要规划客诉信息收集的渠道
2	投诉处理质量不高	(1) 同一投诉问题重复出现； (2) 预防措施落实率需要提高	客户满意度降低	明确预防措施由投诉处理责任部门跟踪
3	客户投诉处理回复报告质量需要提高			规范客户投诉处理回复报告格式
4	客户投诉管理工作比较被动	客户产生投诉时，公司才会处理	客户流失	(1) 业务人员及时与客户沟通，发现客户不满意的项目； (2) 销售管理部客服专员进行客户回访； (3) 建立客户沟通热线

第五章 浴火重生

——互联网时代业务流程再造

所谓业务流程优化就是指辨析理解现有流程，并通过对现有流程进行优化改良产出新流程。常见的优化技巧主要有以下几种：剔除非增值环节、优化流程顺序、压缩影响流程实现的关键环节、资源重新配置、组织模式优化与调整、信息化与自动化。

所谓业务流程再造，就是指根据公司战略调整及商业模式变化从根本上重新考虑产品或服务的提供方式，再造新流程。流程再造的核心步骤包括：战略愿景、标杆确定、流程诊断、新流程设计、新流程实施、流程评估、持续改善。

业务流程优化和流程再造是企业流程改善的两种境界，两者的区别在于：

表 5－1　业务流程优化与业务流程再造差异分析

业务流程优化（BPI）	业务流程再造（BPR）
基于现有业务流程，公司战略既定	基于现有业务流程，公司战略发生变化
量变、渐变	质变、突变
维持现有框架	打破原有束缚

在本章中，我们将重点介绍业务流程优化与再造的基本方法，同时为大家系统阐述企业核心业务流程集成（整合营销流程、集成研发流程、集成供应链流程），另外，还将系统介绍企业核心管理流程优化技巧。

第一节　互联网时代业务流程优化

业务流程优化是一项系统工程，通过不断发展、完善、优化业务流程保持企业的竞争优势，在流程的设计和实施过程中，要对流程进行不断的改进，以期取得最佳的效果。

对现有工作流程的梳理、完善和改进的过程，即称为业务流程优化。业务流程优化不仅仅指做正确的事，还包括如何正确地做这些事。为了解决企业面对新的环境、在传统以职能为中心的管理模式下产生的问题，必须对业务流程进行重整，从本质上反思业务流程，进而重新设计，以便在当今衡量绩效的关键节点（如质量、成本、速度、服务）上取得突破性的改变。

一、业务流程优化与木桶原理

管理学中有个木桶原理：一个木桶由许多块木板组成，如果组成木桶的这些木板长短不一，那么这个木桶的最大容量不是取决于最长的木板，而取决于最短的那块木板。

一个企业好比一个大木桶，除非这个企业人浮于事，否则每一个员工都是组成这个大木桶的不可缺少的一块木板；这个企业的最大竞争力往往不取决于某几个人的超群和突出，而取决于它的整体状况，取决于它是否存在某些突出的薄弱环节。

企业进行流程优化的过程就是不断识别、分析公司短板何在，同时通过流程优化的手段（包括组织结构的再设计、资源重新配置、压缩用时最长的关键环节等）将“短板”逐渐加长的过程，目的使企业这只“木桶”能够装下更多的“水”。

二、互联网时代业务流程优化基本原则

在互联网时代，企业业务流程优化一定要牢牢记住：得“屌丝”者得天下，无粉丝不品牌，展开极致思维；因为**任何不关注用户的业务流程优化都是在“耍流氓”**。

1. 以客户（终端用户）为中心

大家都知道，企业流程管理的目的在于通过打通端（供应商）到端（客户）

的高效运作，保证客户的价值主张最大化地得到满足，所以说，企业在进行流程优化的时候，始终要以客户为中心。

（1）强调客户满意而不是上司满意的原则。传统的职能中心型组织模式导致员工在开展任何工作的时候都以领导的意图和指令为基础，换句话来讲，职能中心型组织模式是以领导满意为导向，从而忽略了客户的感受。

（2）强调内外部客户满意相统一的原则。流程的客户分为内部客户、外部客户两种，在本书第二章介绍流程的构成的时候我们就提到，任何流程都是由6个要素构成：流程输入、流程供应商、流程过程、流程执行者、流程客户、流程输出。可见任何流程都要以客户满意为基础，而非以职能管理或领导意图为中心。

（3）强调把整个供应链纳入“客户满意”流程体系的原则。有句话说得好，**现代企业的竞争不再是企业个体之间的竞争，而是企业价值链之间的竞争。**

企业的价值链就包括供应商、经销商、分销商、批发商、终端客户等，把供应链纳入“客户满意”，可以使流程运作更加高效。

2. 以价值为中心，全面优化

流程管理的核心目的在于增值，流程优化就是要让流程的增值环节得到提升，对非增值环节进行弱化，甚至取消。

（1）重流程，而不重组织和职能的原则。企业组织体系的建设，可以通过流程，也可以通过组织和职能的加强和完善来实现，随着企业竞争环境的变化以及竞争格局的调整，越来越多的企业开始重视流程建设，因为通过传统组织和职能的加强和提升已经很难帮助企业获得竞争优势。

（2）使用绩效衡量和整体最优原则。对流程运作的好与坏，企业必须建立基于流程的评价与衡量体系，只有可衡量与评价的东西，才容易帮助提升。

（3）借助IT手段，最大限度地实现信息实时共享基础上的集成管理。一方面企业面临的管理和经营环境确实在发生巨变，另一方面IT管理技术的突飞猛进也为企业提升经营与管理能力提供了便利，因此，对如何合理规划并充分利用IT管理技术进行流程固化进而帮助企业提升管理能力，应该达成共识。

3. 以人为本，强调高层管理者的推动和参与

齐国著名政治家管仲在《管子·霸言》中说：**“夫霸王之所始也，以人为本。本治则国固，本乱则国危。”**这可能是关于“以人为本”的最早思想体系

了。自从诺基亚提出“科技以人为本”之后，很多企业开始认识并逐渐重视人才对企业的重要性。首先，人才是企业最重要的资源；其次，企业的财富和利润都是通过员工的努力创造的。

（1）强调培养一个团结、综合力与示范效应强的团队。企业进行流程管理，必须要强调人的作用与价值。

（2）强调组织扁平化，减少决策层级，充分发挥员工作用。随着管理技术的不断提升，新的管理工具、管理手段、管理信息系统不断被引入，同时社会分工越来越细，员工素质越来越高，现在组织出现了几种明显的发展趋势，归结一下，主要有扁平化、专业化、分权化和柔性化4种。

大家都知道，企业管理层级的增多会导致管理人员急剧膨胀，同时又会导致企业运营效率不断降低、决策速度越来越慢，所以现在越来越多的企业开始思考并重视组织的扁平化管理。

企业要想实现扁平化的管理，一定要以完善的流程体系为基础，否则，扁平化管理只能是一厢情愿。

（3）强调具有流程管理思想的员工队伍建设。员工是否具有流程管理思想是企业实施流程管理能否都取得成效的关键点所在。

三、互联网时代业务流程优化技巧

业务流程优化的方法还有很多，如：基于流程的组织建设、剔除非增值环节、优化流程顺序、使决策点尽可能靠近需进行决策的地点做出、减少工作交接频率、放权或分权、流程外包、信息化、压缩用时最长的关键环节、资源重新配置、设置流程监督机制，等等。

1. 模板化及标准化

模板化和标准化是企业进行流程优化的一种常见方法。华为的任正非先生深谙此道，他指出：规范化管理的要领是工作模板化。什么叫规范化？就是我们把所有的标准工作做成标准的模板，就按模板来做。一个新员工，看懂模板，就会按模板来做。而这个模板是前人摸索几十年才摸索出来的，你不必再去摸索。各流程管理部门、合理化管理部门，要善于引导各类已经优化的、已被证实行之有效的工作模板化。清晰流程、重复运行的流程，工作一定要模板化。一项工作达到同样绩效，少用工，又少用时间，这才说明管理进步了。我们认为，抓住主要的模板建设，又使相关模板的流程连结起来，才会使信息化管理成为现实。

企业要想实施模板化和规范化管理，其具体操作方式有四种：

（1）实施标准化管理。随着企业业务运作规模的扩大，通过标准化方式可以将企业流程的运作习惯、管理标准、实施程序进行固化，避免“一人一个样”现象的产生，减少人为的因素干扰。相关的标准化主要以流程文件的形式进行体现，它主要包括书面说明、流程图和表单。在这里应该注意：

明确流程中各个部门的职责和权限；

包括涉及紧急情况的处理；

标准文件中每一处解释都是唯一的；

便于理解；

有明确的最低工作绩效标准；

有规范的操作规程；

…………

同时所有员工都应该收到同一个流程版本的副本，然后按文件进行培训。流程文件及其执行应该定期检查和更新。

（2）明确流程管理的侧重点。流程是企业进行有效管理的一种手段，根据企业在不同管理时期的经营需要，我们应明确相关流程的管理侧重点，也就是流程的管理目标：

有些流程侧重于成本控制；

有些流程侧重于快速反应；

有些流程侧重于风险控制；

有些流程侧重于知识传承；

有些流程侧重于权力分配；

有些流程侧重于服务或产品附加值提升；

有些流程侧重于服务或产品质量提升；

…………

假如某企业生产订单过多，造成生产系统满负荷运转，在此情况下，公司应考虑加快生产运作效率、缩短生产周期，尽量提前完成订单；但当公司产品质量存在缺陷时，公司领导可能会认为宁可延长生产周期，也要确保产品质量合格，以确保公司的长远效益，建立良好的口碑。

（3）防止犯错误。再好的流程也需要人员去执行。因此，提高流程执行人员的工作责任心、减少流程运作中的错误，对确保流程正常运作具有十分重要的意义。比如下面这些情形也许就是我们在日常执行流程活动中可能犯的错误：

在文件上将名字签在了错误的地方；

估计可以更快地完成工作却忘记了意外事故的发生；

写好了信件却装错了信封；

好不容易打通了电话却拿错了文件；

上了飞机才发现忘记了重要物品没有带；

…………

执行流程难免会碰见错误，在此过程中，我们需要不断加强对流程执行人员的培养和教育，尽量避免错误的产生。

（4）工作模板化。工作模板化就是将已经成熟的表单、文件进行模板化管理，这样就可以避免和杜绝因为不同的人对同一件事情的不同理解而造成的重复工作。在一般情况下，企业可以考虑将如下工作进行模板化管理：

需要全体员工或绝大多数员工都填写的表单，如请假单、工作计划、工作总结、内部联络单等；

在日常工作中需要频繁填写的表单或使用的文件，如市场调研报告、产品策划书、新品批量生产报告、品质检验报告等；

需要在不同部门收集和提取相关数据和信息的表单和文件，如生产日报、品质日报、销售日报、发货日报等；

…………

企业推行模板化管理可以让管理不断沉淀，使企业管理成熟度逐步提升。

2. 压缩无效消耗

压缩无效消耗的重点是流程运作中所有没有必要的非增值作业活动。那么，怎样判断作业活动是增值的还是非增值的？用迈克尔·波特的话讲，顾客愿意付费的就是增值的。我们可以发现，在一些刚刚引入流程管理概念的企业里会发生许多非增值活动，而这些非增值活动往往是由企业长期的管理方式、工作习惯演变而来的。在职能分割的情况下，每人只会对自己的个人和组织绩效负责，无人看到大量浪费的存在。

在这里以日本丰田公司为例进行说明比较。丰田认为在企业内部，随时都有 85% 的人没有开展有效的工作，其中：

5% 的人看不出是在工作；

25% 的人正在进行等待；

30% 的人为增加库存而工作（由于这类活动对公司没有直接的贡献，因此丰田不认为这些活动为工作）；

25% 的人正在按照低效的标准或方法进行工作。

丰田公司的看法可能与我们日常的看法不太一致，但由此可以看出，丰田公司非常注重业务活动运作细节，通过对业务活动细节的重新设计以提高生产运营系统的效率。

常见的无效消耗包括：

（1）过度生产，或者过度供应。任何超出实际需求的生产和供应都是巨大的浪费，它不但将造成企业资金流的紧张，不利于提高资金的使用效率，同时还会增加企业额外的负担，为过多的生产和供应提供不必要的成本支出（仓储费用、管理费用、人工成本等）。这不但在制造行业广泛存在，在服务行业也经常可见，比如许多的餐厅常常不得不扔掉准备过多的食物。

（2）等待时间。等待包括物料等待、文件处理等待、人员等待，等等。等待只会造成流程运行效率的下降，增加各种成本。如果等待的时间长到下一事物已经出现，问题可能会变得更加严重。这时，要么是原来等待的事务被打断，要么待处理的文件和物品增加，通行时间延长，文件、物品的处理跟踪将更加困难和复杂，但却没有什么实质性的价值能交给客户。

（3）移动和转移。任何物品的移动都需要花钱。物品和文本的转移要通过人员和设备来完成，不必要的转移将占用从事增值作业的时间。在中国的很多企业，常常可以看见一份文件在数个不同的部门之间进行转移，造成大量的时间和人力浪费，企业真正花在价值创造活动上的时间十分有限，这些活动并不会给客户带来任何直接或间接的收益，仅仅是在消耗成本。

（4）清除缺陷、故障和返工。业务流程目标应该设定为所有的事都一次做好，避免解决遗留问题的人工成本、物料成本、时间耽搁以及机会成本。任何流程一旦牵涉对前期缺陷的处理甚至返工，其流程的复杂程度便呈几何倍数增加，例如：包含退货、换货处理的财务结算、物流、销售流程比不包含退货、换货的流程复杂很多。

（5）官僚主义。官僚主义作风在一些大企业最为常见。常见的官僚现象包括：

不必要的审查、监督、协调、审批、审核，拖沓的节奏；

多余的文档和副本；

礼节性或荣誉性的签字；

文件与操作的脱节；

…………

这些现象将会麻痹流程执行人员的思想，人为地减缓流程运作效率，降低流程运行时间，造成大量的审批程序、等待时间和各项烦琐的非增值作业，而这些活动对顾客没有任何价值可言。

（6）重复工作。每项工作的执行都应尽量增加价值。如果一项作业活动是重复的，它就不会增加价值而只会增加成本。经常可以看见一个部门在向计算机输入数据，由于不能信息共享，可能另一个部门也会进行重复的相同作业。对这种现象进行改进，应该从跨越部门边界的整个价值链角度进行考虑：当任何信息在价值链上的一个点上输入后，新数据要素出现后可以追加在已存在的信息上，这样不仅消除了不必要的数据重复输入，同时也消除了多次输入数据时的误差和不匹配。

（7）重排格式。重排格式指的是数据从一种格式转换成另一种格式，比如将相关图表从一种表现方式转换成为另一种表现方式。这也是一种重复作业，常常发生在信息穿越组织边界的时候。产生重排格式的原因在于不同的企业信息系统存在差异，甚至于同一家企业在不同的时期、不同的部门采用的管理信息系统都自成一体、互不对接。这种现象并不能创造直接的价值，作为企业应尽量使格式通用化。

（8）监督、检验和控制。企业内部存在着各种监督、检验和控制程序，这些管理方式对于减少企业的经营风险确有好处；但如果企业对相关质量保证、生产率状况、财务状况等经营运作系统缺乏清醒的认识，人为地增加一些不必要的控制程序，将许多不该管的事情管了，将会增加企业内部的管理层次和管理内容。随着内部员工对这种管理方式的质疑日益加深，许多监督和控制也将会逐渐失去效用。

（9）协调。同监督、控制一样，协调也是一个经典的官僚行为。虽然确保不同部门之间的相互匹配及环节运作是好事，但认清流程作为整体目标却更为重要。

3. 剔除非增值环节

剔除非增值环节就是减少相关增值业务活动的数量，提高活动的质量。也就是说将多余的业务活动进行清除后，对于剩下的活动应进行简化。

寻找过分复杂的活动可以从以下三个方面着手：

（1）简化表格。在许多企业中常常可以发现许多表格填写不正确，我们应对其背后的原因进行分析，而不是简单地责备填错表的人员。通过重新设计表格，将可以获得明显的改善，避免日常工作中寻找相关填表人、要他们就某些模糊事项提供解释或说明的现象。

【案例5－1】我们曾经为贵州一家化肥企业提供流程优化与再造咨询服务，我们收集了各部门正在使用的所有表格，一共420张，最终经过流程的梳理，对表格进行了简化和合并，确定为128张。这样一来，数据的统计效率得到了提升，组织运作效率也大大提升。

（2）简化语言。对顾客和组织内部成员的沟通都应清晰易懂。语言要简单明了，尤其要注意以下两项：

少用术语、行话和缩写，除非对工作任务很关键，不要使用新的术语和行话，确保先清楚定义这些词语；

尽量少地使用首字母组合词。除非它是多次重复使用，并被广泛理解和认同的。请记住，永远不要使用文件中没有定义的缩写词。

（3）简化程序。许多程序往往过分复杂，难以理解。在某些情况下，可以很明显地判断员工无法做到总能按照正常的程序进行作业活动。曾经有一位国企负责安全管理的部门负责人这样讲过："我们内部的安全管理制度一共有60多个，详细规定了开展安全管理的各种方式、管理措施和处理方法，但实际上在运作时，员工并不清楚到底应该怎么去操作和实行，往往是出现事件后，才去翻阅相关的制度，安全管理制度没有起到应有的作用。"

对程序进行简化，我们应针对实际业务运作进行改进，比如：

是否可通过合并职责以减少程序？

负责业务作业的人是否可以评估产出以确保它是无差错的？

…………

4. 端到端打通

端到端打通就是要通过企业从顾客到供应商的整合，使其流程更加顺畅、连贯，以满足客户的需要。

（1）整合工作。有时将几项工作合并成为一项是可能的。通过合并相似或连续的工作，可以大大加快组织内部的物流和信息流速度，使得一项工作更有利于完成。每当一项工作由一个人交接到另一个人时，都增加了一次发生错误的可能，因此需要设定一定的辅助设施或机制。

（2）整合团队。团队作业可以完成单个个体所无法完成的复杂作业。虽然团队在运作时，可能仍需要保留一定的向职能部门报告的关系，但由于其是一个结合在一起的流程日常运作组织，团队成员空间距离的拉近意味着许多问题将不再出现，一旦出现问题也能得到及时、快速的解决。

（3）整合顾客。整合顾客的主要意思就是指将企业所提供产品/服务的过程与相关顾客的业务流程有机结合在一起。将顾客和企业紧密联系在一起，竞争对手将更加难以插入。目前这种方式已经在国内的许多企业出现，比如汽车企业在研发新款汽车的时候，往往会邀请许多潜在的客户以及老客户对研发的产品提出各种意见和建议，作为进行产品研发的重要指导思想；再比如，手机企业通过建立外部客户对新手机的试用机制了解一线顾客的需求。这种企业—客户双方互动的关系，将使得产品更具针对性、更好地满足顾客的需求。

（4）整合供应商。通过消除企业与供应商之间不必要的官僚手续，可以极大地提高效率。与客户的整合一样，这里也需要建立信任与伙伴关系。当然必要的检验也是需要保留的。现在制造行业中的准时生产方式对供应商和制造商提出了更高的要求，要求他们在多方面进行合作，共同工作，整合订单流、发票流、设计数据流，等等。

5. 调整流程顺序

调整流程顺序就是指根据相关流程的侧重点控制方式的不同，对流程运作过程和顺序进行调整，使各环节的负荷与处理时间尽量均衡。任何流程的运作都需要资源的支持，而这种资源的支持是有限的。在这种情况下，通过均衡处理可以使流程的运作更加顺畅，避免运作环节中相应短板的出现，达到效率最优化。

均衡处理的方式主要有两种：变串为并和调整作业顺序。

（1）变串为并。对于许多串行工作，我们可以考虑将其并行处理，以提高流程运行效率，减少流程节点活动的干扰。一般而言，在企业内部存在着两种形式的并行。一种是各独立单位从事相同的工作，这时我们要将它们视为一体，统筹处理，分散执行。比如，许多企业内部存在着业务单元分散采购的问题，在这种情况下，如果能将有限的采购需求进行集中处理，将不但可以降低采购成本，同时还能够缩短相应的采购周期。还有一种情况是各独立单位从事不同的工作，而这些工作最终必须组合在一起。

（2）改变作业顺序。通过观察流程运行的各个环节，对不合时宜的作业活动进行作业顺序的调整，以求获得流程上的改善和突破。比如：一项产品移送到一栋楼里，然后再返回到原来的楼里，或者文件在同一栋楼的不同部门之间送来送去，在这个阶段，我们需要检查作业顺序以判断是否能够减少文件的长途旅行时间。

6. 信息化与自动化

信息化与自动化是进行流程优化的重要手段，随着社会总体劳动力资源趋于枯竭，以及信息化管理手段在企业内部扮演的作用越来越重，信息化与自动化已经成为很多企业进行流程优化的首选。

下面是常见的一些运用自动化进行处理的作业活动：

（1）脏活、累活、难活。这是日产公司投资生产系统改造的一条原则。它认为这类作业活动并不总是能够依靠人员来完成的。如果实施自动化改造，工作质量将会得到大幅度的提高。因为作业机器将突破人员的局限性，既不在乎艰苦的工作条件，也不受艰苦工作条件的影响。

（2）枯燥作业。枯燥的作业活动将会使员工产生厌倦的情绪，不利于保持长期的良好精神状态，因此所有单调乏味的工作都可以成为自动化处理的对象。这些工作包括生产车间的作业任务、简单单调的数据录入，或者是核对报表的匹配事项，等等。

（3）数据采集。在传统的企业管理中手工的信息收集和统计活动成本是相当大的，它分布在每一个业务流程里。如果能用机器代替人员进行数据采集，不但可以节省大量的时间，同时还可以增加数据的准确性。比如：超市里面普遍运用的条形码技术就极为方便地实现了每天销售产品状况的统计和分析；企业实施 ERP 系统可以将分散在每个供应链环节的数据全部整合在一起，进行统计与分析。

（4）数据传送。将数据由一种格式转变成为另一种格式，或者从一个人转送到另一个人、由一个系统传输到另一个系统，这些都是自动化的首选对象。虽然有时计算机系统标准的不统一可能会造成转换数据过于复杂，但它却可以避免重复录入相同数据，减少因为数据不匹配而带来的麻烦。

（5）数据分析。每个公司都有大量数据，但是却不一定有足够的分析报告。信息分析正是信息系统的优势。通过拥有适当的软件，我们可以随时做出设定的分析报告。

虽然信息化和自动化在进行流程处理时有巨大的优势，但它也有其局限性，仅仅只能够用于可以控制住的流程。在对企业内部流程进行自动化的时候，遵循 80/20 原则是一个基本的准则。也就是说，企业不要期望通过自动化系统将流程中的所有情况都处理好，而应将目标设定在 80% 的功能实现上，这样仅仅需要 20% 的成本和时间。

所有例外情况的 100% 自动化解决方案的开发不但需要很长的时间，而且往往可靠性也不理想，维护成本很高，未来如果企业需要对流程进行调整和优化，也往往因为巨大的信息化系统投资而却步。考虑到这一情况，我们认为，将信息化系统与人员相互结合使用，双方优势互补，是企业进行信息化建设与管理最为有效的手段。

7. 授权

管理的最终目标在于提高企业运营效率和经营绩效，而授权可以在一定程度上帮助企业实现这一目标。在很多公司，每个岗位的责、权、利其实是不对等的，这就造成很多员工承担了责任，但没有权力保证，也没有利益保障，最终导致工作无法开展，因此：第一，通过合理的授权，可调动员工的积极性；第二，企业可通过授权体系促进员工能力的提升——缺乏授权体系的企业，员工工作基本上是“等、靠、要”，有了授权保障，员工可以变被动为主动；第三，企业可以通过授权体系，压缩审批环节，提升流程效率。

8. 业务流程外包

业务流程外包（BPO：Business Process Outsourcing）指企业将业务流程以及相应的职能外包给供应商，并由供应商对这些流程进行重组。随着企业竞争的加剧和社会分工的明细化，越来越多的企业开始思考将辅助性流程、管理流程甚至非核心业务流程进行外包，由专业的公司来协助企业实现流程价值。

这个道理很简单：对于任何一家企业而言，只需要做好自己的核心业务流程就可以使企业的经营价值最大化，而其他的辅助流程、管理流程以及非核心的业务流程所产生的价值贡献会远远低于核心业务流程的价值，而企业外包出来的这些流程，又是很多专业的流程外包公司最擅长的，同时也是这些外包公司的核心业务流程；这样一来，每家公司都做自己最擅长的事情，各自都能保证自身利益的最大化。苹果把生产外包给富士康就是这个道理。

有人把企业业务流程外包称为“21 世纪企业发展的新模式”，因为企业可以通过业务流程外包实现以下四个目的：

（1）有效地改善辅助业务对核心业务的支持作用，增加整体赢利。公司业务可划分为核心业务与辅助业务，BPO 运作的主要对象是对整体业务起支撑作用的辅助业务，如财务（财务账务处理、税务筹划等）、信息系统（网站设计与维护、OA 系统外包、ERP 系统维护、服务器外包、搜索引擎等）、人力资源（员工招聘、培训、社会保险、员工福利等）、销售渠道管理（渠道拓展、销售管理等）、生产（工厂管理、供应体系等）、法务（法务咨询、合同审核、法务纠纷处理等）、物业、后勤等。这些辅助业务对外承包给专业化公司后，其业务质量能得到显著而迅速的改善，从而对核心业务起到推动作用，增加整体赢利。

（2）突出对核心业务的重点管理，同时实现对辅助业务的有效控制。将部分辅助业务外包，有助于公司管理层以更多的时间和精力，将更多资源投入核心业务上。而在辅助业务管理上，作为业务承揽方的外部专业化公司，对其承揽项目的服务等级、成本构成、质量检测等有着明确的标准和承诺，这样，公司就可根据合同的履行情况实行对辅助业务的成本 - 质量控制，实现预期目标。

（3）提高外包业务质量的同时，也将这一业务领域改变成为具有创造性的领域。在公司内部，辅助业务常被视为“日常性工作”，是一笔“经常性费用”。当由外部专业化公司的雇员们接手这些业务后，这些业务的性质不再是“日常性工作”，而是“新的就业机会”。他们能以一种充满激情的态度，富有创造性地去完成这些工作。此外，外部专业化公司常常是所从事业务领域中的技术领先者，他们对所承包的业务施以优化设计、科学运作与管理，并跟踪最新技术发展，不断更新公司的系统。

（4）有利于在新的市场环境中打破传统的行业（业务）界线，与外部公司形成跨业务领域的联合，构成长期的战略伙伴关系，增强彼此的竞争力。

9. 资源重新配置

对于任何一家公司而言，企业所拥有和可支配的资源一定都是有限的，如何集中优势资源去做对企业最有价值的流程环节，这是每家企业都必须思考和解决的问题。

根据多年的实践经验，我们认为企业在进行流程优化的时候就必须要考虑到这一点，需要思考每个流程实施的资源评估，对有些资源不足的流程，可采取两种模式来解决：其一，调配其他资源，其二，考虑进行流程外包。

10. 打通内外部资源平台

打通内外部资源平台是互联网时代企业业务流程优化需要思考的一个重要突破口。传统企业在进行业务流程优化的时候，眼睛只盯着内部职能部门和业务逻辑，往往会忽视对外部资源（供应商、方案商、经销商、加盟商、终端用户）的关注和管理，导致流程内外脱节、协同困难、效率低下等问题，在互联网时代企业必须要将所有利益相关者都纳入业务流程当中进行统一管理，打造内外部资源共享和工作平台，让所有利益相关者在统一平台上工作和业务往来。

11. 流程中心型组织变革

企业在进行流程优化的时候要求同步进行流程中心型组织的设计和变革。流程中心型组织变革有 3 个层面：

（1）员工流程管理思想和意识的培养。员工能否接受并践行流程管理的思想和方法是企业进行流程优化成败的关键所在，企业通过流程优化要让员工充分理解流程管理的好处，让员工从被动接受到主动需求流程管理变革。

（2）传统职能式组织体系的调整。流程管理对传统的职能式管理的挑战在于要打破部门墙，用海尔的经验来讲就是要“拆墙”，拆掉部门之间、岗位之间的壁垒。

（3）流程价值的体现。要让员工体会到流程管理带来的好处，首要的就是要让企业的流程价值最大化得以发挥。

总之，业务流程优化的方法有很多，如模板化与标准化、压缩无效消耗、剔除非增值环节、端到端打通、调整流程顺序、信息化与自动化、授权、业务流程外包、资源重新配置、流程中心型组织变革等。根据我们的经验，在互联网时代实行业务流程优化，剔除非增值环节、端到端打通、信息化、授权、业务外包、打通内外部资源平台是关键。

【案例5-2】KKD产品需求调研及需求管理流程、产品生命周期管理流程

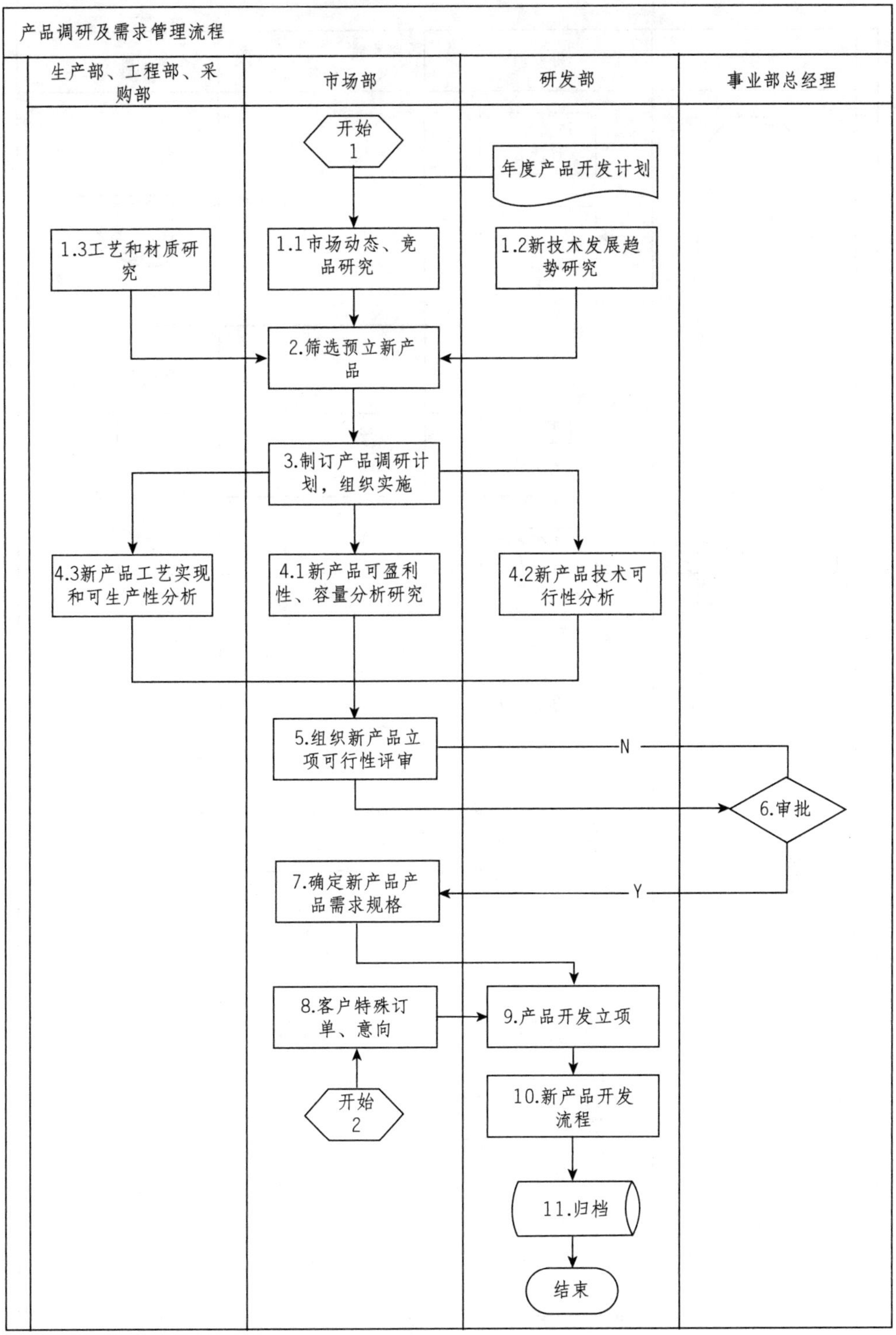

图5-1　KKD产品需求调研及需求管理流程

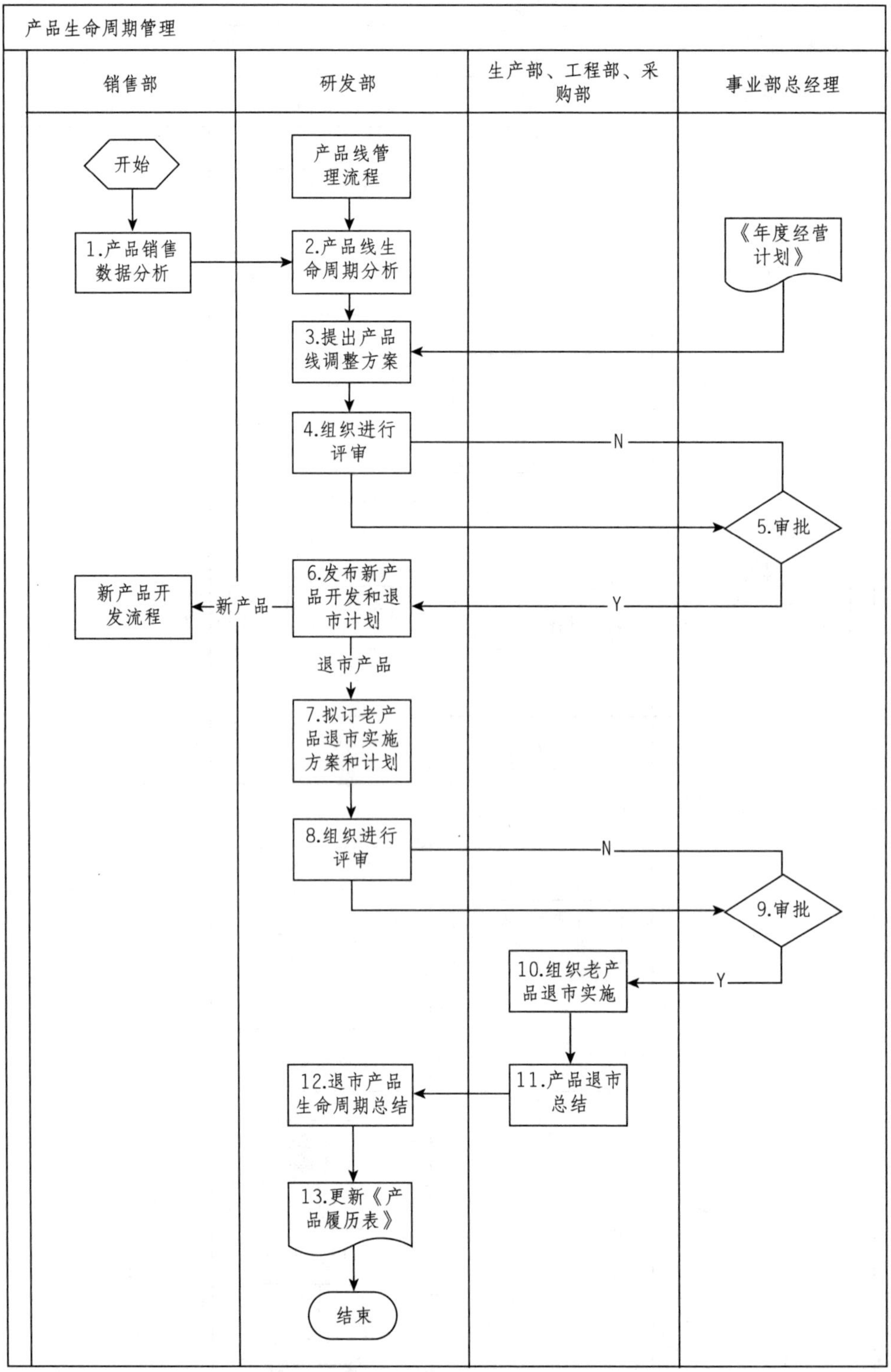

图 5-2　KKD 产品生命周期管理流程

四、业务流程优化衡量

前面我们讲了很多流程优化的技巧和方法，我想读者朋友可能还会有一个问题要问，那就是：我们做流程优化的标准是什么？换句话来讲，什么样的流程才是好流程呢？

1. 业务流程中的活动都是增值的活动

我们在前面已经提到，企业业务流程管理的核心目的是“增值”，当然每个流程、每个活动的“增值”方式可能有所不同，但业务流程优化的时候，始终要把握这样一个原则，那就是“该活动有增值价值吗？”如果没有，就一定要想办法将该活动剔除掉。

2. 保证业务流程面向客户

我们在谈到流程的六大构成要素的时候提到，客户就是流程输出结果的最终消费者，企业进行流程优化，当然要面向客户，并且保证客户的满意。

3. 保证管理流程面向企业目标

我们在谈到战略、流程和组织的关系的时候，曾经讲过，战略决定企业做正确的事，组织决定企业正确地做事，而流程则可以帮助企业高效率、低成本、低风险地做事。流程的存在一定是为了企业战略的实现，如果企业流程优化离开了战略的引导和战略目标的实现，那将是毫无意义的。

4. 员工的每一个活动都是实现企业目标的一部分

流程的运作离不开部门和员工，所以企业流程的每个环节都应该是有意义的，也就是我们刚才提到的有“增值”的，那么从员工的层面来讲，任何一个动作都应该对公司的战略实现是有意义的。

5. 流程持续改进，永不过时

世界上唯一不变的就是变化。竞争环境的变化是永恒的，流程管理就是要帮助企业在周边环境变化时使运营和管理能尽快赶上这种变化。环境的变化必定带来运营和管理的不断调整和变化，而运营和管理的变化必然要反映到流程上，所以说，企业的流程管理一定是动态的，而且流程管理成熟的企业也一定有健全的流程自我优化机能。关于这一点，我们会在本书的第八章进行详细说明。企业的流程优化一定不是什么“抽风运动”，而是需要有一整套完整的配套体系保证流程持续改进、永不过时。

第二节 互联网时代业务流程再造

业务流程再造不同于业务流程优化：流程优化是在现有流程的基础上对流程的局部进行调整，使流程的效率得到提升，而流程再造是需要完全打破原来价值链体系的束缚，重新定义企业的价值链模型和商业模式，进而使企业获得重生。

一、业务流程再造与指头理论

与木桶原理相反，企业往往很难让每块“板”都一样长，在很多情况下，稍长的“板”决定了其特色与优势，在小范围内成为制高点。

就跟我们的手一样，有些指头会长，有些指头会短一些，对于企业来说，如果凭借长的“指头”，发挥自己的优势，就能跳出大集团的游戏规则，跳出“红海”，创造“蓝海”，独树一帜，建立自己的王国。

这就是企业进行流程再造的核心意义所在，在目前的市场条件下，特色就是旗帜，凸显才能发展。与木桶原理求稳固的保守思想不同，指头理论是一种提倡特色凸显的创新战略，要求企业能打破思维定式，一切向前看，找准自己的特殊优势，开辟一个崭新的天地。

根据前面所讲的业务流程再造定义，流程再造具有以下 3 个特点：

1. 根本性

所谓根本性，就是指我们要对流程存在的本质意义进行探讨和反思。在流程再造的过程中，流程再造负责人需要对流程最基本的问题进行反思，这些问题包括：

为什么要执行此事？

为什么要如此执行？

什么是我们的需求？都是谁的需求？

为什么我们要满足这些需求？这些需求与组织战略是否一致？

如何满足我们这些需求？

2. 彻底性

彻底性就是指将现有流程完全抛弃，不再对其进行表面化的改善或者修补。通过根除现有不合时宜的架构与流程，独辟蹊径地完成相关流程的设计。

3. 显著性

显著性指流程改造并非是缓和、渐进式的改善，而是一日千里的“大跃进”，可以说是为企业下的一剂猛药。一般而言，渐进式的变革需要“精雕细琢”，而剧烈的革命则必须“除旧布新”。

二、传统企业业务流程再造基本原则

企业在进行流程再造的时候，既不能脱离实际，也不能好高骛远，在这里为大家介绍一些企业流程再造的基本原则。

1. 迈克·哈默业务流程再造8原则

（1）围绕结果进行组织，而不是围绕任务进行组织。企业应当围绕某个目标或结果，而不是单个的任务来设计流程中的工作。

（2）让利用流程结果的人执行流程。基于计算机的数据和专门技能越来越普及，部门、事业部和个人可以自行完成更多的工作。那些用来协调流程执行者和流程使用者的机制可以取消。

（3）要将信息处理工作归入产生该信息的实际工作流程。

（4）将分散各处的资源视为集中的资源。企业可以利用数据库、电信网络和标准化处理系统，在获得规模和合作的益处的同时，保持灵活性和优良的服务。

（5）将平行的活动连接起来，而不是合并它们的结果。将平行职能连接起来，并在活动进行中，而不是在完成之后，对其进行协调。

（6）将开展工作的地方设定为决策点，并在流程中形成控制。让开展工作的人员决策，把控制系统嵌入流程之中。

（7）从源头上一次获取信息。当信息传递难以实现时，人们只得重复收集信息。如今，当我们收集到一份信息时，可以把它储存到在线数据库里，供所有需要它的人查阅。

（8）领导层要支持。流程再造要获得成功必须具备一个条件：领导层真正富有远见。除非领导层支持该工作，并能经受住企业内的冷嘲热讽，否则人们不会认真对待流程再造。为了赢得安于现状的人的支持，领导层必须表现出投入和坚持——可能再带一点狂热。

2. 阿什利·布拉干扎业务流程再造10原则

（1）全面的流程再造需要在大家对组织的变革动因充分认同的基础上进行，而这种变革动因既可以是危机，也可以是机遇。

（2）只有当跨职能变革而不是其他的什么方式成为实现变革动因的需要时，成功实施全面流程再造才有可能。

（3）当人们认识到组织要素，即战略、结构、人员责任和评估标准、协作行为以及信息系统将要有所改变，并且认为这些要素应该与职能流程导向看齐时，更有可能实现全面的流程再造。

（4）当人们明确并接受组织所需的所有变革时，全面流程再造就更可能实现。

（5）当包括董事会成员、高层管理者、中层管理者和员工在内的所有人都愿意让变革影响他们时，更容易建立全面的流程意识。

（6）当人们发现需要处理的某些问题，并把那些问题和所需的真正变革联系起来时，全面的流程再造才更有可能实现。

（7）在进行全面流程再造时，如果能够根据各个问题的实际情况同时运用革命性和改良性的实施方法，变革更有可能获得成功。

（8）公司只有通过全面行动方案激发人们实施变革的主人翁意识和意愿，全面的流程再造才更可能取得成功。

（9）如果变革的实施者和接受者都能认同这两种角色，意识到它们是相互关联的，而且愿意扮演这两种角色，就更可能实现全面流程再造。

（10）衡量全面流程再造所取得的成果，要看变革动因是否被根除以及行为方式改变的程度。

3. 乔·佩帕德和菲利普·罗兰流程优化15原则

乔·佩帕德和菲利普·罗兰认为，流程再造要走上成功之路，必须遵循15条原则：

（1）高层管理者的口头和行动支持至关重要。高层管理者们的支持、精力和推动必须长期坚持，才能保证组织是在做实事。

（2）必须沟通、沟通、再沟通。人们必须了解为什么要改进、未来的远景以及他们在其中的地位与作用，甚至包括失去工作的可能性。

（3）善待人，尊重人。因为每个人都希望别人能够用期待我们对待他们的方式来对待我们。

（4）选对主持者。一位优秀的主持者虽然并不能保证项目的成功，但是一个不称职的主持者肯定很快就能用自己的手把项目杀灭。

（5）明确重新设计的目标。组织的愿景一定要明确，要对顾客需求、需求模式、约束条件和效率目标进行深入分析和理解。流程再造项目的目标要设定在这些方面的绩效改进上。

（6）项目的规模和范围要与目的相适应。项目的预期一定要与项目的规模和范围相适应。

（7）设定进取的再造绩效目标。设定目标和度量绩效是理解、管理和改进流程的关键，尤其应该注意的是构建绩效度量体系。

（8）理解被重新设计流程的环境。再造项目的目标和方法必须同企业的具体状况相适应，一家公司的有效方法在另一家公司不一定能取得同等的效果。

（9）整体对待 BPR 哲理。成功的 BPR 需要各个战线的全面行动，孤立地改变一个要素不大可能得到预想的收效，甚至会对其他要素产生负面影响。

（10）短线出击。尽量早地展示出成功的迹象和初步成就有助于克服阻力、营建动能以及“能够做到”的心态，使人们增强对自己能力的信心。

（11）要保证流程与所服务的市场需求相“匹配”。市场需求和向市场提供服务的流程之间“匹配”的重要性胜过一切。

（12）要认识到顾客和供应商参与流程重新设计的必要性。顾客以及供应商往往能够对流程的重新设计提出非常有价值的看法和建议。这种做法还有助于密切客户关系。

（13）要舍得投入资源。如果业务流程再造对组织是重要的，就值得投入最好的人才，全力以赴地去做。

（14）要认清 IT 对新设计提供的机会。技术可能成为新流程设计的强大推动力，组织必须不断地对如何应用新老技术进行评价。

（15）认清业务流程再造可能只是一个开头。必须以持续改进为目标，使得随着时间发展交替的跃进和渐进改进成为正常模式。

三、互联网时代业务流程再造基本原则

不管是迈克·哈默、阿什利·布拉干扎，还是乔·佩帕德和菲利普·罗兰，他们提出的业务流程再造理念其实都存在一定的缺陷。虽然大家不约而同地谈到领导支持、流程组织变革、利用信息技术固化流程等一些基本的原则，但在互联网时代，我们认为这些原则远远不够，或者说这些原则其实还不够聚焦。本书把**互联网时代的企业流程再造总结为6个字：用户、产品和速度。**

（一）用户，用户，还是用户

用户，用户，还是用户。这是互联网时代企业业务流程再造的关键，前文提到，任何离开用户（包括外部客户、终端用户、内部客户）满意的所谓业务流程再造都是在“耍流氓”。

1. 用户是神

与传统企业“顾客是上帝”的提法不同，在互联网时代我们更愿意讲“用户是神”，“顾客是上帝”是传统的经营思维，“顾客是上帝”是被动地、无底线地迎合，而“用户是神”是一种全新的互联网思维，它要求主动地、有选择地满足顾客某种至关重要的需求。

2. 得“屌丝”者赢天下

从崔健的“蓝色骨头”手机到罗永浩的“锤子手机”，再到小米手机，这些产品的成功无一不说明“屌丝”的重要性。在互联网时代，关注“屌丝”的企业必将获得成功。

（二）产品，产品，还是产品

酒香不怕巷子深，**在任何时代，产品为王的定律始终不会被改变。**只不过在互联网时代，企业在做产品的时候与之前发生了根本性的变化。如传统企业强调性价比，而现在更加强调极致；传统企业强调多功能、一体化，而现在更加强调简约；传统企业做产品是企业内部的事，现在转为让用户参与产品研发与生产、销售全过程，这叫客户体验；传统企业强调“推”（即企业通过声嘶力竭的广告、促销等手段让客户选择购买），互联网时代主张“拉”（即得“屌丝”者赢天下，好产品会说话），等等，以上这些改变，足以说明在互联网时代

产品的重要性。

（三）速度，速度，还是速度

在互联网时代天下没有新鲜事。海尔的张瑞敏先生曾经说过：**现在企业的竞争不是大鱼吃小鱼，而是快鱼吃慢鱼，精鱼吃傻鱼。**这句话用在互联网时代更加切合，这是互联网时代的特征，因此企业在进行业务流程再造的时候一定要记得：速度，速度，还是速度！因为有了速度，小鱼也可以吃大鱼，有了速度，傻鱼也可以吃掉精鱼。在这方面林氏木业是一个很好的例子，小米科技、海尔、杜蕾斯、ZARA、芬尼克兹……都是很好的例子。

第三节　互联网时代整合营销业务流程再造

一、4Ps、4Cs 已死

传统企业的营销基本上都是以 4Ps（产品 Product、价格 Price、渠道 Place、促销 Promotion）或者 4Cs（顾客 Customer、成本 Cost、便利 Convenience、沟通 Communication）理论为基础，两种不同的营销理论，其流程强调的侧重点有所不同。

1. 4Ps 关注的重点

（1）产品（Product）的组合：主要包括产品的实体、服务、品牌、包装。它是指企业提供给目标市场的货物、服务的集合，包括产品的效用、质量、外观、式样、品牌、包装和规格，还包括服务和保证等因素。

（2）定价（Price）的组合：主要包括基本价格、折扣价格、付款时间、借贷条件等。它是指企业出售产品所追求的经济回报。

（3）分销（Place）的组合：主要包括分销渠道、储存设施、运输设施、存货控制，它代表企业为使其产品进入和达到目标市场所组织、实施的各种活动，包括途径、环节、场所、仓储和运输等。

（4）促销（Promotion）的组合：促销组合是指企业利用各种信息载体与目标市场进行沟通的传播活动，包括广告、人员推销、营业推广与公共关系，等等。

基于4Ps营销理论，企业的营销流程主要关注：产品生产流程、产品检验流程、产品包装流程、产品设计流程、产品定价流程、销售发货流程、销售管理流程、销售渠道开发与管理流程、促销管理流程等。

2. 4Cs关注的重点

（1）顾客（Customer）：主要指顾客的需求。企业必须首先了解和研究顾客，并根据顾客的需求来提供产品。同时，企业提供的不仅仅是产品和服务，更重要的是由此产生的客户价值。

（2）成本（Cost）：不单是企业的生产成本，或者说4Ps中的价格，它还包括顾客的购买成本。同时也意味着产品定价的理想情况，应该是既低于顾客的心理价格，又能够让企业有所盈利。此外，顾客购买成本不仅包括其货币支出，还包括其为此耗费的时间、体力、精力以及承担的购买风险等。

（3）便利（Convenience）：即为顾客提供最大的购物和使用便利。4Cs营销理论强调企业在制订分销策略时，要更多地考虑顾客的方便，而不是企业自己方便。要通过好的售前、售中和售后服务来让顾客在购物的同时享受到便利。

（4）沟通（Communication）：4Cs营销理论认为，企业应通过同顾客进行积极有效的双向沟通，建立基于共同利益的新型企业/顾客关系。

基于4Cs营销理论，企业的营销流程主要关注：客户需求调研流程、价格管理流程、售前管理流程、售中管理流程、售后管理流程、销售过程管理流程、客户满意度管理流程等。

从上面的分析来看，不管是4Ps，还是4Cs，在其理论主张下，企业虽然很重视营销过程中各个环节流程的管理，但这些流程很难突破传统职能管理思想的束缚，很难发挥协同效应。

可以这么说，传统的4Ps和4Cs营销更多是基于产品功能的一种告知行为，最简单的做法就是不停地打广告，并通过促销和推广活动告诉客户“我是最好的，我是性价比最高的，赶紧来买我吧！”最典型的案例就是姚晨曾经代言的赶集网：姚晨骑着毛驴高喊“找房子、找工作、找装修、找宠物、找保姆、找搬家、买卖二手货……赶集网，啥都有！”告诉所有人赶集网是最好的。

但在互联网时代，单靠广告、促销和推广已经不足以吸引客户，特别是那些“屌丝”们，他们才不会理会广告是怎么说的，他们更关注自己喜欢，因为他们足够“任性”。因此，**在互联网时代企业应该站在客户的立场去做体验、推广**。

二、互联网时代整合营销业务流程再造的关键

互联网时代企业要想进行整合营销业务流程再造，必然离不开互联网时代的主旋律，因此，掌握和导入互联网思维模式（用户思维、屌丝经济、服务即营销、免费模式、流量思维等）就显得非常重要。

（一）把用户当成神，把自己当成人

在前面的章节中我们反复强调这一观点，因为我们认为只有“把客户当成神”才能真正做到整合营销。整合营销不是从企业有了产品了，从做广告、做促销、做推广开始的，整合营销应该从企业连产品还没有或者说产品还处在概念阶段、预研阶段的时候，就已经开始了。整合营销应该贯穿产品设想、概念、预研、正式立项、开发、开发验证、量产、市场体验、上市管理、生命周期管理等各个环节，而且在每个环节上都应该有用户的充分参与，让其发挥“神”的作用。

（二）粉丝经济

有人讲互联网时代是粉丝经济的时代，得粉丝者得天下，确实是这样，每个企业都需要挖掘和培养一批忠于品牌的死忠粉丝，就如苹果公司的“果粉”、小米科技的“米粉”等。从当年素有“天下第一博”之称的徐静蕾，到大眼李承鹏，到微博女王姚晨，再到拥有超过 800 万粉丝的雷军，皆深谙粉丝的重要性。

【案例 5－3】小米科技的“米粉节”

苹果的成功离不开“果粉”们的功劳。每每苹果新机发布，“果粉”们漏夜排队的执着与痴迷都刷新人们的视界，坊间甚至常常传出一些令人咂舌的报道。

小米的成功也与“米粉”们的不离不弃有很大的关系。

2013 年 12 月 10 日星期二中午 12 点，小米诞生了一项新的纪录：5 分钟之内 400 万人在线抢购 300000 部小米手机、20000 台小米盒子、2000 台小米电视。

这就是粉丝经济的威力，它可以让一家企业在短短 4 年时间内（截至 2014

年12月)，市场占有率飙至12.53%，与头把交椅三星（20.86%）的差距进一步缩小，同时甩开华为（7.91%）、联想（6.32%）、VIVO与OPPO（10.62%）、酷派（5.35%）。

为此，小米科技将4月9日定名为“米粉节”，每年都会在这一天举办粉丝的盛大狂欢，并进行“米粉”的答谢活动。

（三）产品即媒体

好产品会说话，好产品就是最好的宣传媒体。传统营销采用电视、平面、杂志、广播、高炮、形象代言等资源作为产品推广的重要媒介，这种宣传模式只是简单的说教和推销；而在互联网时代，这种推销的模式似乎已经很难打动“屌丝”，他们更加关注产品体验，因此传统企业在进行营销业务流程再造的时候一定要明白“产品即媒体”的道理。

（四）服务即营销

服务就是一种增加产品本身价值的体验，通过体验提升产品价值。如餐饮企业，若客户订了一份菜，这份菜是产品，而把这道菜完美地呈现出来则是服务的过程；又如可口可乐是产品，可口可乐包装上面印的那些好玩的词儿就是一种服务，给客户情感上的体验；再如iPhone是产品，但APP STOER中海量的应用则是服务，给客户带去便捷的同时送去高科技的服务；再如KKD的产品是门，但在其3D设计空间中帮助客户根据自己的户型和偏好自由搭配不同风格，并根据搭配结果个性化定制，就是服务；再如名雕装饰的产品是室内装饰，但客户可以通过名雕装饰BOSS系统适时查看装修质量和进度，这也是一种贴心的服务；等等。这种服务的形成在移动互联网时代会变得更加多样化，移动终端让企业了解到客户不同的偏好，然后再去设计出更吸引客户的场景。即：用户个体偏好+移动中的场景=满足用户需求的个性化服务。

（五）免费背后的“阴谋”

免费是互联网时代的另外一个特征。传统企业通过简单的买卖关系赚取差价而获得利润，因此企业要想赚到更多的钱只能想办法将差价拉大。拉大差价有两种办法：其一提高售价，其二降低成本。这是一种传统的企业经营模式，在这种经营模式下并不是每家企业都能够自如地加价或降低成本的，只有那些处于垄断或寡头地位的企业才能做到，对于绝大多数企业而言可能两头都得不到改善，最终的结果是自己的利润越来越低。而在互联时代，很多企业在不降低成本的前提下还频繁打出“免费”招数（如“0元”游5A景区、“一块”去旅游、滴滴打车送红包、梦露睡衣免费送等）。这种模式对于很多传统企业而言简直是想都不敢想，那么为什么互联网企业能够做到这一点呢？

其实道理很简单，它们是通过产业链的整合，利用整体产业链的力量提升自身盈利能力。因此，传统企业在营销创新和营销业务流程再造的时候，有必要思考按照互联网企业的模式设计“免费”环节，让粉丝们得到实惠，也让整个价值链实现共赢。

三、互联网时代整合营销业务流程再造

互联网时代进行营销业务流程再造，企业要建立一套切实可行、高效的营销流程管理体系，用IM（整合营销Integrated Marketing）管理思想会更加有效。

世界营销之父唐·舒尔茨教授从20世纪80年代就开始研究IMC（整合营销传播：Integrated Marketing Communications），提出从品牌和客户投资回报（ROCI）的角度思考IMC，即以解决消费者需求为中心的SIVA理论（解决方案Solutions、信息Information、价值Value、途径Access）。SIVA理论主要是以消费者需求为中心，在消费者解决自身需求的系列行为轨迹上找寻到营销的关键环节。

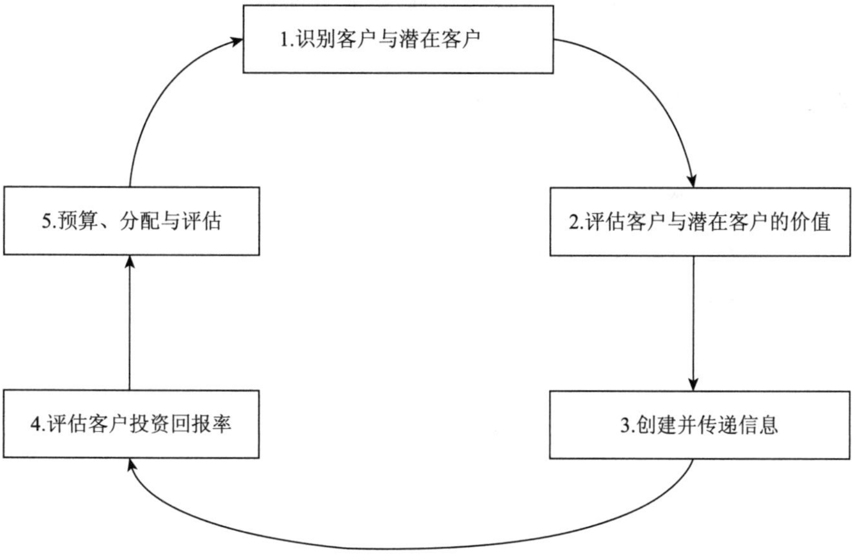

图5-3 唐·舒尔茨IMC五步循环模型

IM其实就是在IMC的基础上，为了保证客户价值主张的最大化满足，企业

从研究客户诉求着手，提出解决方案（产品和服务），并通过适当的途径销售出去，满足客户需求的过程。

我们也可以通过图5-3看到，唐·舒尔茨主张企业的任何营销行为都必须围绕客户与潜在客户的价值主张展开，其实企业内部营销核心业务流程的设计也需要按照这个思路展开：

（1）我们的客户是谁？

（2）客户的核心价值主张是什么？如何评估？

（3）为了最大化满足客户价值，我们需要提供什么样的最佳产品（服务）？

（4）以什么样的方式让顾客知道我们的产品（服务）？

（5）如何才能保证我们提供的产品（服务）是最有价值的？

（6）我们如何才能从品牌、广告、市场、促销、销售政策、客户服务等多个维度达到以上目的？

【案例5-4】广东某通信企业基于IM的营销核心业务流程规划与优化

广东某通信企业是专门定位于研发、生产和销售智能手机的高科技企业，其客户主要定位于18至30岁之间的年轻群体，这个年轻群体的主要特征为：追求自由、张扬个性、追求新鲜、刺激、“任性”、“屌丝”。

为了达到IM的目的，下面是我们为该企业规划的营销核心业务流程：

（1）目标客户研究及锁定流程；

（2）目标客户群体核心需求管理流程；

（3）产品线规划流程；

（4）新品上市管理流程；

（5）市场推广活动管理流程；

（6）销售订单管理流程；

（7）客户服务流程；

（8）产品生命周期管理流程。

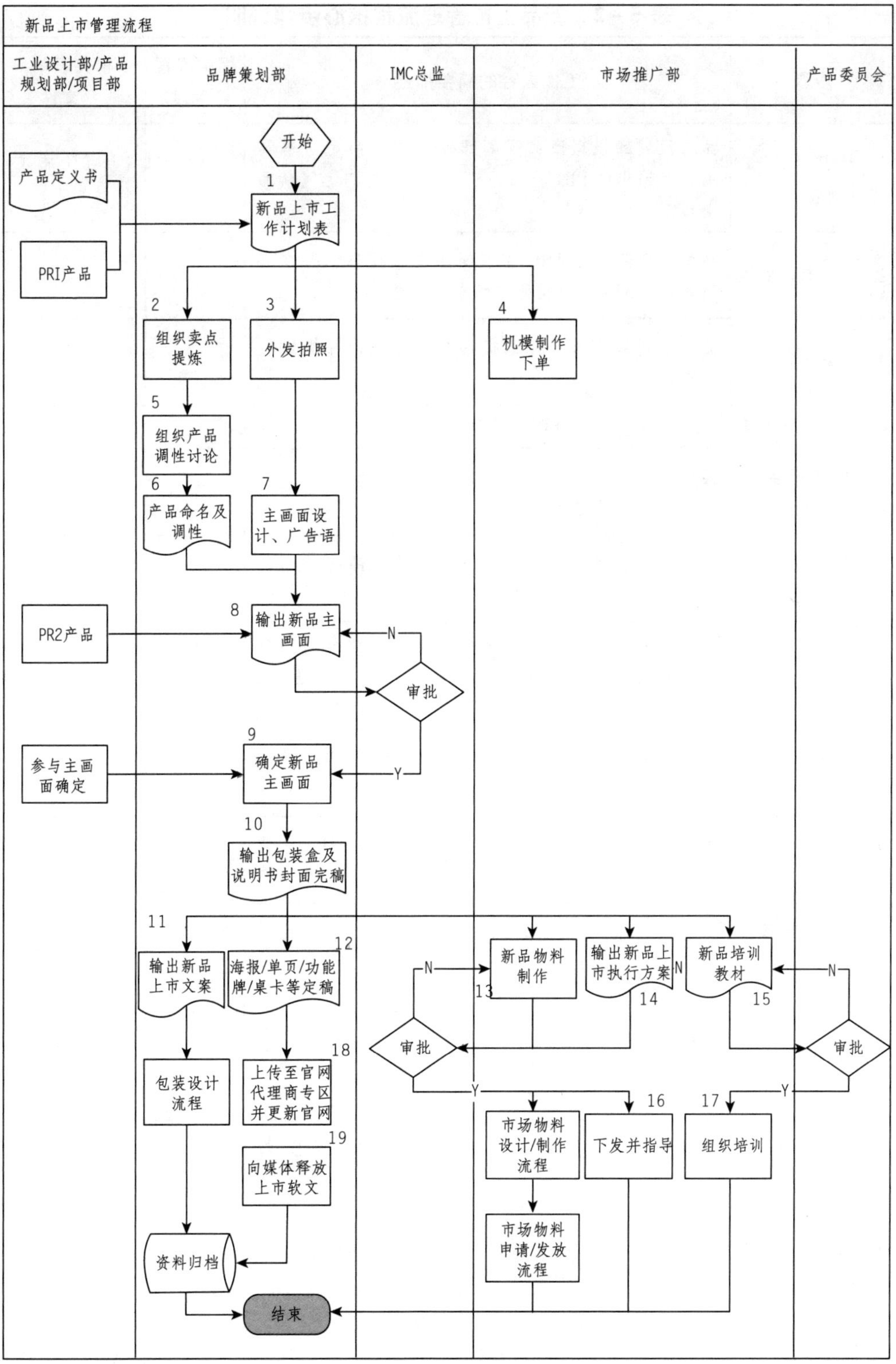

图 5－4　新品上市管理流程

表5－2 新品上市管理流程核心步骤说明

步骤	工作内容的简要描述	相关流程/制度	相关表单/文件
1. 新品上市工作计划表	品牌策划部根据产品规划部输出的产品定义书和项目部输出的PR1产品，3个工作日内制定《新品上市工作计划表》		《新品上市工作计划表》
2. 组织卖点提炼	品牌策划部组织IMC内部新品卖点提炼，并在公司官网、APP、粉丝群中发布征集令		
3. 外发拍照	品牌策划部将新产品送摄影公司拍照，并提供拍摄要求		
4. 机模制作下单	制作主管进行机模制作下单		
5. 组织产品传播调性讨论	品牌策划部组织召开产品调性讨论会议，会议确定产品命名及传播调性		
6. 产品命名及传播调性	根据会议研讨与粉丝意见反馈结果，品牌策划部输出产品命名及传播调性		
7. 主画面设计、广告语	品牌策划部根据产品命名和调性，并结合摄影公司的产品拍照图，做出主画面设计图和广告语，并在粉丝群众进行预热		
8. 输出新品主画面	品牌策划部根据主画面、广告语，结合PR2产品情况，输出新品主画面		
9. 确定新品主画面	主画面输出后征集相关人员意见，经IMC总监审定		
10. 输出包装盒及说明书封面完稿	品牌策划部根据确定的新品主画面，输出包装盒及说明书封面完稿		
11. 输出新品上市文案	品牌策划部输出新品上市文案（包括产品宣传调性、核心卖点、产品图片、主画面、上市活动主创意点等），发至APP、官网和粉丝群中进行讨论		
12. 海报/单页/功能牌/等定稿	品牌策划部输出海报/单页/功能牌/桌卡/吊旗/灯箱等完稿，并制作主管打样、制作		
13. 新品物料制作	制作主管输出《物料采购申请表》，并跟进制作		《物料采购申请表》
14. 输出新品上市执行方案	市场推广部输出新品上市执行方案，并提交IMC总监审批		

续表

步骤	工作内容的简要描述	相关流程/制度	相关表单/文件
15. 新品培训教材	市场推广部输出新品培训教材，并提交产品委员会审批，审批通过后组织代理商品牌专员进行培训		
16. 下发并指导	市场推广部下发新品上市执行方案后，指导代理商实施		
17. 组织培训	由市场推广部组织在全国范围内进行培训		
18. 上传至官网代理商专区并更新官网	品牌策划部将海报/单页/功能牌/桌卡/吊旗/灯箱等完稿上传至官网代理商专区，并增加官网新品信息（首页幻灯片、朵唯产品、新品新闻）		
19. 向媒体释放上市软文	品牌策划部向媒体释放上市软文		

说明：新品上市管理流程是任何一家企业都非常重视的一个环节，在这个流程中，步骤2、步骤6、步骤7、步骤11都让粉丝充分参与，这就是互联网思维在企业业务流程中的体现。

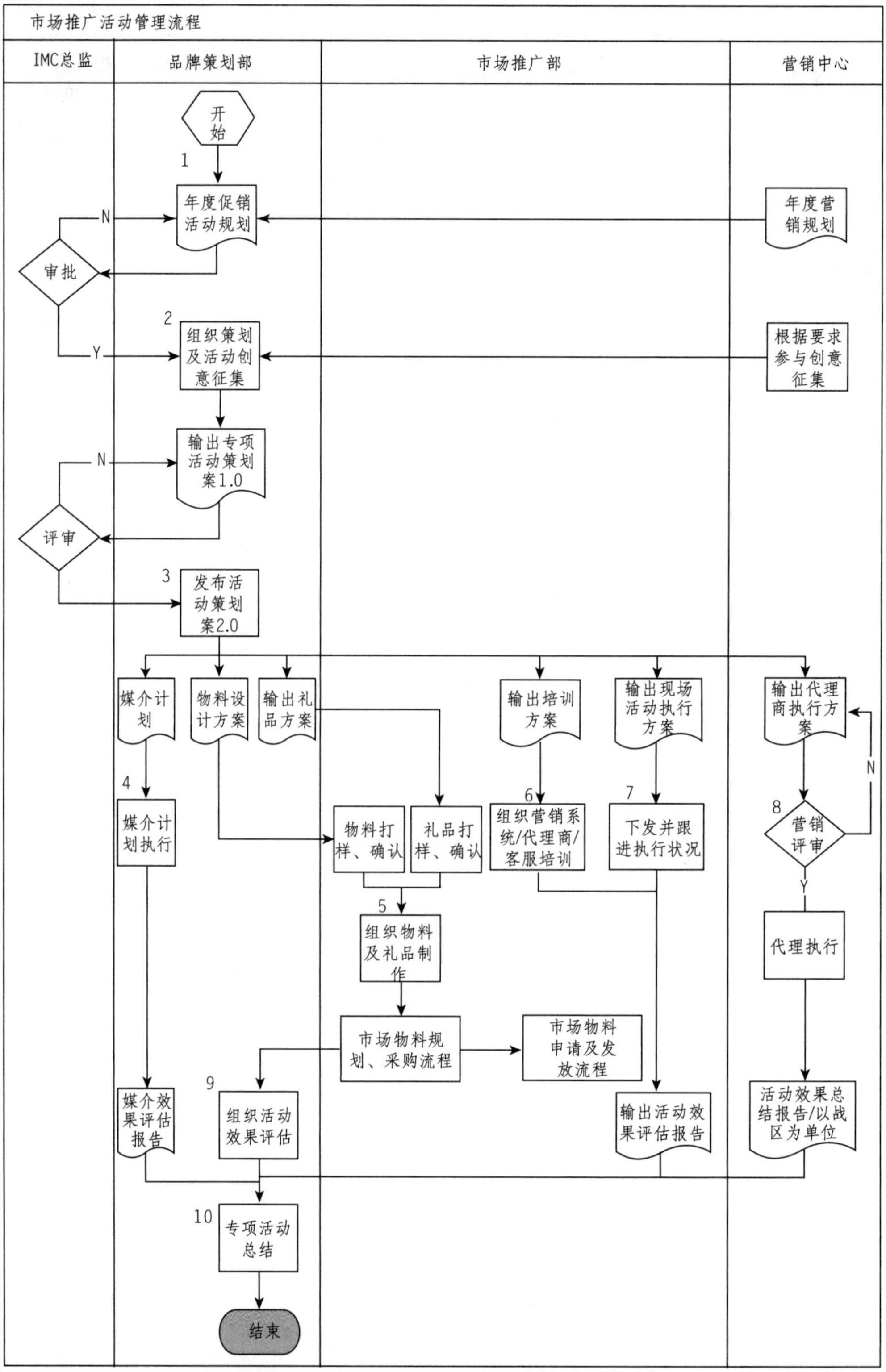

图5－5　市场推广活动管理流程

表5-3 市场推广活动管理流程核心步骤说明

步骤	工作内容的简要描述	相关流程/制度	相关表单/文件
1. 年度促销活动规划	由营销中心提供年度营销规划，品牌策划部发起，做出年度促销活动规划，提交给IMC总监审批，审批通过后，启动年度不同时节的促销活动准备		《年底促销活动规划》
2. 组织策划及活动创意征集	依据年度促销活动规划，品牌策划部确认当期需策划的促销活动需求后，发动营销中心、IMC部门，就当期活动创意提出建议		
3. 输出并发布专项活动策划案	(1) 品牌策划部输出专项活动策划案，并发起会议，对方案（活动主题、形式、活动物料种类、数量等）进行评审； (2) 评审通过，品牌策划部对应岗位开始进入媒介方案准备、活动物料设计、礼品方案落实等工作； (3) 市场推广部对应输出培训方案、活动现场执行方案； (4) 营销中心对应输出代理商执行方案		《整合营销传播策划方案》
4. 媒介计划执行	针对活动特性，媒介主管落实对应的媒介计划，邀约媒介洽谈，核实广告排期，发布媒体广告上线通知		《广告排期表》、《广告上线通知》
5、组织物料和礼品制作	根据物料和礼品计划，与采购部接洽，找样、安排供应商打样、确认样品	市场物料管理流程	《样品确认书》、《市场物料制作申请表》
6. 组织培训	由市场推广部根据方案活动开发培训课件，并组织针对营销系统、代理商系统、客服的培训计划		《培训教案》
7. 输出现场活动执行方案	由市场推广部按照《整合营销传播策划方案》，输出现场活动执行方案，下发给营销中心、省代，并跟进执行状态		《现场活动执行方案》
8. 代理商执行活动方案	由营销中心各战区与省代沟通，省代依据《整合营销传播策划方案》出当地执行方案，报大区总监审批，审批通过代理商执行活动方案		
9. 组织活动效果评估	由媒介主管输出针对活动的《媒介效果评估报告》、市场推广部输出《市场活动效果评估报告》，以战区为单位输出代理商的《活动效果总结报告》		《媒介效果评估报告》、《市场活动效果评估报告》、《活动效果总结报告》
10. 专项活动总结	品牌策划部汇集各方提供的总结，组织开展专项活动总结报告会议		《专项活动总结报告》

第四节　互联网时代集成研发业务流程再造

任何一家企业都是围绕满足顾客某种至关重要的需求而存在的，也就是说，不管这家企业是卖运动服饰（如耐克、阿迪达斯、彪马），还是卖手机（如苹果、三星、小米），都离不开产品（服务）的设计与开发。大家都知道苹果的成功正是源于乔布斯对产品的精益求精。中国有句老话，酒香不怕巷子深，好的产品（服务）是企业成功的关键因素。

一、互联网时代集成研发业务流程再造的关键

同样，互联网时代企业要想进行集成研发核心业务流程再造也需要思考和融入时代的特征。

（一）不仅仅只有功能赚钱

传统企业在进行集成研发业务流程再造的时候，更多关注的是产品本身，也就是产品功能方面的开发和实现，但在互联网时代，这种狭隘的思维模式需要彻头彻尾的改变，产品部门和产品开发部门一定要用互联网的思维模式去思考产品赚钱的途径。大家都知道小米手机的硬件是不赚钱的，那么小米在哪里赚钱？同理，苹果手机的硬件赚钱也不会太多，那为什么苹果能够在中国市场份额只占20%左右的情况下，利润达到全国市场总利润的80%以上？

请记住，**单靠产品功能赚钱已经很难，而且未来会更难！**

（二）把不需要的功能统统减掉

在互联网思维当中有三个思维对产品开发至关重要，即简约思维、极致思维、迭代思维。传统企业为了迎合更多消费者的需求，通常的做法是不断增加新功能。这种做法违背了基本的简约思维，要知道在互联网时代，能做加法不算牛，能做减法才是高手。另外，传统企业做产品很难按照极致思维去思考和开发，很多企业更喜欢用多产品线，全品类地参与竞争。殊不知在互联网时代，这种做法只能无限制地加大企业库存，增加经营风险。大家可以想想，如果企业能够做出一款类似华为Mate 7、三星Galaxy S或者苹果iPhone的手机来，还需要那么多机型干什么！互联网的产品不仅要好，还要快，更要新，不断升级改

版，持续给客户提供眼前一亮的惊喜，否则，即使客户一时被营销活动或者某些产品特质吸引，等其新鲜感淡化甚至消失之后，企业的用户数及活跃度还是会迅速下滑，导致前功尽弃。

在互联网时代，企业研发部门一定要记得：**少即是多；选择不做什么，比选择做什么更重要；能做加法不算本事，做好减法才算你牛！**

（三）好产品会说话

互联网时代做产品，不需要整天琢磨标新立异，在嘴上下功夫；要真想做成事情，应把更多的时间、精力和资源投入产品中去，让好产品自己去说话，留住用户。

在“各领风骚三五月”的互联网时代，企业一定要懂得产品的重要性，新浪微博、腾讯微信等依靠产品良好的客户体验赢得了市场；淘宝、百度在给客户带来便利的同时也在不断优化和丰富服务内容；众多的APP和游戏依托内容或平台得到了一批又一批用户的簇拥……这些公司的成功不仅在于理念好，还在于产品也足够牛。

【案例5－5】小马快跑：机油行业的搅局者

小马快跑是一家成立于2014年1月的、专门从事汽车机油销售的网络公司，号称“机油行业的小米”。

小马快跑之所以选择进入机油销售行业，用其创始人谭剑雨的话讲，就是看到了现在机油销售行业的“乱”（原料乱、产品乱）、同时行业寡头，如美孚、壳牌、嘉实多、长城、昆仑等，都还处在传统的营销模式，对互联网这种新生事物无动于衷。

小马快跑正是看到了这样一个机会而毅然杀进机油行业的，它认为一个好的产品必须具备好的原料、好的技术、好的渠道。由于机油行业目前的种种乱象，一方面即便是消费者愿意掏钱也很难买到靠谱的机油，另一方面行业寡头们对新兴的销售模式无动于衷，因此，小马快跑决定先从产品本身抓起，拒绝山寨与假货，保证正品，同时只通过官网销售，降低成本，让利给消费者。

（四）兜售参与感

说到兜售参与感就不得不提到小米，有人问小米手机成功的三大因素是什么？黎万强（小米科技联合创始人之一）的答案是：第一是参与感，第二是参与感，第三是参与感。小米是一家把参与感做到极致的公司，它让用户参与到产品设计和开发甚至公测的各个环节，让用户充分参与的过程，其实也是一种全新的集成研发流程再造的过程。

【案例5-6】小米如何兜售参与感

2013年11月20日，小米科技的路由器正式发放公测，超过60万人申请参加公测。最终确定的公测人员收到小米路由器时，打开包装一看，居然是一个木头箱子，里面是路由器元器件，还有一把螺丝刀。

很明显，小米科技是要求参与公测的人员亲自动手组装一台路由器，在其官网上还写着这么一句话：你参与，我修改，玩法不断翻新，每周更新，让玩具越来越好玩。

二、互联网时代集成研发业务流程再造

罗伯特·G. 库珀教授提出的以市场为驱动的新产品开发流程为我们提供了很好的思路。库珀认为，全世界的企业都在参与一场前所未有的新产品战，而且战场遍及全世界的每个角落，无论是家用电器，还是工程用新型树脂，从软件到硬件，甚至电子商务领域，新产品战越演越烈，而且战争的最终结局是那些在新产品上取得成功的企业必将获得持续的竞争优势，进而获得客户，获得市场。

库珀指出，新产品对于企业而言虽然非常重要，但新产品开发失败的可能性也不小，根据研究，他认为导致新产品失败的原因有以下三个维度：

◆市场维度

（1）前期市场评估不准；

（2）未进行详细的市场调查；

（3）未对目标客户进行产品原型测试；

（4）新产品市场测试不足；

（5）对新产品的发布重视不够，不能让目标市场在第一时间了解新产品。

◆技术维度

（1）技术前期评估不足；

（2）产品开发计划把握不准或开发周期过长；

（3）实验室内产品原型测试不过关；

（4）新产品小试、中试环节问题解决不彻底，新产品带病上市；

（5）新产品量产环节存在问题。

◆新产品评审维度

（1）新产品规划及产品定义错误；

（2）新产品立项评审把关不严；

（3）新产品研发评审节点评审不严；

（4）新品上市评审把关不严。

为了解决上述问题，帮助企业建立快速、高效的新产品开发流程体系，库珀同时又提出了新产品开发中的11个关键环节①：

表5-4　新产品开发关键环节定义

关键环节	说明
1. 初选	决定进行项目的第一次决策，初步确定资源（人员和资金）
2. 前期市场评估	快速的市场评估，客户需求、市场接受的可能性、竞争环境、主要依赖的内部资源
3. 前期技术评估	提出问题，如能否开发该产品、怎样开发、能否制造出来等，主要基于内部讨论、内部能力及一些文献
4. 详细的市场调查	具体的市场调查，如客户的需求调查、概念测试、定位研究和竞争分析，包括大量的实地考察和与客户的深入交流
5. 开发前的市场及财务分析	决定进行一个全面的开发项目，如财务分析、风险评估、定性商业评估、市场竞争力、竞争优势
6. 产品开发	真正开发产品
7. 产品测试	在可控制的条件下或实验条件下，进行内部产品测试
8. 客户测试	客户测试产品、实地分析、显著性分析、倾向性分析，将产品交给客户进行实地测试
9. 市场测试或试销	基于小范围或区域内试销或市场测试
10. 发布前的商业分析	发布的决策，发布前的最后一次商业和财务分析
11. 开始生产	全线的发布启动和操作

与库珀的核心思想相似，目前国际、国内比较常用的产品开发主要以IBM提出的IPD为主。1992年IBM在激烈的市场竞争下，遭遇到了严重的财政困难，公司销售收入停止增长，利润急剧下降。经过分析，IBM发现自身在研发费用、

① 〔加〕罗伯特·G. 库珀. 新产品开发流程管理（第3版）［M］. 青铜器软件公司. 译. 北京：电子工业出版社，2012. 27.

研发损失费用和产品上市时间等几个方面远远落后于业界最佳。为了重新获得市场竞争优势，IBM提出了将产品上市时间压缩一半，在不影响产品开发结果的情况下，将研发费用减少一半这一目标。为了达到这个目标，IBM公司率先应用了集成产品开发（IPD）的方法，在综合了许多业界最佳实践的框架指导下，从流程重整和产品重整两个方面来达到缩短产品上市时间、提高产品利润、有效进行产品开发、为顾客和股东提供更大价值的目标。

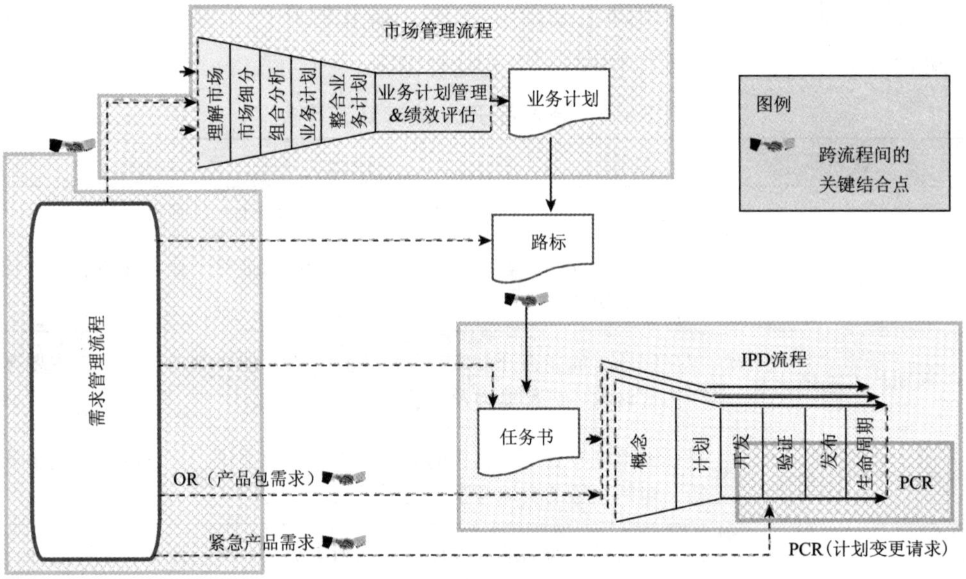

图5-6 IPD研发流程（示意）

IPD是一种基于市场，以内部流程重组和结构优化为核心的新产品开发思想，我们把IPD的核心框架概括如下：

1. 市场分析

从客户、投资、市场等产品生存的外在客观环境因素来影响产品的特性和生命。包括：

（1）客户需求分析。市场需求是产品存在的基础，缺乏全面、准确的市场需求分析和把握是导致产品研发失败的主要原因（库珀在分析新产品失败原因时，这是第一原因），IPD提出的$APPEALS模型可以帮助企业快速、准确地把握客户需求。

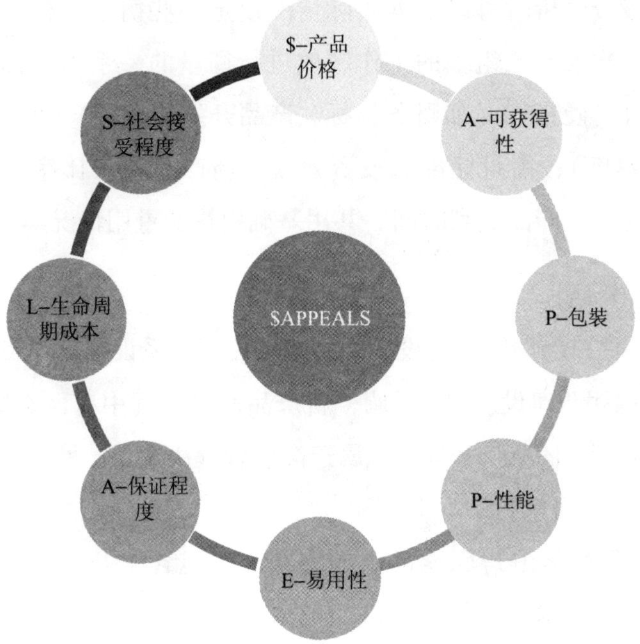

图 5-7　$ APPEALS 模型

$ APPEALS 模型告诉我们，可以通过以下 8 个方面了解客户需求：产品价格（Price）、可获得性（Availability）、包装（Packaging）、性能（Performance）、易用性（Easy to use）、保证程度（Assurances）、生命周期成本（Life cycle of cost）、社会接受程度（Social acceptance）。

（2）投资分析。IPD 强调，任何一个新产品的开发，都要求企业必须准确分析和预测其投资回报，进而反过来决定每个新产品的资金分配。尤其是经营多种产品的生产企业，要正确地决定资金投入对策，还必须研究产品结构，研究企业各种产品的投入、产出、创利与市场占有率、市场成长率的关系，然后才能决定对众多产品如何分配资金。这是企业产品投资组合计划必须解决的问题。企业组成什么样的产品结构？总的要求应是各具特色、经济合理。因此，需要考虑服务方向、竞争对手、市场需求、企业优势、资源条件、收益目标等因素。

投资分析不仅仅在产品立项前要关注，其实在企业整个产品生命周期都需要关注，并且在新产品开发流程中需要设置一些关键的检讨点，通过阶段性的评审来决定项目是否继续，否则会造成资源的浪费，增加一些没必要的资源投入。

企业进行投资分析时可以根据实际情况设定一些衡量指标，比如对产品开发过程、不同层次人员或组织的工作绩效进行衡量的一系列指标。如产品开发过程的衡量标准有硬指标（如财务指标、产品开发周期等）和软指标（如产品开发过程的成熟度）；衡量标准有投资效率、新产品收入比率、被废弃的项目数、产品上市时间、产品盈利时间、共用基础模块的重用情况等。

2. 开发流程重组

IPD 强调关注跨部门团队建设、结构化的流程体系设计、项目过程管理等。

（1）跨部门团队建设。IPD 强调，新产品研发过程中有两类跨部门的团队，一个是集成产品管理团队（IPMT），属于高层管理决策层；另一个是产品开发团队（PDT），属于项目执行层。

IPMT 和 PDT 都是由跨职能部门的人组成，包含了开发、市场、生产、采购、财务、制造、技术支援等不同部门的人员，其人员层次和工作重点都有所不同。IPMT 由公司决策层人员组成，其工作是确保公司在市场上有正确的产品定位，保证资源、控制投资。IPMT 同时管理多个 PDT，并从市场的角度考察它们是否盈利，适时终止前景不好的项目，保证将公司有限的资源投到高回报的项目上。

PDT 是具体的产品开发团队，其工作是制订具体产品策略和业务计划，按照项目计划执行并保证及时完成，确保小组按计划及时地将产品投放到市场。同时，PDT 是一个虚拟的组织，其成员在产品开发期间一起工作，由项目经理组织，可以是项目经理负责的项目单列式组织结构。

（2）结构化的流程体系设计。IPD 产品开发流程被明确地划分为概念、计划、开发、验证、发布、生命周期六个阶段，并且在流程中有定义清晰的决策评审点。这些评审点上的评审已不是技术评审，而是业务评审，更关注产品的市场定位及盈利情况。决策评审点有一致的衡量标准，只有完成了规定的工作才能够由一个决策点进入下一个决策点。

（3）项目过程管理。项目过程管理是使跨部门团队集合起来、更好地行动的关键。首先要有一个目标即项目所要达到的效果，一旦我们将客户的需求转换为对产品的需求时，就可以制订详细计划了。该计划中的各部分将具体划分为每个职能部门的工作，即这个计划不只是研发部门的计划，也是公司各个部门共同的计划。一个产品从概念形成到上市期间会涉及许多不同的紧密相连的活动，就好像不同职能部门彼此之间是有关系的；同样，在一个项目中它们彼此之间的活动也是有关联的，所有的活动加起来就是整个的产品开发。

接下来安排活动的时间，然后对每个活动进行预算和资源的调配，在项目实施过程中还需要不断地与计划对照，因为没有任何一个计划是完善的，所以可以在细的层面上对计划进行一定的调整，但是 PDT 做出的承诺不能改变。整个项目的进行过程都需要 PDT 的参与，因此，PDT 在产品开发全流程中自始至终存在。

3. 产品重组

IPD 强调产品重组主要关注于异步开发和共用基础模块。

（1）异步开发。异步开发模式的基本思想是将产品开发在纵向分为不同的层次，如技术层、子系统层、平台层等。不同层次的工作由不同的团队并行地异步开发完成，从而减少下层对上层工作的制约，每个层次都直接面向市场。

通常，在产品开发过程中，由于上层技术或系统通常依赖于下层的技术，因此，开发层次之间的工作具有相互依赖性，一个层次的工作延迟了，将会造成整个时间的延长，这是导致产品开发延误的主要原因。通过减弱各开发层次间的依赖关系，可以实现所有层次任务的异步开发。

为了实现异步开发，建立可重用的共用基础模块是非常重要的。

（2）共用基础模块。共用基础模块（CBB：Common Building Blocks）指那些可以在不同产品、系统之间共用的零部件、模块、技术及其他相关的设计成果。由于部门之间共享已有成果的程度很低，随着产品种类的不断增长，零部件、支持系统、供应商也在持续增长，这将导致一系列问题。事实上，不同产品、系统之间，存在许多可以共用的零部件、模块和技术，如果产品在开发中尽可能多地采用了这些成熟的共用基础模块和技术，无疑这一产品的质量、进度和成本会得到很好的控制和保证，产品开发中的技术风险也将大为降低。因此，通过产品重整，建立 CBB 数据库，实现技术、模块、子系统、零部件在不同产品之间的重用和共享，可以缩短产品开发周期、降低产品成本。CBB 策略的实施需要组织结构和衡量标准的保证。

不管是异步开发还是共用基础模块的实现，都需要很高水平的系统划分和接口标准制定，需要企业级的构架师进行规划。

【案例5-7】华为IPD模式分析

华为是国内最早导入IPD新产品研发模式的企业之一，IPD也为华为的快速发展奠定了坚实的基础，下面我们就华为推行的IPD模式进行分解说明。

表5-5　华为IPD阶段划分及主要工作分解

项目阶段	主要工作	工作输出
项目建议阶段	项目建议提出、项目建议决策	《项目建议书》
概念阶段	概念论证工作计划编制、概念论证调查、调查记录整理及汇总、概念论证报告编写、概念阶段评审	《概念论证工作计划》、《概念论证报告（含技术可行性报告、市场可行性报告、财务可行性报告）》、《概念阶段评审报告》
规划阶段	规划阶段工作计划编制、确定技术规格及结构化方案、确定关键技术及解决方案、规划阶段技术评审、规划阶段决策评审	《规划阶段工作计划》、《规划阶段评审报告（含技术评审报告、决策评审报告）》
设计及验证阶段	制定设计及验证阶段工作计划、编制设计任务书、进行具体方案设计、编制研究实验大纲、实验功能样机制作、小试、中试及量产验证、设计评审与确认	《设计及验证阶段工作计划》、《设计任务书》、《技术方案》、《研究实验大纲》、《验证报告》、《设计评审报告》

【案例5-8】某通信企业基于IPD的新产品研发项目管理流程

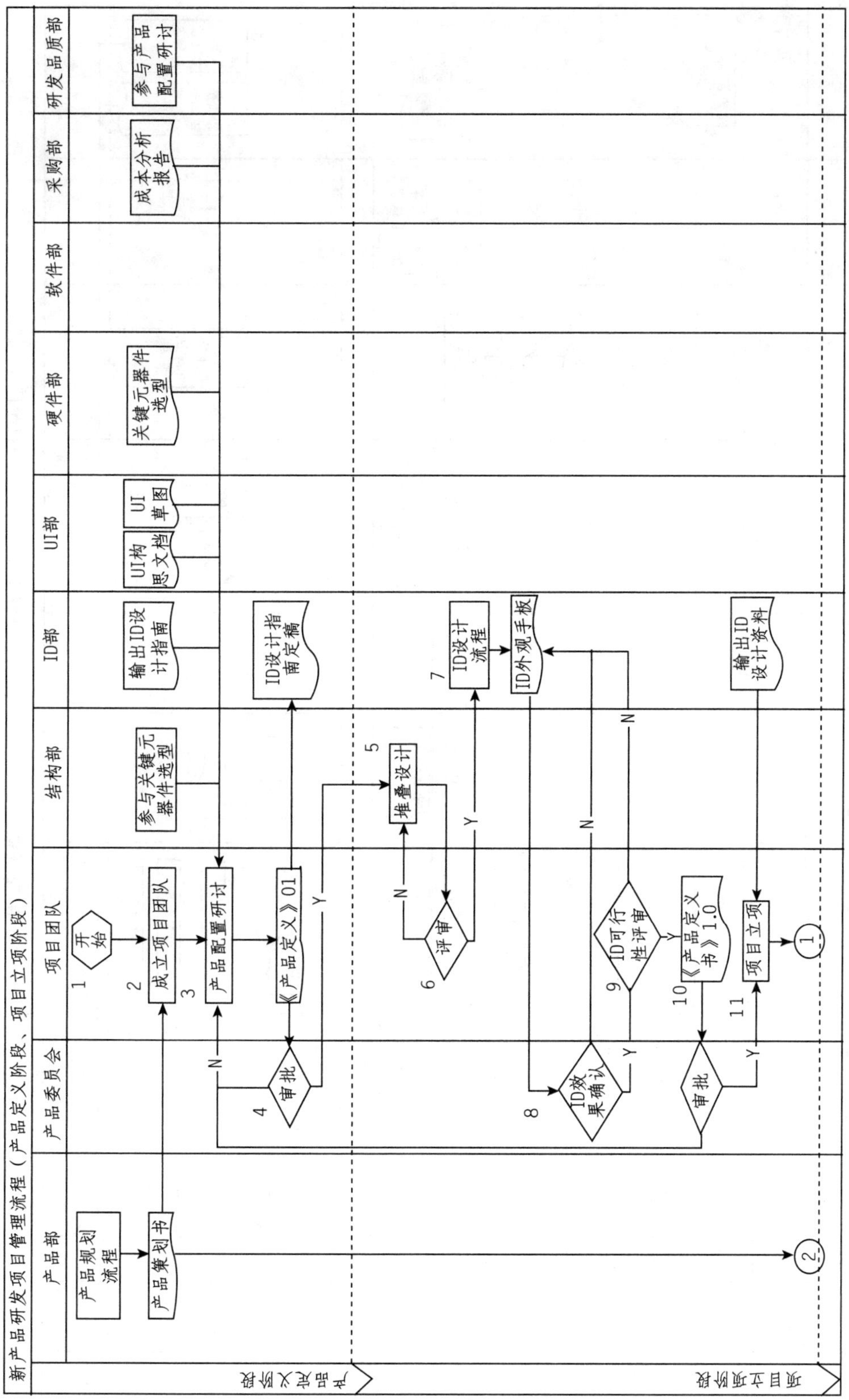

图5-8 某通信企业新产品研发项目流程（产品定义阶段、项目立项阶段）

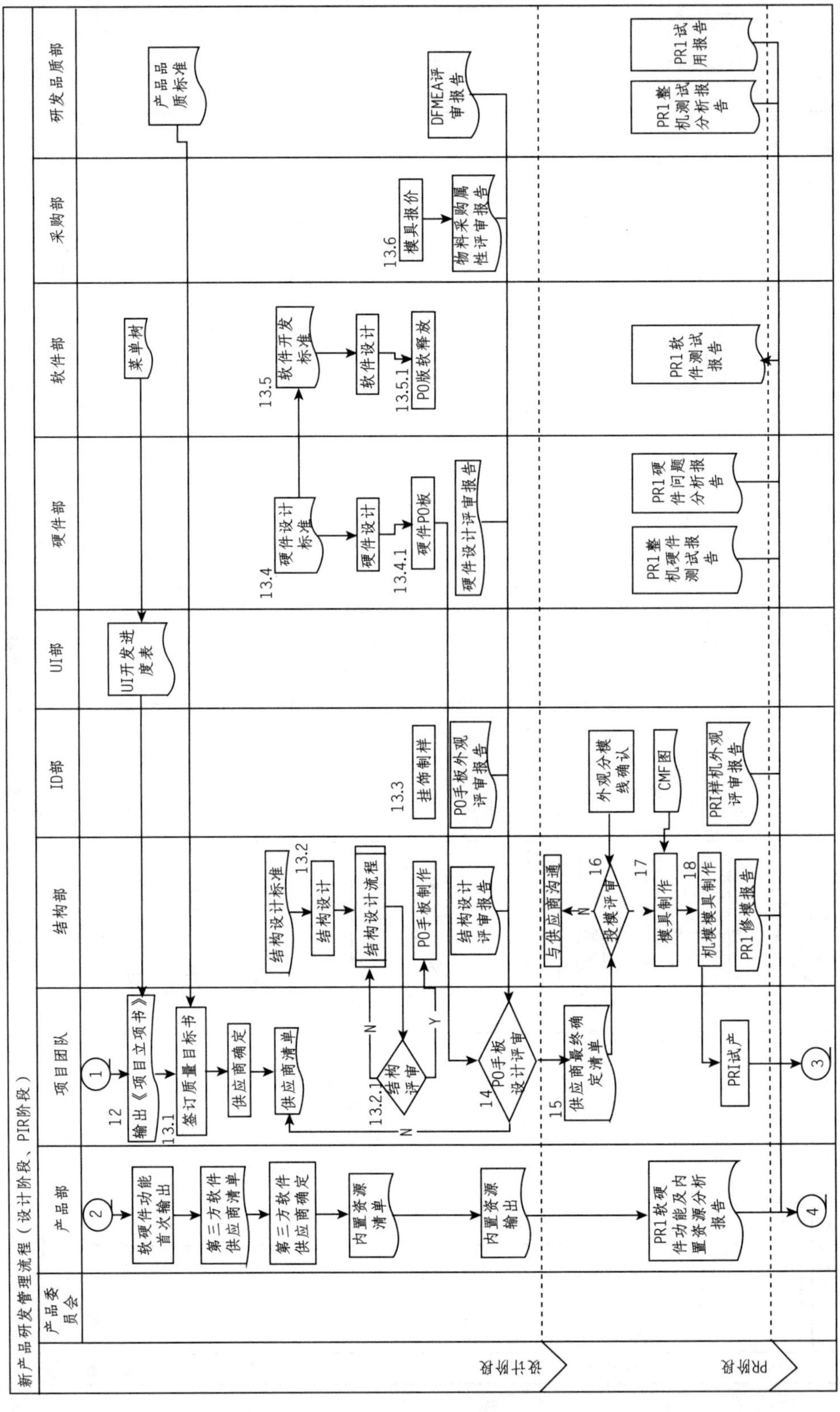

图5-9 某通信企业新产品研发项目流程（设计阶段、PR1阶段）

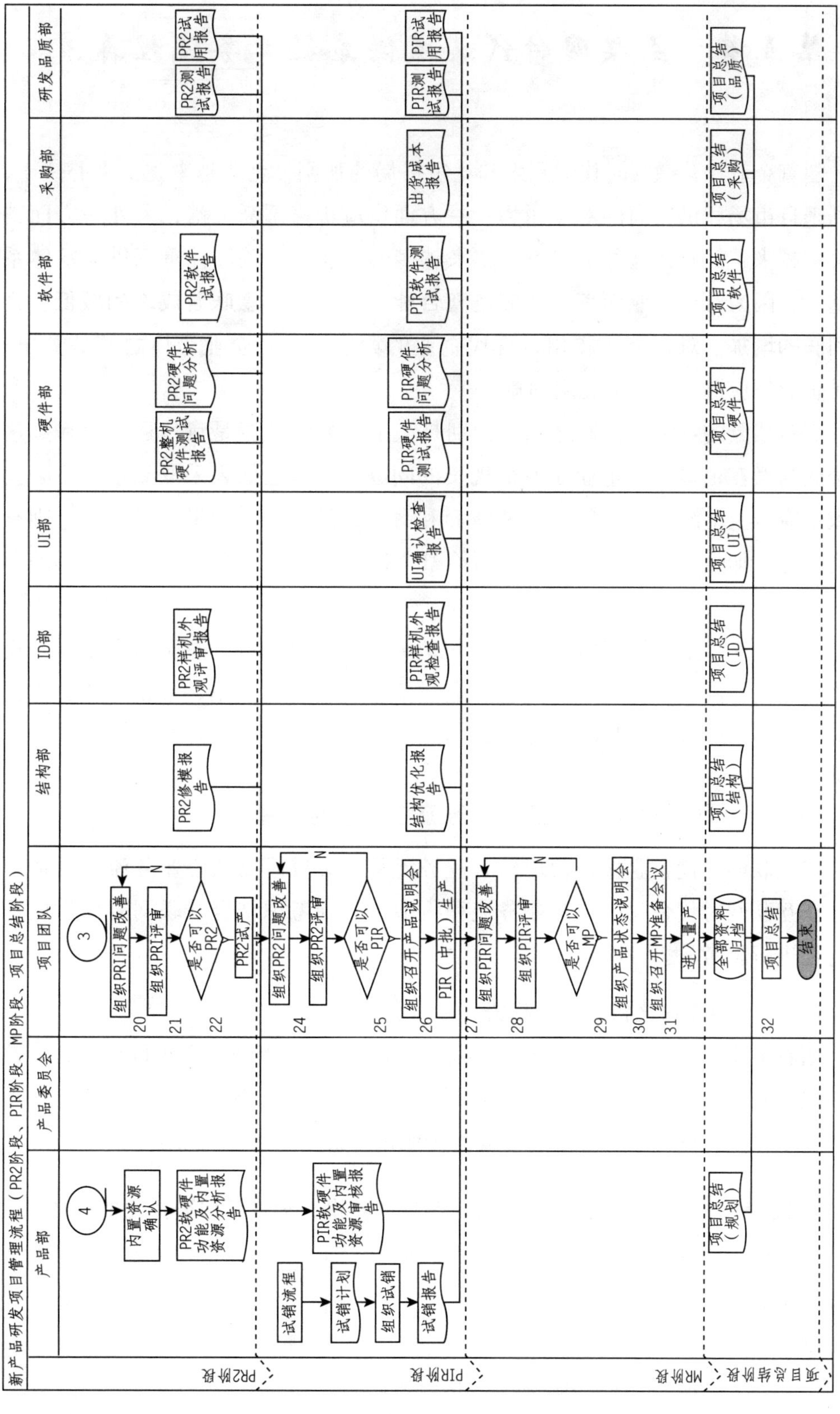

图5-10 某通信企业新产品研发项目流程（PR2阶段、PIR阶段、MP阶段、项目总结阶段）

第五节　互联网时代集成供应链业务流程再造

随着企业经营微利时代的到来和竞争格局的加剧，企业越来越像夹心饼干，受到来自市场和供应商的双重压力：一方面供应价格不断上涨，另外一方面销售价格越来越低。在这种情况下，越来越多的企业开始关注并重视供应链体系的整合，因为对于企业而言，**供应链整合能力的提升，意味着成本的减低、企业利润的增加**。难怪有人提出，现代企业的竞争不再是企业个体之间的竞争，而是企业供应链与供应链之间的竞争。

面对残酷的竞争，企业之间，特别是上下游之间究竟是竞争还是合作？这已经成为摆在很多中国企业面前很现实的问题了。企业如果采取竞争，势必会导致供应链上下游企业之间的不断博弈和敌对；反过来，如果选择合作，则有可能变得更加强大，强强联合，从而给整个供应链的各个企业都带来丰厚的利润和回报。

如此一来，集成供应链（ISC：Integrated Supply Chain）便应运而生了。集成供应链是指同一供应链的成员企业通过信息的协调和共享、紧密合作、优化供应链的整体绩效，提升成员企业整体的市场竞争力。

一、互联网时代集成供应链业务流程再造的关键

与互联网时代企业整合营销核心业务流程与集成研发核心业务流程再造一样，在互联网时代企业供应链业务流程再造也必须考虑结合互联网时代供应链的特征进行思考。

（一）订单碎片化将是一种趋势

随着 B2B、B2C、C2B2C、O2O 等新兴营销模式的出现，小额订单化、个性定制化、服务嵌入化已经成为不可阻挡的三股潮流迎面袭来。可以预测，在不久的将来，**这种碎片化的订单将会成为企业供应链必须面对的常态。**

【案例 5－9】东莞企业掀起“私人定制”热潮，迎合订单碎片化的挑战[①]

近年遇冷的外贸环境，使传统制造企业感觉到订单出现了明显变化。“典型表现就是长单缩成短单、大单拆成小单。”一位东莞资深纺织服装业人士如此说

① 资料来自中国服装网（www.efu.com.cn），略作调整。

道。大单少了，小单多了，订单碎片化正在成为新业态，而订单碎片化的出现，考验习惯做长单、大单企业的生产能力、工艺流程。

东莞出口、内销大户的服装、家具等行业，纷纷创新推出“单件”“定制”等满足个性化需求的产品，掀起一次“私人定制”热潮，迎合订单碎片化的挑战。

1. 碎片化订单来势凶猛

在东城，一家老牌的定制洋服企业——柏文度洋服，20世纪80年代就在东莞专门接香港人定制西服的订单。在柏文度的生产比重中，集体（企业、机关、行业协会商会）制服定做的比例已占30%，还有继续上升的趋势。

柏文度总经理陈建国告诉记者，集体西服的“私人定制”目前已经非常激烈，他已经引入了自动裁床机等智能化设备，专门用以提升定制西服的生产效率。

从陈建国反馈的信息不难发现，除了传统的个人西服定制，集体制式西服也在走向私人定制。换一个角度而言，市场、职业、环境等促使个性化需求越来越多，碎片化订单不可避免。

对订单碎片化感触很深的，还有“服装代工大佬”联业集团。

据称，美国销售的男装恤衫每6件中便有一件联业生产的。纵使这个有各类进口机器设备3000多台、年产衬衫1000万件的大佬，也在着手适应订单碎片化时代。

外贸服装业的碎片化订单及近两三年的经济大环境，导致出口企业遭受高库存困扰，甚至因为库存消化不良而倒闭。以联业制衣负责人的说法，市场对库存的担忧，直接的结果就是导致客户把大订单变成小订单。

碎片化已经不可避免，为顺应订单碎片化趋势，东莞联业制衣独创了“单件流”生产方式。

根据联业制衣上述负责人对媒体的解释，所谓单件流生产，就是完成一件衬衫的生产最多只需半个小时。“缩短了生产周期，实现可接各种小量订单，理论上一件的订单也可去接。”

为配合单件流生产方式，联业制衣开发出供应商管理库存系统。这个系统可以监控品牌客户的销售数据，进而告诉客户需要补货的时间。“可以帮助品牌客户更有效地调节生产数量、生产架构及工作流程，节省客户的仓储成本，提高库存流量及对市场快速做出回应。”该负责人说。

在东莞加工贸易行业的“黄金时代”，机器一响就有订单走进工厂。重要的是，客户带来的订单往往要与生产商一次性签订长期合同，确保稳定的供货源。

碎片化订单时代的到来，让莞企不得不积极应对。

2. “私人定制”兴起

随时可能飞往外地，根据客人的体型、气质、职业等特质，做出一套合身的衣服，这是虎门松鹰实业有限公司的服装设计师工作的一部分。甚至不同的设计师，还会有专门的“私人定制”团队。

按照松鹰的要求，服务“私人定制”业务的设计师，完成一套西服的量体裁衣、试穿、修改等工作，到最后的成品落地，整个工作时间往往会在20天以上。值得注意的是，中间仅试穿和调整就可能超过3次，还需要进行反复的沟通。

由于手工制作耗时长等限制，松鹰的“私人定制”业务比重是门店业务量的10%，每100个人就有10人要“私人定制”。

仅以服装行业而言，虎门镇有关部门透露的信息显示，除了松鹰男装外，还有佐霓个性牛仔JONEAA、露蒂诗内衣、纽方女装等企业都在推出高级定制业务。业内人士指出，服装企业此举，目的就是要满足碎片化的订单需求。

而距离虎门不远的厚街，品牌家具企业“城市之窗”试水的全屋数码定制终端系统，早在今年年初就开始了半自动、半人工结合使用。目前，城市之窗已经在专卖店上安装使用了全屋数码定制系统，开始城市之窗家具的“私人定制”服务。

通过全屋数码定制终端系统，销售终端的客户只要提供户型图，系统即可自动编程，模拟设计出各种风格、各种材质、各种色彩，为客户量身定做家具的三维效果图，还会有自动报价。此时，如果得到了客户的确认，数据就会传送到“城市之窗”总部的生产基地，最后在自动数控机床上一次性加工成型。

城市之窗的“私人定制”业务，出发点在于应对网络上碎片化订单的挑战，还可维护经销商的利益。

这些不过是订单碎片化趋势下东莞制造业企业尝试的“私人定制”破局之举。从业务的调整到设备的升级，都在适应日趋碎片化订单，对市场反应的节奏从被动变为了主动。

（二）生产柔性化考验传统规模生产模式

订单碎片化直接带来的挑战就是企业生产模式的改变，因此小单生产、柔性生产就变得越来越重要。

柔性生产是针对大规模生产的弊端而提出的新型生产模式。所谓柔性生产即通过系统结构、人员组织、运作方式和市场营销等方面的改革，使生产系统能对市场需求变化作出快速反应，同时消除冗余无用的损耗，力求企业获得更大的效益。

在互联网时代，信息化及自动化技术是柔性生产的物质技术基础。例如柔性制造系统（Flexible production capacity，FMS）是以统一的信息控制系统和自动物料储运系统连接起来的一组加工设备，能在不停机的情况下实现多品种工件的加工，并具有一定管理功能。

柔性生产是全面的，不仅是设备的柔性，还包括管理、人员和软件的综合柔性。目前国际上柔性管理也开始出现，相信在未来所有的工厂都必须满足柔性生产的需求。

（三）供应链也要做减法

供应链也要做减法，这是一种全新的思维模式。传统企业的供应链构建在供应商选择、代工厂选择、物流及仓储的选择、固定资产的投入等方面都是用做加法的思想在进行的，但在互联网时代，企业要想实现柔性化，面对碎片化订单的挑战，只有两条路：其一，做减法，即选择优质少数供应商、代工厂和物流、仓储公司达成战略合作联盟；其二，用平台思维重构供应链，即把所有利益相关者纳入同一平台进行管理。

二、互联网时代集成供应链业务流程再造

谈到企业集成供应链，有个指标可以作为衡量和评价企业集成供应链能力的依据，那就是集成供应链管理成熟度。

集成供应链管理成熟度可以分为 4 个阶段：关注部门职能阶段、内部整合阶段、外部整合阶段、跨企业合作阶段。不同的阶段划分，其实就是企业从简单的供应关系管理到整合内外部资源、共同打造供应链核心竞争力的过程。遗憾的是，我们看到身边很多企业还没有意识到集成供应链管理的重要性，它们与供应商的合作还只是简单的买卖关系，与供应商的合作也还在不断地博弈。正是由于这种情况，坦白地讲，中国企业的集成供应链管理能力还是很低的。

那么企业如何才能提升自身的集成供应链管理能力呢？著名学者汪莹和邓雪凤①认为：供应链管理有 5 大职能，即计划、组织、协调、控制和创新，企业

① 汪莹，邓雪凤. 供应链管理成熟度的评价体系与方法［J］煤炭学报，2007（12）.

集成供应链必须围绕这5大核心职能进行。

1. 计划职能

供应链管理最大的难点就在于此，如果计划不准确或计划失控，必将给供应链上下游造成极大的损失和影响，这就是我们经常所讲的供应链管理的“牛鞭效应”。

“牛鞭效应”就是指人们在挥动鞭子时手轻微用力，鞭梢就会出现大幅摆动。

供应链管理中经常会发生因为计划不准确或过分夸大、缩小而导致的“牛鞭效应”：

（1）批量采购：在供应链中，每个企业出于成本和安全库存考虑，通常都会进行批量订购，所以，从终端销售到经销商，再到制造商、供应商，订货量都要比实际销售量大得多，并且供应链中各环节的交货期越长，波动会越剧烈，从而导致“牛鞭效应”的出现。

（2）人为增大需求：基于批量的价格折扣和一些促销手段造成的价格波动，往往会促使零售商在低价时购买大量商品，产生预先购买行为，使得采购量大于实际需要量，人为增大需求的变动性，也会加剧“牛鞭效应”。

（3）短缺性博弈：当产品供不应求时，制造商往往进行配额限量供应，此时，销售商为了获得更大份额的配给量，会故意夸大其订货需求，当需求降温时，订货又突然消失。这种由于短缺博弈导致的需求信息的扭曲最终引发“牛鞭效应”。

2. 组织职能

传统的企业供应链管理对于企业而言，可能只有一个部门负责，通常叫供应部或采购部。但随着企业对供应链管理的重视程度增加，很多企业将采购部分解成供应商资源管理部、供应商品质管理部、采购部等多个部门。这样分解的目的就在于按照企业供应链管理的需要，建立一个完成的组织体系。供应链管理组织职能的第二层意思就是企业要根据计划和进程的需要，合理组织人力、物力和财力。

3. 协调职能

协调是指使组织内部的每一个部门或每一位成员的个别行动都能服从于整体目标，是管理过程中带有综合性、整体性的一种职能。

协调也可以通过调整人际关系、疏通环节、形成共识等途径来实现平衡。

供应链管理协调职能包括4个部分：

（1）供应链上下游企业间文化的兼容性。就像之前【案例4－9】提到的深圳那家企业，为什么将思想和文化的认同视为选择供应商的核心要素之一，这缘于对上下游企业间文化兼容性的考量。我们试想一下，如果上下游合作双方的文化兼容性很差，管理风格将存在很大差异，进而使得企业之间的合作不畅。

（2）供应链上下游企业间的合作关系。现在的竞争日益表现为供应链与供应链之间的竞争，供应链上的各个节点需要互相合作，将信息与资源进行集成与优化，才能获得竞争优势。

（3）供应链上下游企业间沟通的顺畅程度。顺畅的沟通是上下游间“三流”（物流、资金流、信息流）顺畅的重要保障，建立完善的沟通机制会对企业提升供应链管理能力起到重要作用。

4. 控制职能

控制的核心目的在于保证供应链上下游各企业间的利益分配，也是保证“共赢”的重要手段。上下游要想实现共赢，就必须共同面对成本上升的压力，同时，当遇到技术难题和瓶颈的时候，需要上下游之间共同努力去解决。

5. 创新职能

供应链管理创新既包括管理创新，也包括技术创新，还包括价值链商业模式创新。

企业可以按照以上思路，从集成供应链管理各个职能出发，通过对内外部资源的高度集成，提升整体供应链竞争能力。

【案例5－10】华为ISC模式分析

ISC流程是IBM公司为华为量身定做的。ISC要求把公司运作的每个环节都看成是供应链上的一部分，无论是在公司内部，还是在公司以外的合作伙伴，都需要对每个环节进行有效管理，进而提高供应链运作效率和经济效益。

1. 内部供应链集成

华为在导入ISC流程后，对公司的组织机构进行了相应调整，把原来的生产部、计划部、采购部、进出口部、认证部、外协合作部、发货部、仓储部合并，成立统一的管理供应链业务部门，叫“供应链管理部”。这个部门的设置，绝对不是简单地把分散在不同系统的部门合并起来，换一个名称，而是把供应链管理当作公司降低成本和库存，提高供货质量、资金周转率和供货速度以及工程质量的有效手段。公司主要从供应链上获得成本优势，而不是通过压榨工人来获利。这就是华为人的工资奖金比别人高而生产成本却比别人低很多的根本原因。

另外，华为拥有技术认证和商务认证的严密体系，保障其能够一直使用价格最优、质量最好、供货最快的供应商。同时，华为“高薪养廉”的薪酬体制以及独特的员工持股制度，保障了其供应链体系的廉洁与高效；华为的干部轮岗制度又形成了另一个有效防止腐败行为的约束机制。

2. 外部供应链集成

ISC 流程要求把供应链管理的范围延伸到公司之外的整个供应链，那么从全局来看，就不一定非要把产品研发、生产的每一个环节都放到公司内部来做，而是可根据实际情况，在确保公司核心竞争力的前提下，把非核心环节外包给社会上的专业公司。这样一来，就可以集中资源突出核心业务，并通过社会专业分工和规模生产来显著地降低生产成本，缩短公司的管理战线，使公司领导集中精力抓技术研发和市场开拓。

2000 年以后，华为逐步把生产部门、后勤服务部门、基础培训以及工程安装、调试、维护、软件开发等很多环节外包了出去，不仅节省了大量成本，而且还降低了库存，甚至基本上实现了所谓的零库存，供货周期也缩短到了几天，市场反应速度明显加快。目前，华为的主要力量都放到了技术研发和市场开拓上。公司大约有 48% 的员工在研发部门工作，有效地保障了公司技术的领先优势；还有大约 38% 的人投入国内外市场与服务体系，有效地保障了华为的市场竞争力。国外同行评价华为是“Design House + Marketing Team”，就是说华为是由“设计院 + 营销团队”组成的，这个说法不无道理。

在深圳，有上百家公司作为华为的分包商或者供应商而存在，它们主要为华为工作。产业链的完全国产化是华为走向国际市场的一个基础，也是构成华为国际竞争力的一个重要部分。华为作为这条产业链的龙头，为这些上游企业创造了“间接”参与国际竞争的机会，同时这些上游分包商、供应商也以质优价廉的性价比与供货能力，为华为形成核心竞争力做出了重要贡献。因此，企业之间的竞争归根结底是供应链之间的竞争，发展、维护和管理一条有竞争力的供应链是企业立于不败之地的关键因素。

【案例 5 – 11】KKD 集成供应链流程

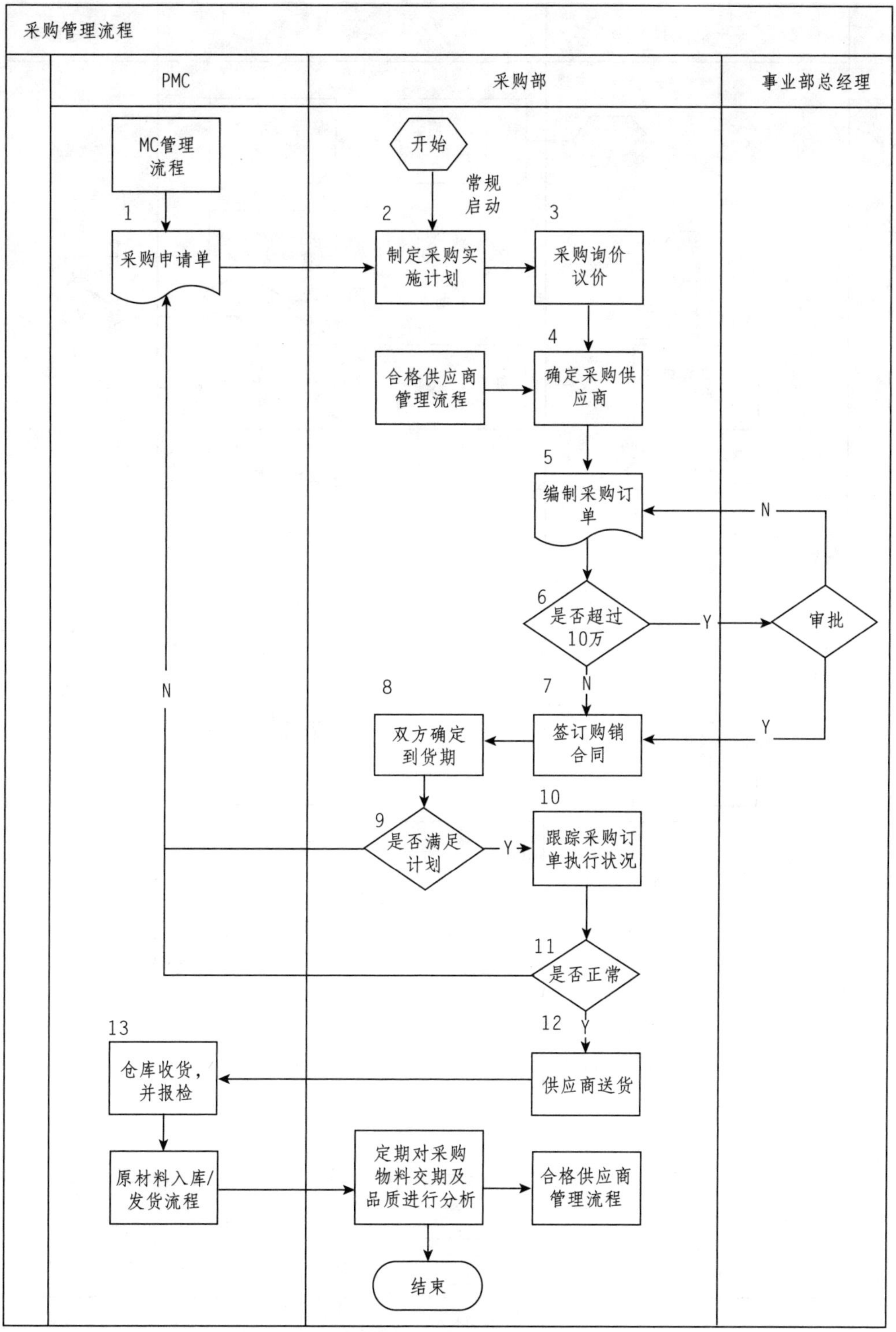

图 5 – 11　KKD 采购管理流程

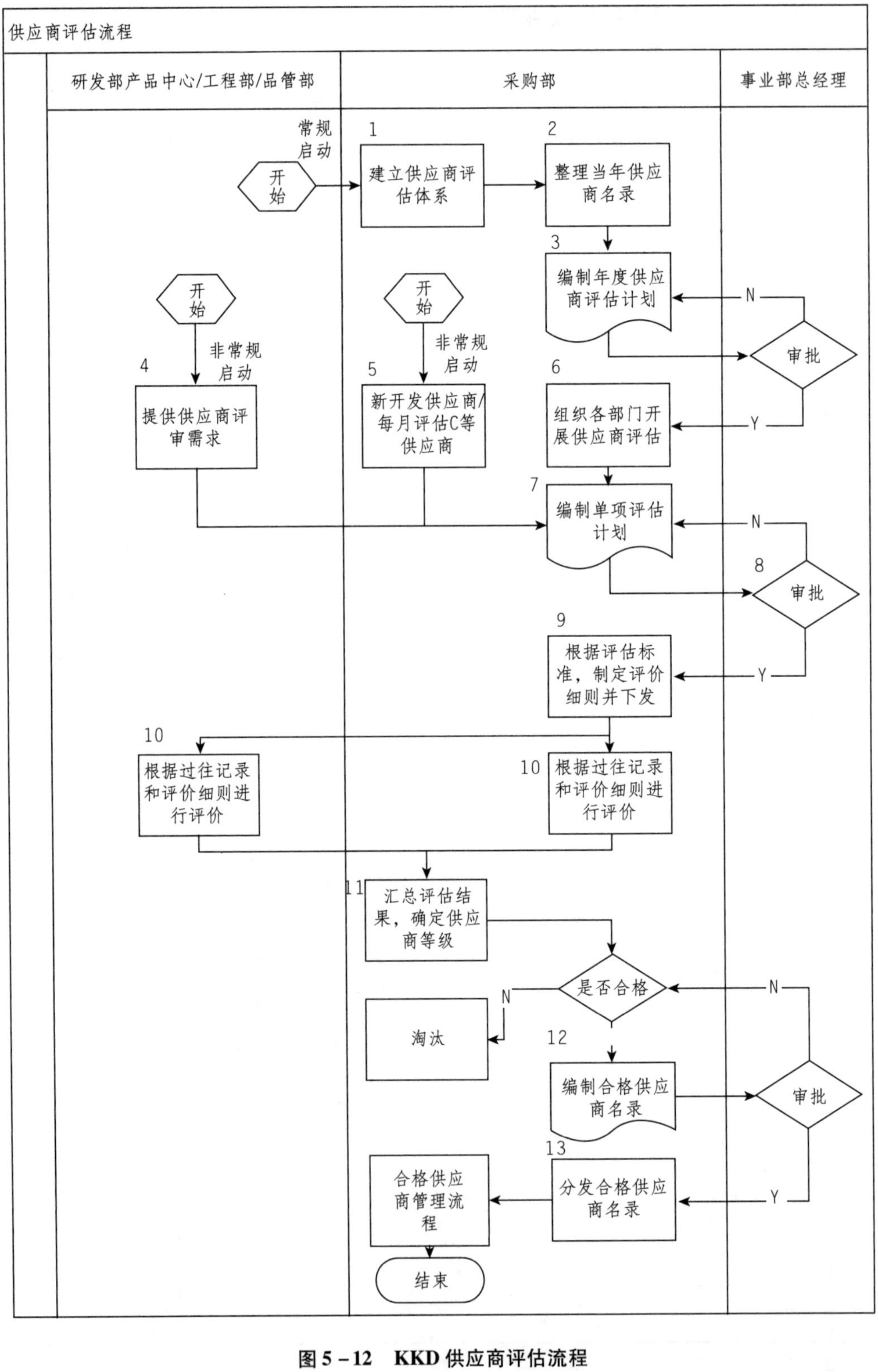

图 5－12　KKD 供应商评估流程

第六章 孤掌难鸣

——业务流程配套设计

业务流程设计工作仅仅是流程管理中的一个环节。在将新的运行业务流程设计出来后，我们还需要根据业务流程运行的需要，进行相关配套体系的设计，搭建业务流程的基础运行平台。

一个完整的业务流程应该包括：流程名称、流程编号、流程版本、流程归口部门、流程相关部门、流程决策部门、流程制定目的、流程适用范围、流程核心步骤、新设计流程图、流程核心步骤解释、与本流程相关的制度或文件、与本流程相关的表单。

业务流程配套设计体系根据需要，我们将其分为 10 大部分，它们分别是：

（1）基于业务流程的管理流程设计；

（2）流程中心型组织变革：根据流程执行的需要，对组织职能、岗位设置进行调整和优化；

（3）基于业务流程的制度设计：将流程运行过程中的接口、节点活动、配套机制予以细化和规范；

（4）基于业务流程的表单设计：将流程输入、过程和输出信息进行及时、准确、有效的呈现，便于流程监控；

（5）基于业务流程的绩效指标设计：建立相应的绩效指标，以衡量流程运行质量的好坏；

（6）基于业务流程的职权与分权设计：根据流程审核、审批节点，优化公司职权和分权体系，真正实现“授权中层”，“让听得到炮声的人决策”；

（7）基于业务流程的信息化体系设计：将流程的相关数据操作进行信息化处理，提高流程运行的工作效率和质量；

（8）基于业务流程的知识管理体系设计：将流程相关数据进行分析，变成公司知识，并加以传播和培训，让知识在公司内部进行沉淀；

(9) 流程管理流程：为了保证公司流程体系健康稳定发展和提升，建立公司流程、制度、表单管理流程（简称流程管理流程）是非常必要的。

(10) 流程管理团队建设：企业流程的设计与执行离不开富有流程管理思想的员工队伍，所以说，流程管理的成败在于流程管理团队的培养与建设。

第一节　为什么要进行业务流程配套设计

很多企业会认为，做业务流程管理就是画几张流程图就可以了，但在实际操作过程中，业务流程图的实施还需要制定一系列的配套内容，否则，流程图就真的只是一张“图画”而已。

一、业务流程图有何用处

我们将业务流程设计完成后，仅仅是完成了流程管理的初始工作。要想使设计后的业务流程能够顺利、正常地运作，还需要进行相关的配套设计。就好比一个厨师，虽然知道怎么做一道美味的菜肴，但如果没有新鲜的材料、适当的设备、合适的场地和充裕的人手，还是无法一展身手。

在业务流程设计的过程中，根据需要我们会进行管理流程、组织结构、岗位职能、运作方式、信息采集、经营目标等方面的调整。这些方面的调整变化，要求企业建立相应的配套体系，以协助和配合业务流程的实施。

同时，我们在进行配套体系的设计过程中，还可以根据配套体系的设计与实施难度，评估企业流程的落实执行情况，并以此为基础，重新对设计的流程进行审视和调整。由此可见，业务流程与流程配套体系之间是相互协作、相互支持的关系。通过两者的协同配合，共同实现企业整体经营运作效率的提高。

根据我们的经验，一个完整的业务流程，需要进行 10 个方面的配套设计，它们分别是管理流程和辅助流程设计、组织职位配套设计、制度配套设计、表单配套设计、业务流程绩效指标配套设计、职权与分权配套设计、信息化配套设计、知识管理配套设计、流程管理流程、流程管理团队建设。

二、业务流程配套设计核心内容

（一）管理流程设计

管理流程不同于业务流程，管理流程重点在于风险管控、效率提升，它并不直接为企业经营目标负责，而是通过管理活动对企业业务开展进行监督、控制、协调、服务，间接地为企业创造价值；而业务流程则不同，业务流程主要是直接参与企业经营运作的相关流程，通过业务流程，企业就可以为客户直接创造价值，最终也保证了企业自身经营目标的实现。

企业在完成业务流程再造后，必须围绕“用户”“产品”“速度”等关键词，合理规划和再造管理流程、辅助流程，这是非常必要的。

（二）流程中心型组织变革

在设计业务流程的过程中，为了保证业务流程更有效地运作，我们可能会对一些岗位、部门的职能进行调整，有的岗位、部门职能可能会新增，有的岗位、部门职能可能会减少，还有的岗位、部门甚至会取消。在这种情况下，我们需要对岗位、部门与流程之间的配合进行梳理，找出相互之间的对应关系，并进行重新界定。

另外，在互联网时代，传统职能式的组织模式已经受到了极大挑战，柔性化、流程团队化组织模式已经成为主流，因此企业在完成业务流程和管理流程再造后，必须对自身的组织体系进行全面再造。

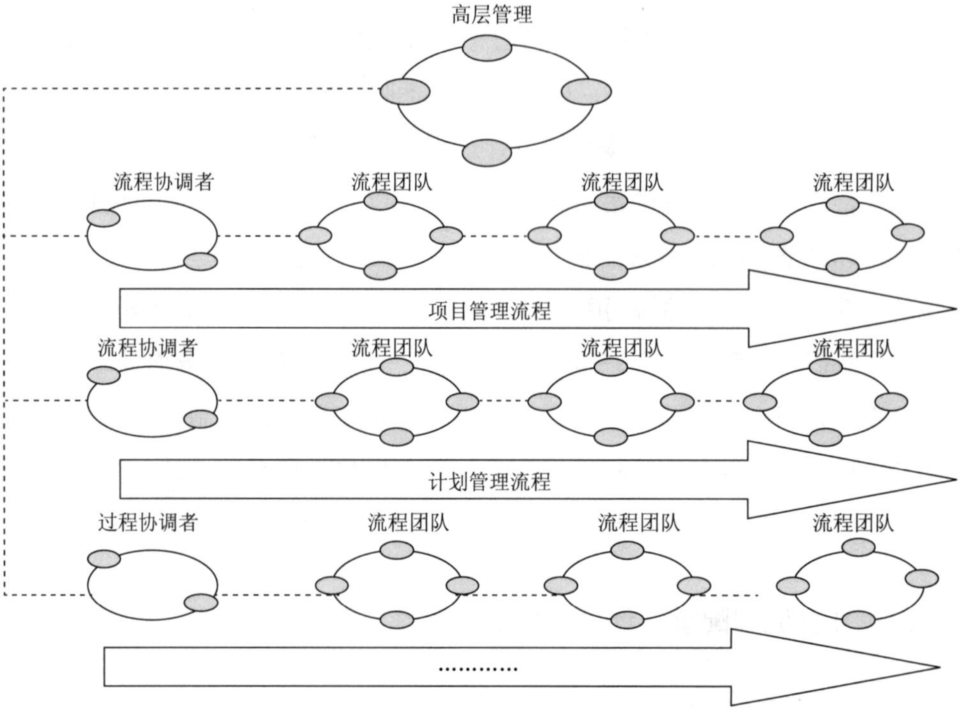

图 6-1　流程中心型组织（示意）

如图 6-1 所示，在流程中心型组织当中，企业运营的核心不再是职能部门，而是横跨多个部门的业务流程，因为在企业内部创造价值的不再是职能部门，而是业务流程。图 6－1 所示的这种组织结构已经完全脱离了大家熟悉的金字塔式的组织模式，它淡化了职能部门的作用，完全强调以业务流程为导向。每个业务流程都会有一个“流程协调者”的角色，由他来总体把握每个业务流程的进度，并对结果负责。在流程实现的过程中会有很多小的“流程团队”为业务流程的某个环节负责，这些小“流程团队”的负责人可能是职能部门的负责人，也可能是某职能部门内部的一个专职岗位，由他统筹协调相关人员和资源，保证流程效率最大化。

（三）制度配套设计

通过流程图的方式，我们可以非常清晰地了解和认识不同部门在流程中所承担的职能，它是一种动态的描述方式。这种描述方式简单、直接，易于让人理解，但也存在一些不足之处，比如流程步骤描述过于简洁、流程接口介绍不清晰、流程监控方式不详细、流程绩效管理未充分体现，等等。要解决这些问题，我们可以建立相配套的流程管理制度。通过管理制度的建立，将上述问题进行详细的说明、解释、介绍和补充，便可以解决流程执行与落实的问题。

传统企业内部管理以制度为主，对流程和表单的管理非常弱。在这种管理思路的驱动下，我们看到，每家公司都有很多的制度，有些公司内部的管理制度有几十个甚至几百个。制度很多，然而执行状况如何呢？根据笔者的经验，很多公司的制度执行状况并不好。

认真分析一下，原因不外乎以下几个：

（1）制度太多，员工不可能花太多时间去学习每个制度；

（2）制度的体系性不强，制度之间的衔接不好，导致没办法执行；

（3）每个制度的内容太多，员工很难对每项条款都理解、掌握；

（4）制度编写不规范，很多需要流程、表单解决的问题，期望用制度来表达。

随着企业对流程管理认识的加强，目前很多企业提出了“制度瘦身计划”。在这种情况下，企业加强了流程和表单管理，同时减少或简化制度。

一般来讲，如果企业建立了完善的流程体系，制度就会成为流程的配套，公司写制度的目的只是解释流程中非常重要的环节和说明原则性的问题。既然这样，我们该如何设计满足流程需要的制度体系呢？企业编写制度的原则和基本内容又包含哪些呢?

制度属性：包括版本号、制度编号、制度名称等。

制度目的：用来说明制度描述的主要内容、制度适用于哪些管理环节。

制度适用原则：用来说明制度制定及公司在制度规定领域的基本管理要求和原则。

制度正文：用来描述制度相关规定和说明。

制度附加说明：用来说明制度的归口部门、解释与修正部门、制度执行时间等。

（四）表单配套设计

流程实施运行过程中需要大量的信息传递。为了便于对信息进行准确、真实、全面的记录和传递，我们应根据流程的需要设计相应的配套表单。

像前面的描述一样，表单也是为了帮助企业流程顺利运作的。流程告诉员工某件事情该如何做，制度对流程重要环节进行说明和解释，而表单则由员工在具体执行流程的过程中实际操作。一般来讲，一张完整的管理表单应该包括以下四项内容：

表单属性：包括归口部门、编号、版本号、表单名称等。

表单输入：用来说明表单填写人的基本信息和核心意图。

表单输出：用来说明表单审核人的基本意见。

填表说明：用来说明表单的填写要求和填写规范。当然，在有些比较简单的表格中，填表说明可以忽略；同时填表说明可以放在表格当中，也可以单独说明。

（五）业务流程指标配套设计

业务流程设计完成后，我们还应分析相关流程客户的需求，并建立明确的绩效指标，以此作为衡量流程运作好坏的标准。在流程绩效设计过程中，我们应明确相关问题，包括由谁来负责流程运作、承担流程运作中的哪些职能、用什么指标进行衡量、具体的需求标准是怎样的、怎么去评价它、由谁来进行评价。

传统企业的绩效指标主要有两个来源，即基于战略的 KPIs 和基于职能的 KPIo。传统企业过于强调部门职能的有效运行，最终导致部门之间的壁垒越来越森严。流程企业的绩效指标也主要有两个来源，即基于战略的 KPIs 和基于流程的 KPIp。流程企业强调流程的实现，通过基于流程的 KPIp 考核，使部门之间的协调更畅顺、效率更高。

那么如何进行基于流程的 KPIp 设计呢？

首先，我们要根据流程的目的，也就是流程的“增值”，搞清楚该流程的“增值”方式是什么：是效率提升，还是成本降低，抑或销量增减？

其次，确定该流程的 KPIp 以及 KPIp 的承接部门。

【案例 6－1】业务流程绩效指标识别

表 6－1　业务流程绩效指标识别举例

流程名称	增值方式	流程绩效	承接部门
生产计划管理流程	提升计划达成率	生产计划达成率	物控部、制造部
生产成本管理流程	控制生产成本	生产成本降低率	制造部、设备部、工程部、品质部
销售货款管理流程	及时回款，降低货款风险	货款回笼率、呆坏账率	销售部、财务部

（六）职权与分权配套设计

任正非说过，华为倡导“授权中层”。那么：如何进行授权呢？哪些权力需要下放，哪些权力需要集中？每个职位有哪些权力？同一问题，权力究竟如何划分？是一级审批，还是二级审批、多级审批？……关于这些问题，在企业流程设计的时候需要一并考虑。

在流程描述的过程中，我们会经常用到“◇”符号，这是一个决策符号，表示流程在这个环节需要进行一个决策，是行还是不行，是通过还是不能通过，其实，企业就在这个环节完成了职权的分配工作。在跨部门的流程图当中，流程的上端是流程相关部门，流程正文是流程流转环节和顺序，“◇”符号对应的部门就是相应权力的拥有者。因此，通过流程体系进行企业的分权体系设计是非常科学合理的。

（七）信息化配套设计

在流程设计的过程中，我们面对大量新产生和发生变化的数据，可能需要对原有的数据采集方式进行调整。因此应深入分析：现有的 IT 系统是否可以支持新的流程运作？需要进行哪些方面的调整？是否需要开发新的功能模块或信息系统？如何根据不同流程之间的接口实现相关信息系统的数据兼容？需要投入多少人力、物力和财力？是否值得投入？

通过上述问题的回答，我们可以为新设计的流程搭建良好的流程运作平台，提高相关数据采集的有效性，同时也可以回过头对流程进行调整与修改，以便更好地适应企业的运行情况和承受能力。比如有些信息系统如果按照新的流程进行运作，需要进行大量的财务资金投入，而这种投入是企业所不能承受的，在这种情况下，我们就有必要对相关流程的输出数据、数据采集方式进行调整和优化。

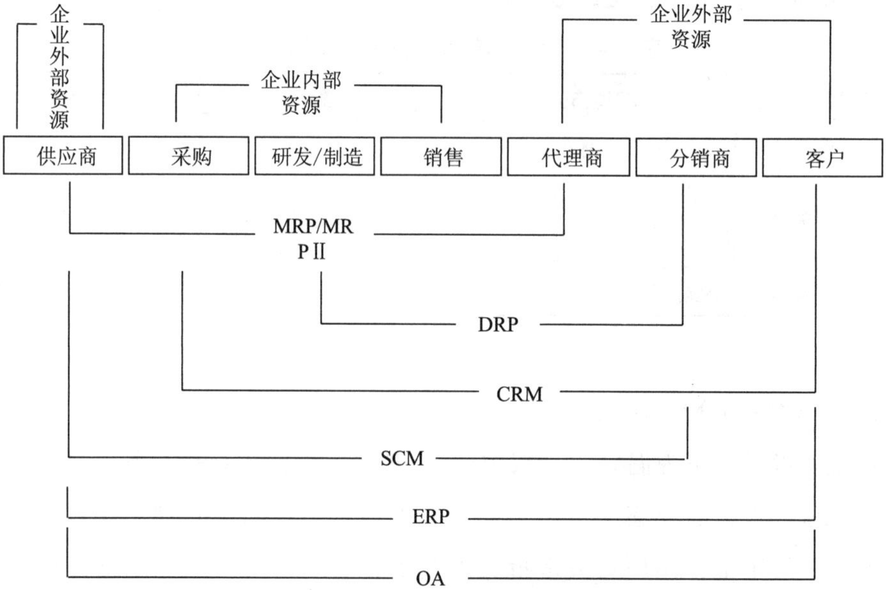

图6-2　企业信息系统生态图

我们通过上面这幅“企业信息化系统生态图”就可以一目了然地看到企业信息化建设的基本过程。可以说ERP是企业信息化建设的最高境界，而从MRP（Material Requirement Planning，物料需求计划）开始，到MRPⅡ（Manufacture Resource Planning，制造资源计划）、DRP（Distribution Resource Planning，分销资源计划）、CRM（Customer Relationship Management，客户关系管理）、SCM（Supply Chain Management，供应链管理），最后才是ERP（Enterprise Resource Planning）。

（八）知识管理配套设计

知识管理（KM）是目前企业管理中的一个热点，同样也是一个难点。通过有效的企业知识管理体系，可以将员工的个人技能进行转换，沉淀成为企业的内部组织技能，同时，减少企业对员工技能的依赖，并有效提高内部员工的技能水平。

将知识管理与流程管理相结合，我们可以非常清楚地发现进行流程运作所涉及的有关知识和技能。通过将涉及流程运作的知识进行提炼，并予以总结、归纳和分类，并对涉及流程运作的有关员工进行有针对性的培训，可以有效提高员工对流程的认识，减少流程运作中的失误，提高人员对流程执行的有效性和执行热情，最终为流程绩效的提升打下一个良好的人员素质基础。

（九）流程管理流程

很多企业在导入业务流程管理的时候，经常会忽略一项非常核心的工作，那就是流程本身也是有流程的，比如公司流程建设由哪个部门归口、流程该多长时间优化一次、具体程序该如何进行等，这些工作也需要按照相应的流程、制度和表单予以规范。（见图6－3）

（十）流程管理团队建设

流程建设团队的打造是企业业务流程能否落地和实施的关键，在企业业务流程再造的过程中有三个角色缺一不可，我们称之为**CPIO（流程创新官）＝CPO（首席流程官）＋CIO（首席信息官）＋COO（业务总监）**。

为什么呢？因为绝大多数公司都存在这样的困惑：业务总监熟悉业务，但不懂流程描述及再造的技巧和方法，同时也排斥运用信息系统；首席流程运营官懂得流程描述及再造的技巧和方法，但他不了解业务，也不懂信息系统底层设计原理及操作规则；首席信息官一般都是技术出身的，他们不但不懂业务，甚至很多人都拒绝了解业务。如何才能破解这一难题？我们把它总结为：业务总监参与、流程总监培养、信息总监配合。

三、业务流程配套设计验证

实践是检验真理的唯一标准。相关配套体系设计出来之后，仅仅是设计人员在设计过程中的一种理想化思维的产物，还需要投入实际运行中，与现实情况进行结合，才能发现设计中存在的种种问题，并予以改正。

对配套体系进行验证，我们可以根据上面所讲的方式，对配套体系的实施过程进行跟踪，以进行改善和修正，常见的有以下几种方法：

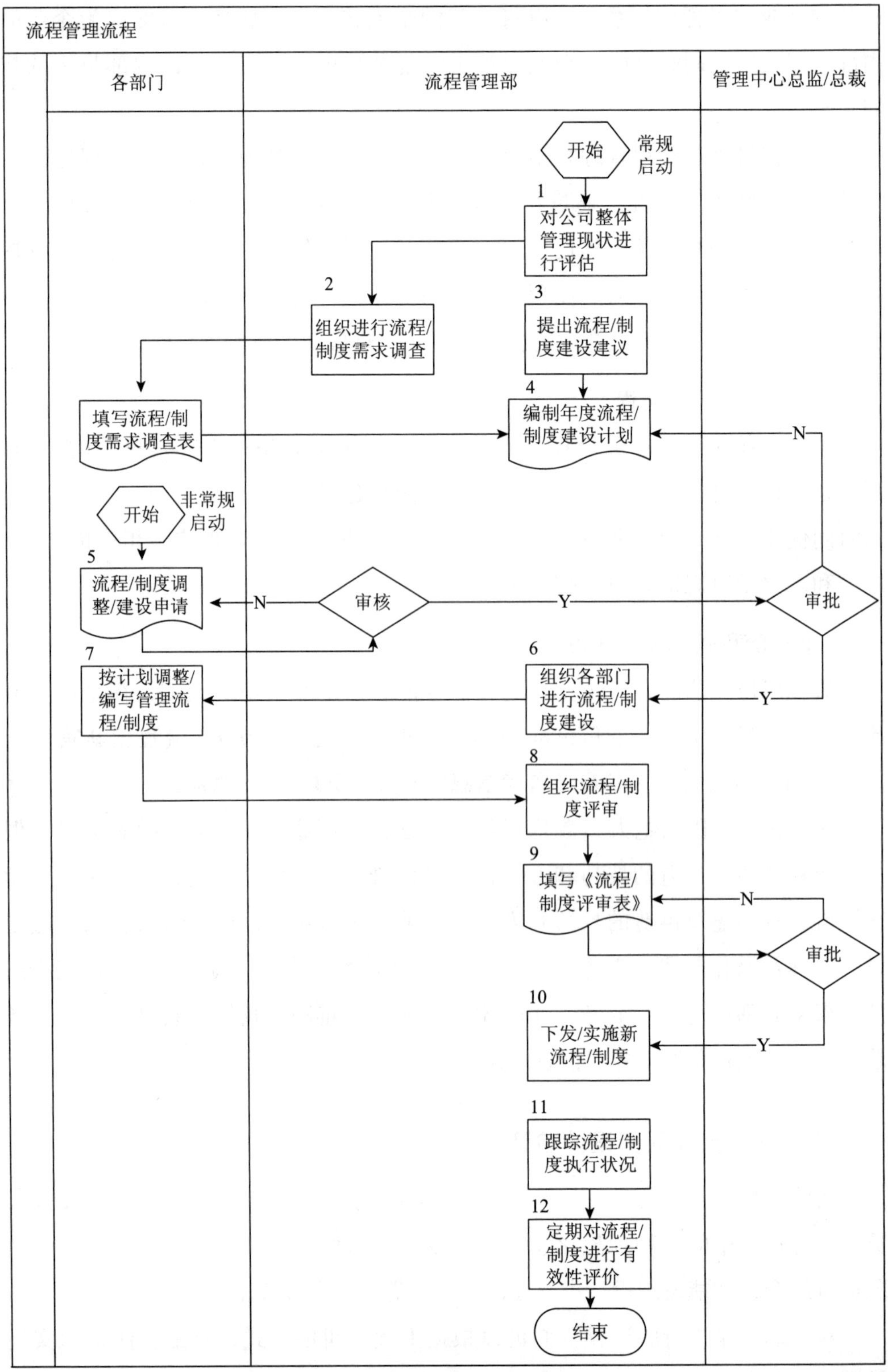

图 6－3　流程管理流程（示意）

1. 部门研讨与沟通

相关计划、表单、数据等配套材料在投入运行之前，应与流程的归口部门和负责人员进行沟通讨论，征询他们的修改意见和建议，并根据流程操作人员的实际操作经验判断配套体系的合理性和可行性。

2. 运行过程跟踪

相关配套体系在投入运行的过程中，应及时对其运行状况进行指导与监督，以使配套体系能够在预定的轨道上运行，避免执行过程中的走样和偏差。

3. 运行改进调整

针对配套体系实际运行过程中存在的相关问题和矛盾，流程设计人员应及时对其进行记录、调整和修改，以确保配套体系能够满足流程运行的需要。

4. 定期执行沟通讨论

流程配套体系在运行一段时间后，针对流程运作过程中的实际变化情况，流程设计人员与流程执行部门可通过定期沟通，对流程配套体系进行相互探讨，以便进行不断的改善。

第二节　管理流程再造

业务流程为企业核心业务的高效有序运营提供了依据，但业务流程在运作的过程中难免会存在风险控制、质量把控、权力分配等方面的问题，因此企业在对业务流程进行全面再造之后，还需要对管理流程、辅助流程进行优化和调整。

一、集团管控流程再造

中国企业经过过去20多年的快速发展，很多都已步入事业群、集团化、多元化、国际化运营的阶段。很多企业发现，规模越大、产业结构越复杂，企业管理的难度越会成倍增加，整体运营效率越会成倍地降低。很多企业不得不面临“一大就散、一远就瞎、一抓就死、一放就乱”的尴尬。为了解决这一问题，企业各出奇招，一时间，“摸着石头过河”“脚踩西瓜皮”“救火队员”“东边不亮西边亮”“别把鸡蛋装在一个篮子里”“化大为小”“任人唯亲”……可谓十八般武艺，能用的全用上了。

（一）集团管控需要协调的5大关系

其实，要解决这一问题，我们认为企业首先要解决好5大关系：

（1）集团总部职能部门之间的关系。集团总部职能部门之间存在正常的工作交流、信息共享、资源共用等，首先要解决好这个层面的关系，这是集团高效运营的基础。

（2）集团与下属公司之间的关系。集团公司与下属公司之间存在战略与目标统一、战略实现检讨、关键岗位人员任命及管理、财务及资金管理等工作关系。

（3）下属公司之间的关系。很多集团的下属公司之间存在供应链关系，理清它们之间的利益及工作关系也非常重要。

（4）下属公司内部部门与总部职能部门之间的关系。集团总部职能部门在业务上是下属公司对应部门的领导，他们在相关职能管理上存在衔接关系。

（5）下属公司内部部门之间的关系。下属公司部门之间会形成完整的价值链体系，它们之间也会存在千丝万缕的工作关系。

根据我们的经验，要理清以上5种关系，除了要加强集团总部职能部门、下属公司内部部门自身的职能建设之外，还需要理清集团职能部门之间、下属公司内部部门之间的相关业务流程和管理流程，特别需要关注的是，还需要理清集团与下属公司、集团总部职能部门与下属公司内部职能部门之间的集团管控流程。

（二）常见的集团管控模式

不同的集团，按其基础和管控需要的不同可分为3种管控模式，即财务管控型、战略管控型、事务管控型。

表 6-2 常见的集团管控模式对比

管控模式	总部职能
财务管控型	财务/资产、集团规划、监控/投资管理、收购、兼并
战略管控型	战略控制、财务/资产、集团规划/SBU 战略、监控/投资管理、收购、兼并、人才培养、审计、集团营销、现金管理
事务管控型	财务/资产、集团规划/SBU 战略、监控/投资管理、收购、兼并、公关、人才培养、法律、审计、集团营销、R&D、采购/物流、销售网络、人事管理

从表 6-2 可见，选择财务管控型的集团，其总部的核心职能会比较少，很多职能采用授权的方式放在下属公司运作，这种管控模式适用于跨行业、多元化运作的集团公司，当然这种管控模式对下属公司的管理能力会有更高的要求；选择事务管控型的集团，其总部的职能会很多，下属公司除了生产的职能之外，其他绝大多数职能都会集中在集团总部；战略管控型则居于以上二者之间。

（三）集团管控 10 个核心流程

根据我们的经验，常见的集团管控流程如下：

（1）战略规划流程；

（2）投资管理流程；

（3）运营计划管理流程；

（4）运营过程管理流程；

（5）预算管理流程；

（6）资金管理流程；

（7）年度审计管理流程；

（8）离任审计管理流程；

（9）下属公司高管绩效管理流程；

（10）下属公司高管任用流程。

【案例 6－2】某家电企业集团管控流程（部分）展示

表 6－3　某家电企业集团管控流程规划

	董事会及集团高管	集团战略管理部	集团业务拓展部	集团运营管理部	集团财务管理部	集团人力资源部	集团审计部	集团其他部门	控股公司
1. 战略管理									
1.1 集团战略规划流程	◆	★	◆	◆	◆	◆			◆
1.1.1 指标管理型控股企业战略管理流程	◆	★	◆	◆	◆	◆			◆
1.1.2 扶持型控股企业战略管理流程	◆	★	◆	◆	◆	◆			◆
1.1.3 培育型控股企业战略管理流程	◆	★	◆	◆	◆	◆			◆
1.1.4 效益型控股企业战略管理流程	◆	★	◆	◆	◆	◆			◆
2. 投资管理									
2.1 投资管理流程	◆	◆	★		◆				◆
2.2 重大项目跟踪管理流程	◆			★					◆
3. 运营管理									
3.1 运营计划管理流程	◆			★					◆
3.2 运营过程管理流程	◆			★					◆
4. 财务管理									
4.1 财务预算管理流程	◆	◆	◆	◆	★	◆	◆	◆	◆
4.2 资金管理流程	◆	◆	◆	◆	★	◆	◆	◆	◆
5. 人力资源管理									
5.1 控股公司绩效管理流程	◆	★				◆			◆
5.2 控股公司高管任用流程	◆					★			◆
6 审计管理									
6.1 年度审计管理流程	◆	◆	◆	◆	◆	◆	★	◆	◆
6.2 离任审计管理流程	◆	◆	◆	◆	◆	◆	★	◆	◆

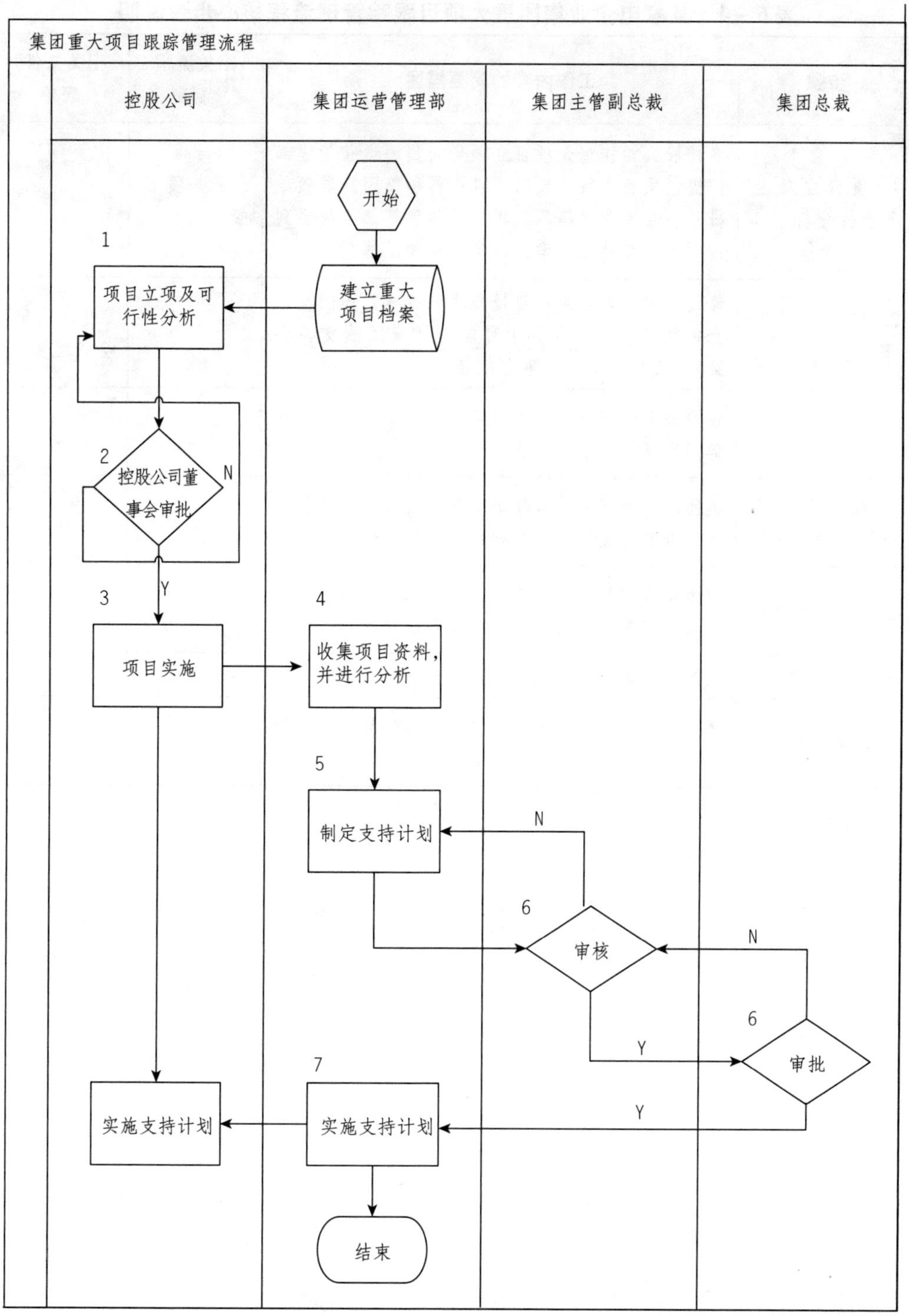

图 6 –4　国内某家电企业集团重大项目跟踪管理流程

表6－4　某家电企业集团重大项目跟踪管理流程核心步骤说明

步骤	工作内容的简要描述	相关流程/制度	相关文件/表单
1. 项目立项及可行性分析	各控股公司在重大项目立项后向集团运营管理部门提供项目资料，包括项目资料和集团高层领导批示、专家意见等等。集团运营管理部将收集到的项目信息建立档案，以备分析和了解	《投资项目管理流程》	《项目可行性分析报告》
2. 控股公司董事会审批	经过控股公司重大项目投资决策流程，集团董事会批准项目投资（其中可能包括集团的支持方案），交控股公司董事会批准		《投资决策会议纪要》
3. 项目实施	控股公司组织资源实施项目，并向集团运营管理部门定期汇报项目进展情况		
4. 收集项目资料，并进行分析	集团运营管理部适时收集项目进展信息，并根据项目进展情况，向主管副总或者总经理汇报		
5. 制订支持计划	对于重大项目，一般来说，需要集团提供支持。在项目需要时由集团运营管理部设计支持方案		
6. 审核、审批	主管副总审批后交集团总裁审批		
7. 实施支持计划	集团运营管理部负责实施集团高层领导的批准的项目支持方案		

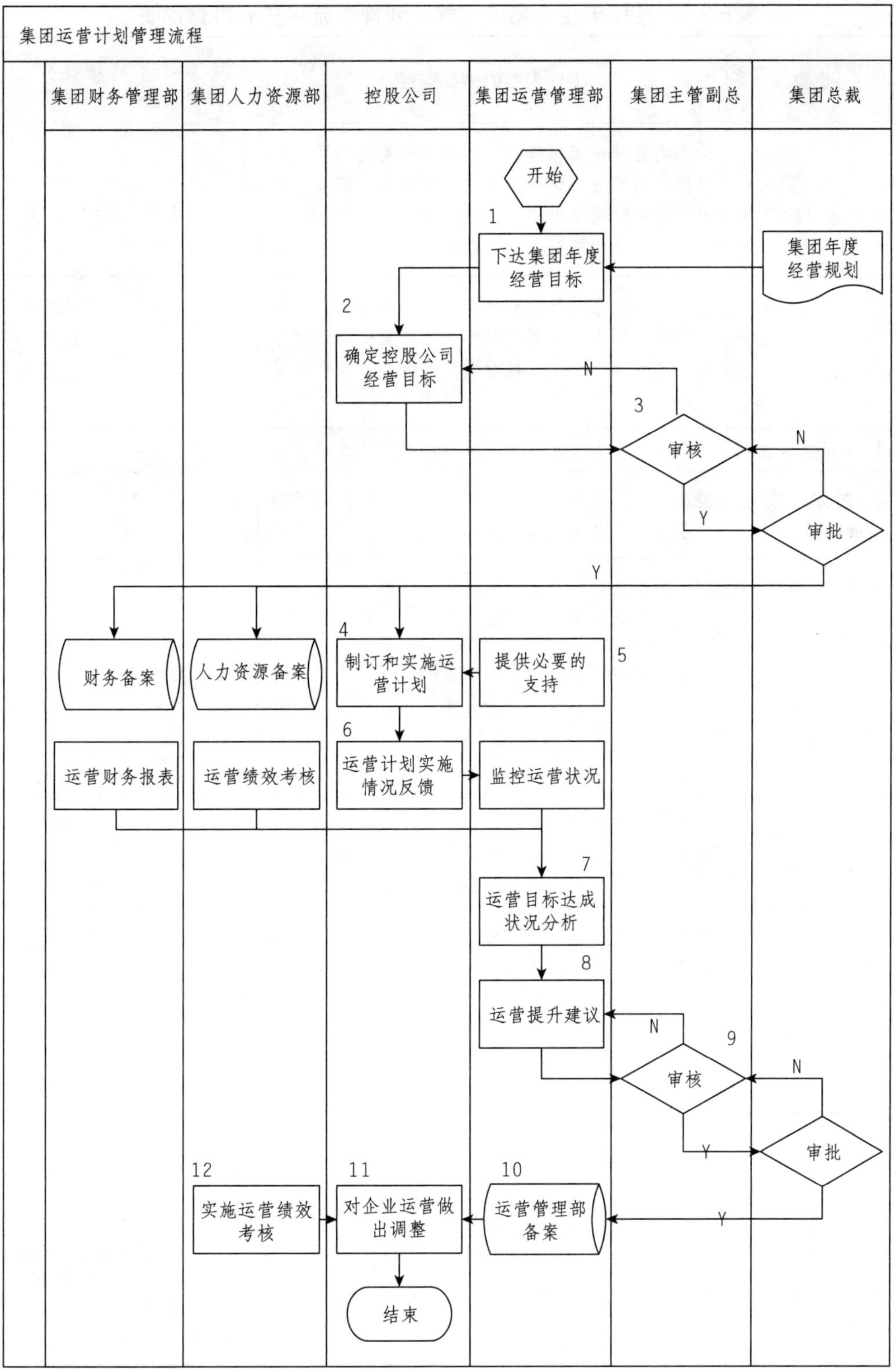

图 6－5　某家电企业集团运营计划管理流程

表6－5 某家电企业集团运营计划管理流程核心步骤说明

步骤	工作内容的简要描述	相关流程/制度	相关文件/表单
1. 下达集团年度经营目标	集团运营管理部根据集团董事会确定的集团经营目标，向控股公司下达相应运营目标。经营目标的制定原则需要参考历年行业的平均利润水平，参考本企业的历年平均利润水平		《集团年度经营规划》
2. 确定控股公司经营目标	控股公司根据运营指标设立原则，12月31日前内讨论集团下达的运营目标，并与集团运营管理部及主管副总讨论，最后确定控股公司年度运营目标		《控股公司年度经营目标责任书》
3. 审核、审批	主管副总在1月5日前审核后交集团总经理审批		
4. 制定、实施运营计划	控股公司总经理在1月15日前，组织公司领导班子执行本公司运营实施计划		
5. 提供必要的支持	如果控股公司需要集团提供支持，则由运营管理部负责协调集团资源，制定支持方案和实施		
6. 运营计划实施情况反馈	控股公司将运营计划实施情况向运营管理部和集团财务部适时反馈。运营管理部和集团财务部和人力资源部也需要积极了解下属控股公司运营状况		
7. 经营目标达成状况分析	计划期末时运营管理部将控股公司运营计划实施情况和原计划对比，撰写运营情况说明书。人力资源部和计划财务部则分析绩效实现情况		《控股公司运营状况分析报告》
8. 经营提升建议	集团运营管理部根据分析结果，对照各控股公司年度经营目标，提出各控股公司运营提升建议		
9. 审核、审批	主管副总及集团总裁对运营管理部提出的建议进行审批		
10. 集团运营管理部备案	运营管理部备案，并监督实施状况		
11. 对企业经营做出调整	控股公司根据集团领导审批意见，对本公司运营状况做出相应调整和优化		
12. 实施运营绩效考核	集团人力资源部对控股公司运营状况进行绩效评价	《控股公司绩效管理流程》	《控股公司绩效评价方案》

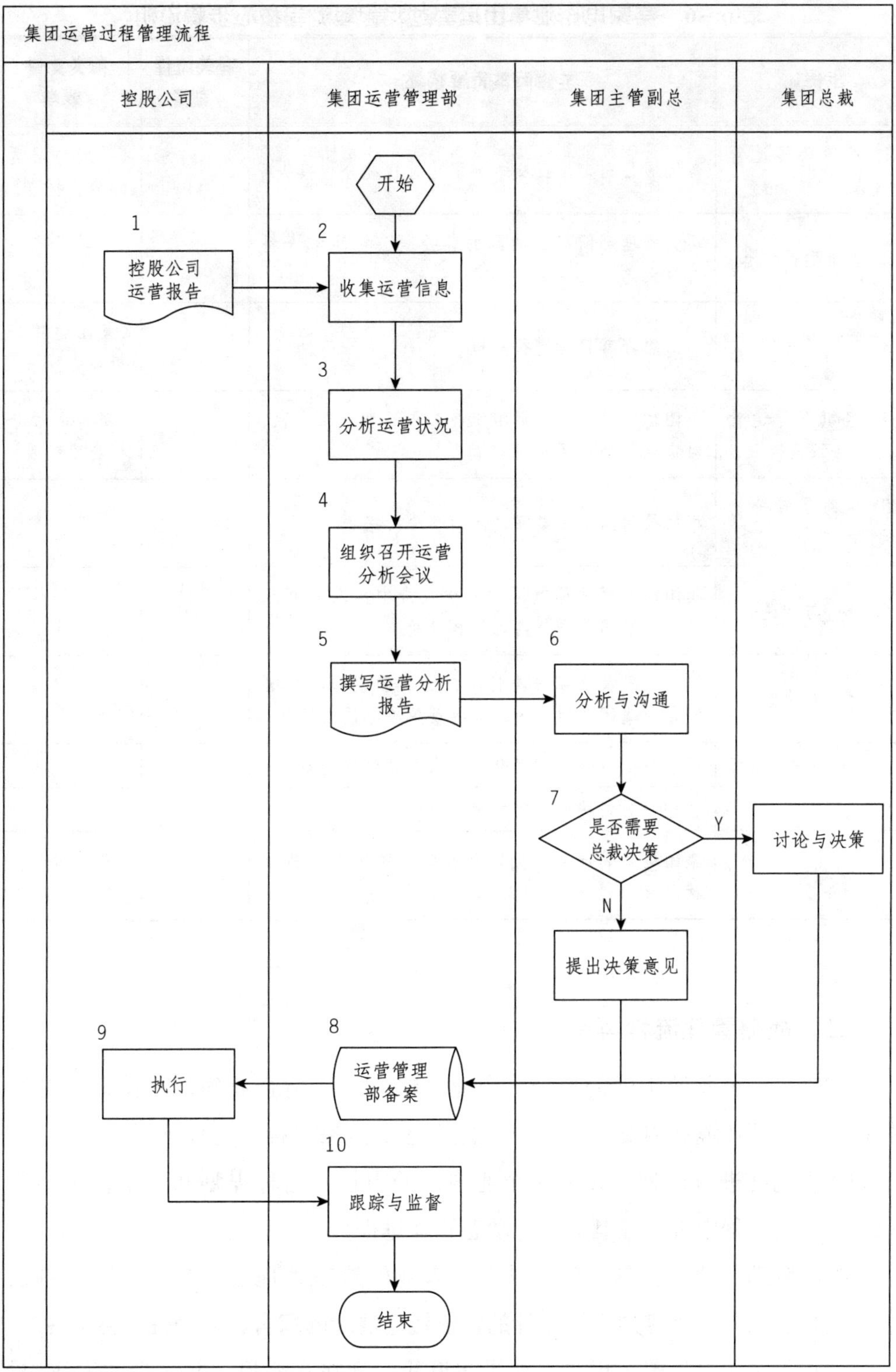

图 6 – 6　某家电企业集团运营过程管理流程

表 6-6 某家电企业集团运营过程管理流程核心步骤说明

步骤	工作内容的简要描述	相关流程/制度	相关文件/表单
1. 控股公司运营报告	各控股公司定期提交本公司运营状况分析报告		《控股公司运营分析报告》
2. 收集运行信息	运营管理部门将收集到的各控股公司运营资料进行汇总		
3. 分析运营状况	并对照经营目标进行分析		《集团运营分析报告》
4. 组织召开运营分析会议	集团运营管理部定期组织各公司运营分析会议，对重点问题进行检讨		《集团运营分析会议纪要》
5. 撰写运营分析报告	根据检讨结果，撰写集团运营分析报告		
6. 分析与沟通	集团运营管理部就运营分析报告中提及的问题与各分管领导进行再确认和分析		
7. 讨论与决策	根据权限及问题分类标准，运营管理部与分管领导、集团总裁讨论，并决策解决办法		
8. 运营管理部备案	经总裁批准的运营提升方案由运营管理部备案		
9. 执行	各控股公司按照解决方案执行		
10. 跟踪监督	集团运营管理部定期跟踪和监督解决方案执行状况		

二、战略管理流程再造

战略决定企业做正确的事情。企业战略管理是指企业确定其使命与愿景，根据组织外部环境和内部经营状况设定企业的战略目标，为保证目标的正确落实和实现进度进行谋划，并依靠企业内部的力量将这种谋划和决策付诸实施，以及在实施过程中进行控制的一个动态管理过程。

战略管理大师迈克尔·波特认为，有效的战略管理必须具备五项关键点：**独特的价值取向、为客户精心设计的价值链、清晰的取舍、互动性、持久性。**

亚伯拉罕·林肯曾经说过：如果知道我们现在在哪里，并多少知道我们是如何到达这里的，就可以看出我们将走向哪里——如果我们正走向不可接受的结果，就应该及时改变我们的方向。

林肯的这句话真正道出了企业战略的重要性以及如何进行企业发展战略规划。根据我们多年的咨询实践，企业战略规划只要能够解决以下问题就可以了：

（1）我们将要去哪里？我们要成为什么？（愿景、任务、目标）

（2）我们现在在哪里？（内外部环境分析）

（3）我们将如何去到那里？（战略定位、竞争战略、职能战略）

（4）如何评价我们始终在正确的路上？（战略评价与检讨）

（一）战略管理8个核心步骤

1. 愿景描述：确定方向

对于任何企业而言，愿景都是其发展蓝图，是其永远为之奋斗并期望达到的场景。企业的愿景一旦确定，则需要企业全体成员将其作为终极目标去追求。制定愿景就是要解决这样一个最基本的问题：我们要成为什么？我们将向哪里去？

那么企业的愿景是从哪里来的呢？确定愿景对企业发展又有哪些好处呢？

一个企业不是由它的名字、章程和公司条例来定义，而是由它的任务来定义的。企业只有具备了明确的任务和目的，才可能制定明确和现实的企业目标。——彼得·德鲁克

企业的愿景可以集中企业资源、统一企业意志、振奋企业精神，从而指引、激励企业取得出色的业绩。战略制定者的任务就在于认定和表明企业的愿景。——约翰·基恩

2. 战略分析：认清环境

企业有了清晰的愿景和目标描述（我们要成为什么？我们将向哪里去？未来会成为什么样子？）之后，必须客观认知现在所面临的环境。认清企业现在所处的位置是非常必要的，这就是本书接下来要阐述的企业战略分析。

因为，“在任何场合，企业的资源都不足以利用它所面对的所有机会或回避它所受到的所有威胁。因此，战略基本上就是一个资源配置的问题。成功的战略必须将主要的资源用于利用最有决定性的机会。”威廉·科恩如是说。

企业经营环境的分析主要有两个维度，即外部环境分析、内部环境分析。

外部环境分析：是通过收集和分析企业外部经济、社会、文化、人口、环境、政治、法律、政府、政策、技术和竞争等信息，确定企业所面临的机会和

威胁。

内部环境分析：是通过收集和分析企业有关管理、市场营销、财务管理及投（融）资、生产制造、产品研发、品质管控、人力资源、供应链管理、企业文化、核心价值链优化等方面的信息，确定企业最重要的优势和劣势。

3. 战略定位：寻找目标

企业在对外部环境、内部环境进行客观分析之后，还需要将分析的结果用 SWOT 矩阵进行归集和再分析，为企业进行战略定位提供依据。

企业在进行 SWOT 矩阵分析的时候，主要包括以下 8 个步骤：

（1）列出企业的关键外部机会。常见的企业外部机会有：服务独特的客户群体、新的地理区域的扩张、产品组合的扩张、核心技能向产品组合转化、垂直整合的战略形势、分享竞争对手的市场资源、竞争对手的支持、战略联盟与并购带来的超额覆盖、新技术开发道路、品牌形象拓展的道路等。

（2）列出企业的关键外部威胁。常见的企业外部威胁有：强势竞争者进入、替代品引起销售下降、市场增长减缓、交换率和贸易政策的不利转换、由新规则引起的成本增加、商业周期的影响、客户和供应商的杠杆作用加强、消费者购买需求下降、人口与环境变化等。

（3）列出企业的关键内部优势。常见的企业内部优势有：清晰的战略定位、有利的金融环境、有利的品牌形象和美誉、被广泛认可的市场领导地位、专利技术、成本优势、品牌优势、强势广告、产品创新技能、优质客户服务、优秀产品质量、战略联盟与并购。

（4）列出企业的关键内部劣势。常见的企业内部劣势有：没有明确的战略导向、陈旧的设备、超高的资产负债表、超过竞争对手的高额成本、缺少关键技能和资格能力、利润的急剧下滑、内在的运作困境、落后的 R&D 能力、过分狭窄的产品组合、市场规划能力的缺乏。

（5）将内部优势和外部机会一一匹配，列出 SO 战略，即增长型战略。

（6）将内部劣势和外部机会一一匹配，列出 WO 战略，即扭转型战略。

（7）将内部优势和外部威胁一一匹配，列出 ST 战略，即多元化战略。

（8）将内部劣势和外部威胁一一匹配，列出 WT 战略，即防御型战略。

4. 竞争战略：锁定目标

通过前面提到的战略分析和战略定位，企业已经明确了所处的经营环境

(外部环境、内部环境)，同时也确定了需要进入的区域、市场、产业和产品。当然，企业可以像格力电器一样选择专一经营战略（空调)，也可以像美的一样选择一体化甚至多元化战略（家电、物流、地产)；可以像茅台一样选择“一品为主，多品开发，做好酒文章；一业为主，多种经营，走出酒天地”，也可以像五粮液一样选择“一业为主，多元发展”。企业最终究竟该选择什么样的战略，这与企业拥有的资源、所处的行业、宏观及微观环境、愿景及战略意图等因素都有很大的关联性。

很多企业在进行战略规划的时候，往往会有这样的误区，觉得有了战略选择就完成了战略的规划工作。其实不然，仅有了选择还不够，因为企业的战略是要在一个复杂、多变的环境中去实现的，战略选择后，企业还需要确定主要竞争对手，只有这样才能保证战略的实现。这就是我们通常所说的竞争战略。

竞争战略的制定需要秉承“锁定法则”，具体地说，就是要确定谁是主要竞争对手，找准重点、锁定目标，而不是草木皆兵，把同行所有的企业都当成自己的对手来对待。

清晰并成功锁定竞争对手之后，企业就要采取出其不意、攻其不备等手段，确定自己的竞争战略，一般来讲，企业的竞争战略包括基础竞争（如规范化管理竞争)、条件竞争（如资源竞争)、市场竞争、人力资源竞争、标杆竞争（如学习竞争)、差异化竞争（如创新竞争、产品竞争)、无差异竞争（如价格竞争）等。

5. 职能战略：分解目标

彼得·德鲁克曾经说过：**经营目标可以被比作轮船航行用的罗盘。罗盘是准确的，虽然在实际航行中，轮船可以偏离航线很远，然而如果没有罗盘，航船既找不到它的港口，也不可能估算达到港口所需要的时间。**

可见目标对于企业战略实施和经营的重要性，没有目标的战略不能称为战略，没有目标的企业就如脚踩西瓜皮，踩到哪里算哪里。

企业战略实施的过程中，还需要对目标进行分解，比如新产品研发、生产制造、市场营销、财务投资、人力资源等，这就是我们通常所说的职能战略。

弗雷德·R. 戴维教授认为，企业职能战略确定和目标分解的过程中必须关注以下问题：年度经营计划、制定政策、调整现行组织结构、企业改组和流程再造、员工激励计划、管理变革、管理者对战略的适应能力、培训支持新战略的企业文化、调整生产作业过程、发展有效的人力资源功能等管理问题，还需要关注市场营销（包括市场细分、产品定位、品牌管理、销售管理、价格管理等）、财务管理（包括资金管理、预算管理、会计核算等）、研究与开发、信息系统管理等问题。

6. 年度经营计划：战略落地

年度经营计划既是企业中长期发展战略规划在特定经营年度的构成部分，也是对公司中长期发展战略规划的细化。制订科学合理的年度经营计划，并保证按照年度经营计划实施，是企业发展战略实现的保障和基础。

企业发展战略的实现就像是一场马拉松比赛，漫长而艰苦，如果企业不能学会战略分解和分步实施，很可能大家就会因为目标遥不可及而选择放弃。年度经营计划可以很好地帮助企业进行战略目标的分解，企业在保证每年目标都实现的基础上，整体发展战略就水到渠成、顺利实现了。

7. 目标绩效管理：战略实施衡量

任何一项工作，一旦离开了评价和衡量，就会变得没有办法去跟踪，企业战略实施也不例外。所以建立完善的目标绩效管理体系是保证公司战略和年度经营计划落地并顺利实现的关键。

（1）绩效管理架构。绩效管理架构是企业建立绩效管理体系的基础，是企业目标分解的组织架构，也是企业目标实现的组织架构。一般来说，企业的绩效管理架构可以由公司绩效、部门绩效和员工绩效三层构成，有的公司也分为集团绩效、公司绩效、部门绩效和员工绩效四层。

（2）绩效指标体系。绩效指标体系的建立使量化评价企业各个层次的绩效变得简单，同时也使企业目标的分解有了载体。企业指标体系按照大类，可以分为对事不对人的指标和对人不对事的指标两种，其中：对事不对人的指标又可分为基于战略目标的 KPI、基于部门或岗位职能的 KPI、基于流程的 KPI、基于工作计划的 KPI 等；对人不对事的指标又可分为基于能力的 KCI、基于态度的 KCI 等。KPI 和 KCI 的来源是不同的，KPI 更加倾向于“冰山”的上部，即工作结果，KCI 更倾向于“冰山”的下部，即导致结果的能力、态度和行为。

（3）绩效管理手册。绩效管理手册是企业进行绩效管理运作的基本法，它包含绩效管理理念、绩效管理制度、绩效管理表单、绩效管理流程四部分，也可以称之为“绩效管理四要素”。

8. 工作计划管理：战略实现

工作计划管理是企业战略管理的末端，但也是最关键的环节。国家需要制订“十二五规划”，企业也需要制订5年、3年发展规划，同时还需要制订年度经营计划，部门开展工作同样需要编制年度、季度、月度工作计划。孔茨把计划置于5大管理职能之首，计划管理的重要性不言而喻。

（二）战略管理5个核心流程

通过前面的系统分析，我们清晰地了解了企业战略管理的各个环节。为了保证每个环节都落实到位，实现战略目标，企业有必要建立完善的企业战略管理流程体系。常见的企业战略管理流程包括：

（1）战略规划/实施/调整流程；

（2）年度经营计划管理流程；

（3）年度经营目标分解流程；

（4）目标绩效管理流程（分公司绩效、部门绩效、员工绩效）；

（5）工作计划管理流程。

【案例 6-3】某企业战略管理流程

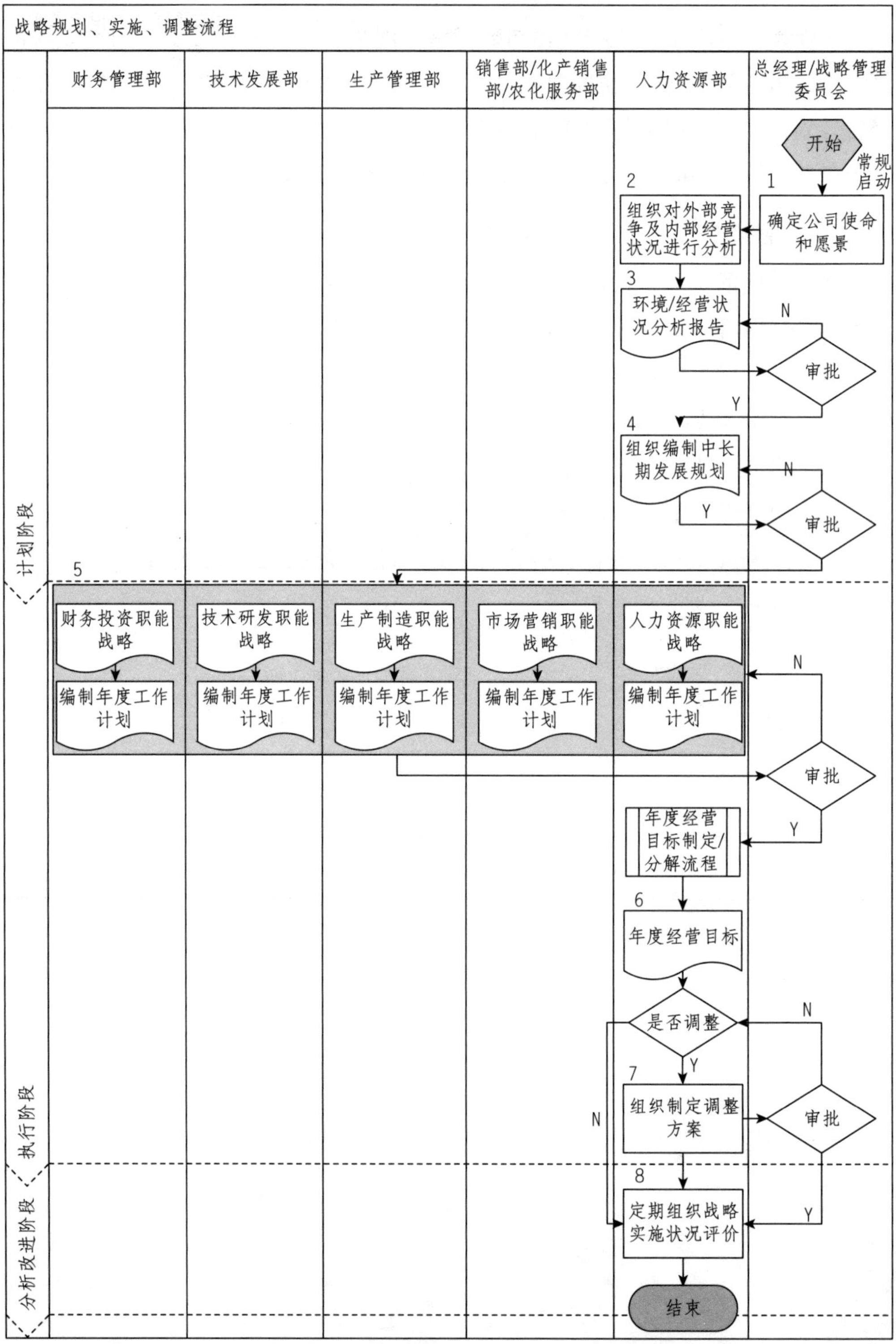

图 6-7 某企业战略规划、实施及调整流程

表 6－7 某企业战略规划、实施及调整流程核心步骤说明

步骤	工作内容的简要描述	相关流程/制度	相关表单/文件
1. 确定公司使命与愿景	公司总经理根据董事会的总体要求，确定公司中长期使命与愿景		《使命与愿景》
2. 组织对外部环境及内部经营状况进行分析	人力资源部利用战略分析工具对公司外围环境发展形势、竞争状况、企业内部经营状况进行系统分析		
3. 环境/经营状况分析报告	组织编制《竞争环境分析报告》、《内部经营状况分析报告》		《竞争环境分析报告》、《内部经营状况分析报告》
4. 编制中长期发展规划	根据外围环境分析及内部经营状况分析，组织编制公司 3－5 年发展规划，确定每年经济目标		《中长期发展规划》
5. 各职能部门编制职能战略，并编制年度工作计划	根据公司中长期发展规划，各职能部门负责识别 5 大职能战略的核心事项，并编写职能战略和每年度工作计划		《5 大职能战略》
6. 年度经营目标	人力资源部根据公司中长期发展战略和各职能战略工作计划，组织编制公司每年度经营计划		《年度经营计划》
7. 组织制定调整方案	在年度经营计划实施过程中，人力资源部应定期对战略的实施状况进行监督检查，需要调整时，及时编制调整计划报公司总经理审批		
8. 定期组织战略实施状况评价	利用绩效管理的手段，定期对经营目标达成状况进行评价		

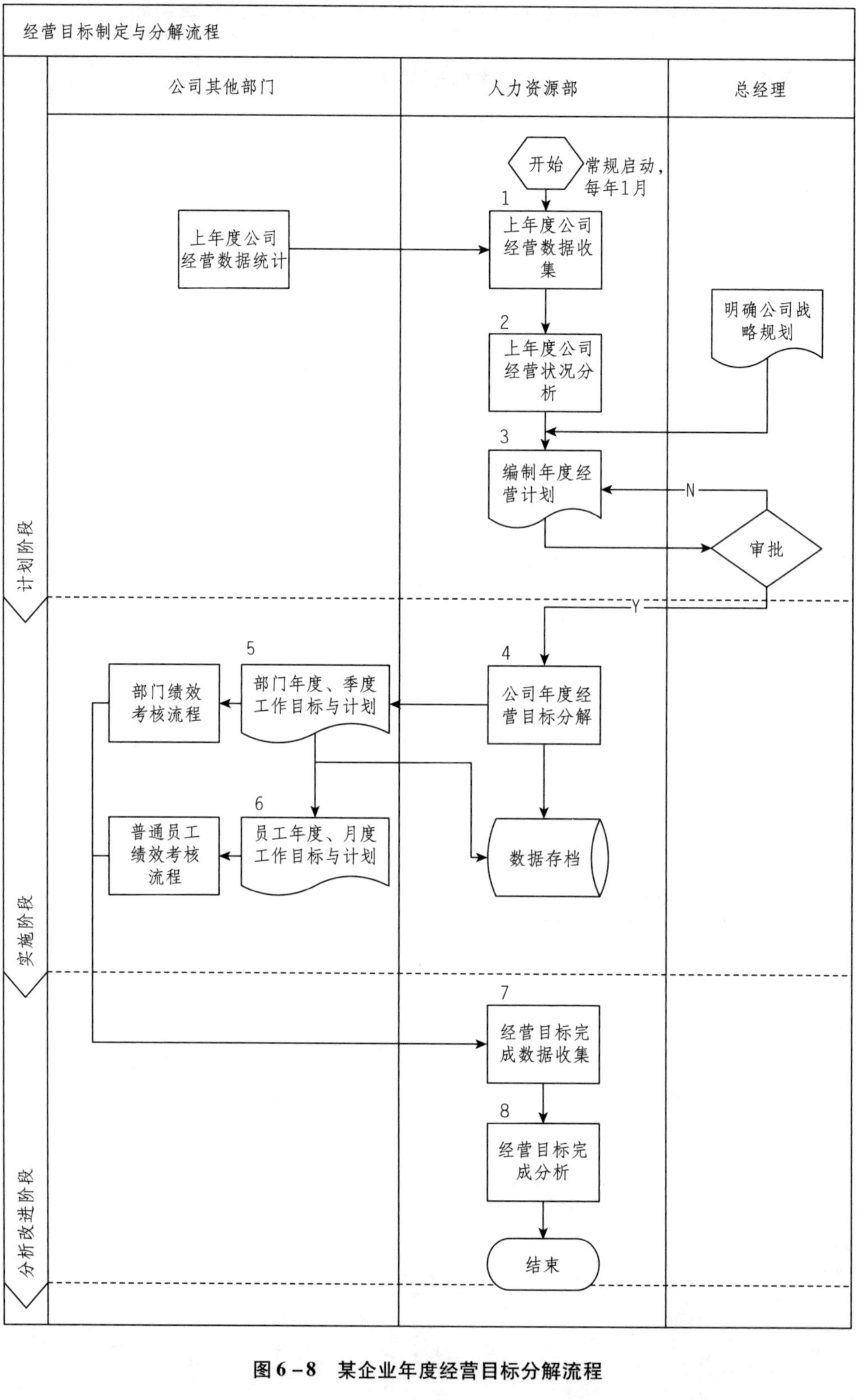

图6-8　某企业年度经营目标分解流程

表6－8　某企业年度经营目标分解流程核心步骤说明

步骤	工作内容的简要描述	相关流程/制度	相关表单/文件
1. 上年度公司经营数据收集	针对公司上年度的生产、销售、财务等方面的经营数据收集		
2. 上年度公司经营状况分析	利用相关数据对公司整体经营状况（财务方面）、运营情况（管理方面）、市场拓展（营销方面）、产品生产（质量方面）等进行综合分析		
3. 编制年度经营计划	依据高层明确的战略规划，以及上年度的经营状况制订本年度的经营计划		
4. 公司年度经营目标分解	依据审批的年度经营目标与计划，分解到各部门		
5. 部门年度、季度工作目标与计划	由人力资源部指导，各部长负责分解部门年度、季度工作目标与计划，进行部门绩效考核	《部门绩效考核流程》	
6. 员工年度、季度工作目标与计划	由各部长主导、员工参与确定员工的年度与月度的工作目标与计划，进行员工绩效考核	《普通员工绩效考核流程》	
7. 经营目标完成数据收集	人力资源部对各类经营目标完成情况进行收集		
8. 经营目标完成分析	人力资源部负责对各类经营的差距对比、原因分析等，及时通报公司高层		

三、财务管理流程再造

随着资本在企业经营中所起的作用越来越大，企业对财务管理的依赖度也是越来越高。大家都知道，传统的企业财务管理其实就是会计核算和资金管理、税务缴纳，但就在最近几年，很多企业开始关注并越来越重视投资、融资、成本控制、资产保值增值、全面预算管理、财务分析、风险控制、EVA、财务管理信息化等领域，其实这正是企业财务管理在企业中作用提升的直接体现。

企业财务管理的基本框架（图6－9）：

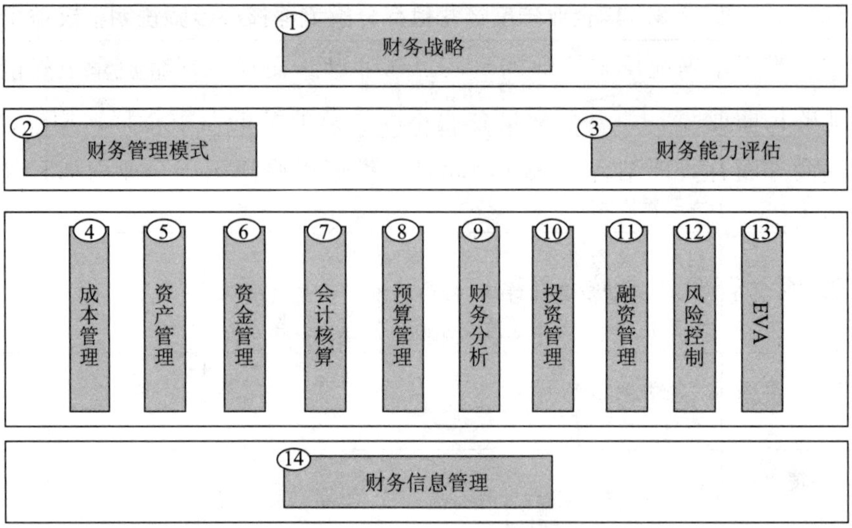

图 6－9　账务管理体系基本结构

（一）财务管理的 4 大职能

现代企业财务管理的职能已经有了非常大的改变，特别是以下几大职能在企业管理中的作用越来越明显：

（1）财务战略。财务战略作为企业职能战略的重要组成部分，主要包括财务投资方向及投资回报分析、融资渠道及融资模式、企业资产管理等。

（2）财务管理模式。从财务原理上来讲，企业的财务管理模式都是源于国家相关财经法规及会计准则，每家企业，由于其价值链选择、所处行业和业务模式不同，其财务管理模式也会存在很大的差异，所以企业结合自身特点建立会计核算、资产管理（包括资产折旧）等就显得非常重要。

（3）财务能力评估。财务能力评估的目的是了解一个企业经营业绩和财务状况的真实面目，从晦涩的会计程序中将会计数据背后的经济含义挖掘出来，为管理者、投资者和债权人提供决策基础。

（4）EVA。EVA 即经济增加值。EVA 是指企业资本收益与资本成本之间的差额。更具体地说，EVA 就是指企业税后营业净利润与全部投入资本（借入资本和自有资本之和）成本之间的差额。如果这一差额是正数，说明企业创造了价值，创造了财富；反之，则表示企业发生价值损失。如果差额为零，说明企业的利润仅能满足债权人和投资者预期获得的收益。

美国纽约斯特恩·新图尔特咨询公司认为：无论是会计收益还是经营现金

流量指标都具有明显的缺陷，应该坚决抛弃，会计收益未考虑企业权益资本的机会成本，难于正确地反映企业的真实经营业绩，而经营现金流量虽然能正确反映企业的长期业绩，却不是衡量企业年度经营业绩的有效指标；相反，EVA能够将这两方面有效地结合起来，因此是一种可以广泛用于企业内部和外部的业绩评价指标。

（二）财务管理10大核心流程

基于以上财务核心职能，财务管理的核心流程主要有：

（1）年度财务预算制定流程；

（2）预算执行与调整流程；

（3）年度税务筹划实施流程；

（4）财务核算管理流程；

（5）财务费用报销流程；

（6）固定资产管理流程；

（7）财务分析管理流程；

（8）财务投资管理流程；

（9）融资管理流程；

（10）资金管理流程。

【案例6－4】KKD财务管理流程

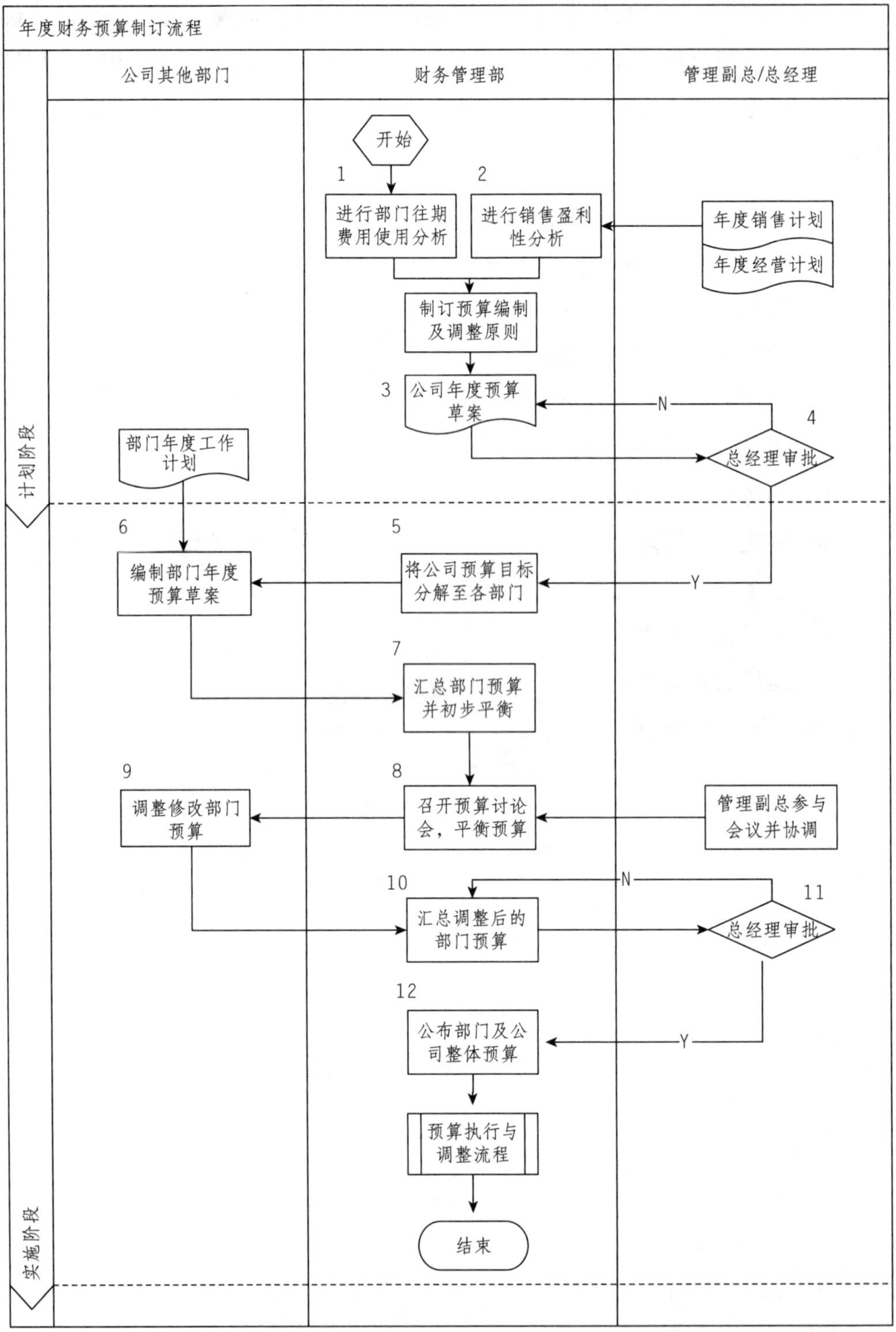

图6－10　KKD年度财务预算制定流程

表6-9 KKD年度财务预算制定流程核心步骤说明

步骤	工作内容的简要描述	相关流程/制度	相关表单/文件
1. 各部门往期费用使用分析	财务管理部对部门往期费用与预算执行情况进行汇总分析		
2. 进行销售盈利性分析	财务管理部根据公司的销售计划与经营计划要求，对产品未来销售盈利能力和状况进行分析		
3. 年度预算草案	根据以上分析，财务部门确定公司预算编制的指导思想和原则，并形成公司年度预算草案	《公司预算管理制度》	
4. 总经理审批	总经理对公司预算草案进行审批		
5. 将公司预算目标分解至各部门	财务管理部下达部门预算要求，将公司预算目标分解至公司各部门		《公司年度预算管理表》
6. 编制部门年度预算草案	各部门结合部门年度工作计划，按照预算要求制订部门预算		
7. 汇总部门预算并初步平衡	财务管理部汇总各部门预算草案，并对部门预算进行初步平衡		
8. 召开预算讨论会，平衡预算	财务管理部召开部门联合评审会议，对初步预算平衡结果进行讨论		
9. 调整修改部门预算	各部门根据会议预算平衡结果，对部门编制的相关预算进行调整		
10. 汇总调整后的部门预算	财务管理部汇总各部门调整后的预算方案，形成公司预算方案，并报总经理审签		
11. 总经理审批	公司总经理对部门及公司预算方案进行审批，作为正式发布依据		
12. 公布部门及公司整体预算	财务管理部正式发布相关部门及公司预算方案		

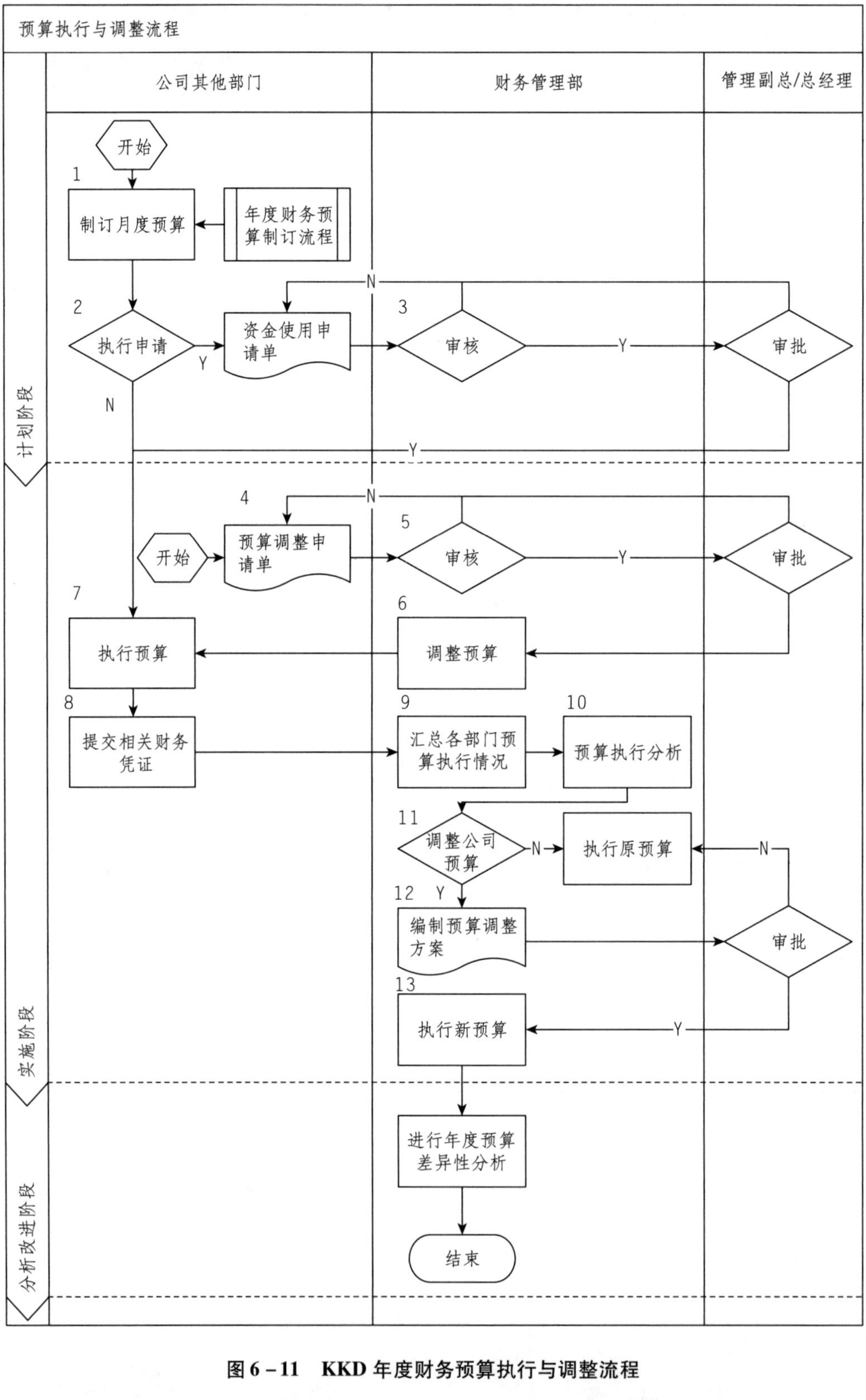

图 6-11　KKD 年度财务预算执行与调整流程

表 6－10　KKD 年度财务预算执行与调整流程核心步骤说明

步骤	工作内容的简要描述	相关流程/制度	相关表单/文件
1. 制订月度预算	各相关部门根据年度预算编制要求，分解制订部门月度预算要求		
2. 执行申请	部长对预算执行申请进行审批，属于一般预算审批项目可由部长直接决定，对超预算、非预算或超部长审批权限的项目则由部门填写资金申请表，交上级部门审批	《公司预算管理制度》	《资金使用申请表》
3. 审核	财务部门负责人及总经理根据各自授权范围，对相关事项进行审批，总经理对相关事项有最终决定权		
4. 预算调整申请单	各部门根据实际业务需求，提出预算调整申请		《预算调整申请表》
5. 审核	财务管理部及总经理根据各自授权范围，对预算调整事项进行分级审批，总经理对预算调整有最终决定权		
6. 调整预算	财务管理部根据总经理审批意见，调整部门预算		
7. 执行预算	各相关部门执行经领导审批同意后的部门预算		
8. 提交相关财务凭证	根据实际业务发生状况，相关部门提交财务凭证		
9. 汇总各部门预算执行情况	财务部门收集相关财务凭证，定期汇总部门预算执行情况		
10. 预算执行分析	财务部门定期对部门及公司预算执行情况开展分析		
11. 调整公司预算	财务管理部根据公司预算执行情况及公司业务状况，对公司整体预算是否调整做出判断		
12. 编制预算调整方案	相关调整后的公司整体预算方案交总经理进行审批		
13. 执行新预算	财务管理部执行经总经理同意后的公司整体新预算		

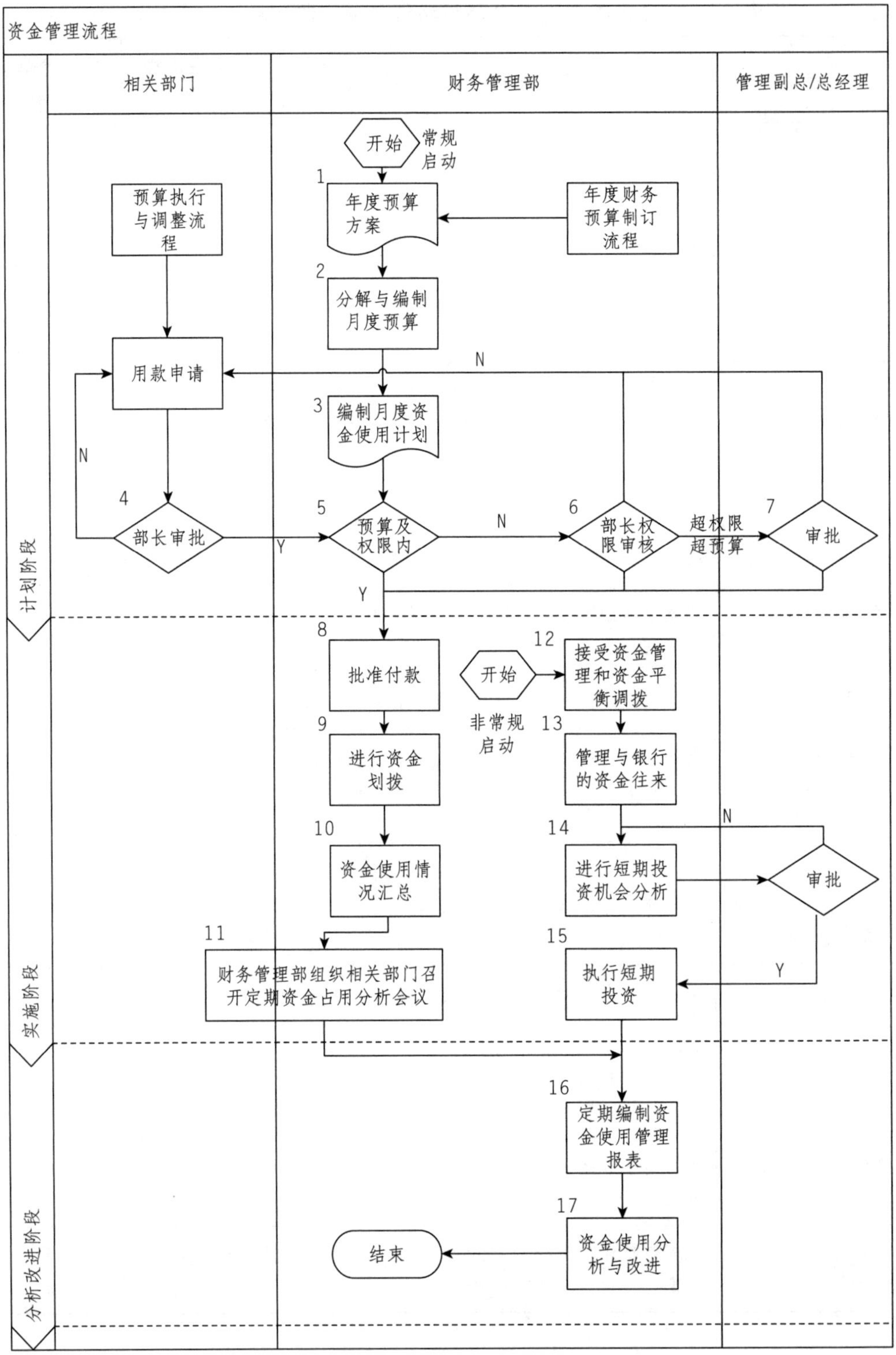

图6-12 KKD资金管理流程

表 6-11　KKD 资金管理流程核心步骤说明

步骤	工作内容的简要描述	相关流程/制度	相关表单/文件
1. 年度预算方案	财务管理部根据公司及各部门年度预算分解制订月度资金预算		
2. 分解与编制月度预算	财务管理部编制相关公司月度资金使用计划		
3. 编制月度资金使用计划	各相关部门向部门负责人提出资金用款申请		
4. 部长审批	部门负责人根据公司资金使用规定及部门预算制订情况，对部门内部用款申请进行合规性审批	《资金管理制度》	
5. 预算及权限内	财务人员判断部长审批结果是否符合部门预算及部门负责人审批权限，符合则进行资金划拨，超出则报上级领导进行审核		
6. 部长权限审核	财务部长根据自身审批权限对各部门资金申请进行审批，超出预算范围或超审批权限报总经理审批		
7. 审批	总经理对各部门超预算或超审批权限的资金申请进行最终审批		
8. 批准付款	财务管理部批准实施付款		
9. 进行资金划拨	财务管理部进行内部资金划拨		
10. 资金使用情况汇总	财务管理部汇总各部门资金使用情况		
11. 定期资金占用分析会议	财务管理部召开定期跨部门会议，研究资金使用情况，做好内部资金管理工作		
12. 接受资金管理和资金平衡调拨	财务管理部接受集团及相关外部机构的资金管理、划拨和平衡		
13. 管理与银行的资金往来	部门开展与银行的往来资金管理		
14. 短期投资机会分析	针对公司部分闲散资金，部门开展短期投资计划分析，报总经理审批		
15. 执行短期投资	总经理审批同意后，财务管理部开展相关短期投资		
16. 定期编制资金使用管理报表	根据公司内外部资金使用情况，财务部门定期编制相关资金使用报表		
17. 资金使用分析与改进	针对公司资金使用状况，财务部门进行分析与改进		

四、人力资源管理流程再造

从原来简单的人事管理，到人力资源管理、战略性人力资源管理，再到人力资本管理，从这一发展过程，我们就可以清楚地看到：人力资源管理对企业经营的贡献度越来越大，换句话来讲，人力资源对企业经营的影响越来越大；同时，企业人力资源管理成熟度的高低也将直接影响企业经营的效果和质量。

（一）人力资源发展的4个阶段

1. 人事管理阶段

人事管理阶段的核心工作是进行人事档案的日常管理，员工在企业的存在不被看作是资源，而是简单地以人事档案的形式体现。在人事管理阶段，企业把“人”看作“工具”，和设备一样，企业只需要建立人事档案，进行基本的教育、考核和工资核算即可。

2. 粗放型人力资源管理阶段

在这个阶段，企业中开始出现人力资源部，它负责企业的人事政策制定，根据上级要求进行人员招聘及管理，并参与企业战略规划的实施。但企业在战略目标的形成过程中，往往把对人力资源问题的考虑排除在外。

在这个阶段，企业虽然意识到人力也是一种资源，但并不认为是重要的战略性资源，而人力资源部门的工作也往往处于一种被动状态。

3. 战略性人力资源管理阶段

这个阶段，企业战略目标的实现越来越依赖于其快速应变能力和团队合作精神，人成为竞争力的关键，人力资源部门以前是企业战略的被动接受者，现在已成为企业战略的制定者和推行者。企业开始制定人力资源战略，并实施战略性人力资源管理，一方面企业为实现其目标而制定具体的人力资源行动，同时，还将人力资源管理与企业战略目标联系起来，以改进员工绩效与组织绩效。人力资源部门将关注的重点转移到企业文化建设、员工职业生涯规划、薪酬体系与激励制度、人力资源开发、知识管理、人力资源管理技术、员工满意度等方面的工作上。

4. 人力资本管理阶段

人力资本管理是建立在战略性人力资源管理的基础之上的，综合了“人的管理”与经济学的“资本投资回报”两大分析维度，将企业中的人作为资本来进行投资与管理，并根据不断变化的人力资本市场情况和投资收益率等信息，及时调整管理措施，从而获得长期的价值回报。

人力资本管理将企业人力资本分为核心人力资本、关键人力资本、潜力人力资本和基础人力资本，对于公司而言，核心人力资本和关键人力资本是企业人力资源管理和关注的重点，因为这些资本对于企业来讲至关重要。

（二）人力资源管理体系基本架构

现代企业人力资源管理共包含 17 部分内容（如图 6－13）：

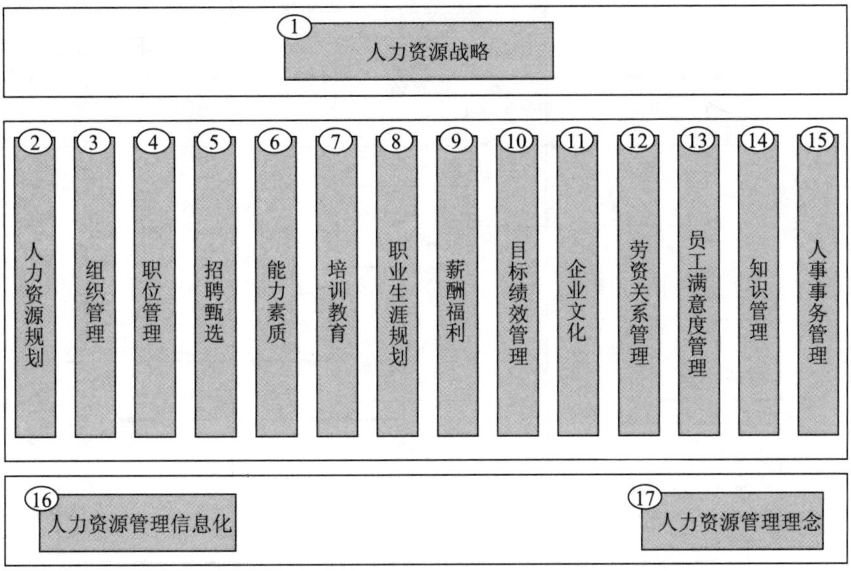

图 6－13　人力资源管理体系基本结构

（三）人力资源管理 10 大核心流程

基于以上人力资管理核心职能，人力资源管理的核心流程主要有：

（1）组织管理流程；

（2）工作分析流程。

（3）培训管理流程（含培训计划、入职培训、在职培训）；

（4）人力资源规划流程；

（5）招聘管理流程（含招聘计划、内部招聘、外部招聘）；

（6）管理干部述职流程；

（7）劳动合同管理流程；

（8）员工异动管理流程；

（9）薪酬管理流程（含薪酬预算、薪酬水平调整及薪酬层级异动）；

（10）企业文化建设流程。

【案例6-5】KKD人力资源管理流程

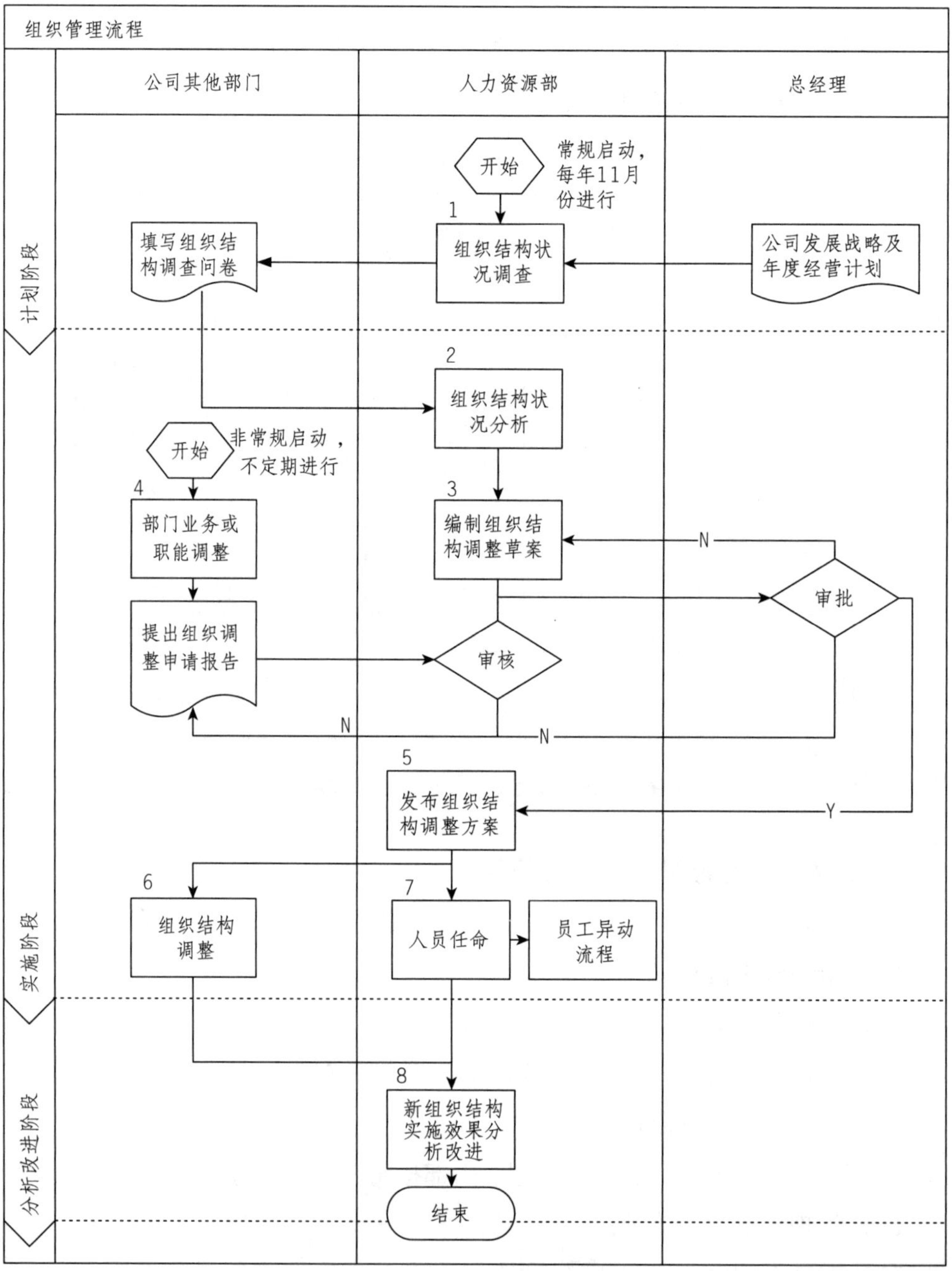

图6-14　KKD组织管理流程

表 6－12　KKD 组织管理流程核心步骤说明

步骤	工作内容的简要描述	相关流程/制度	相关表单/文件
1. 组织结构状况调查	人力资源部每年 11 月负责制订组织状况调查规划、调查方式方法选择、调查问卷设计等组织工作		《组织结构调查问卷》
2. 组织结构状况分析	依据组织结构调查问卷进行组织结构状况进行分析，为组织调整提供依据		
3. 编制组织结构调整草案	依据组织状况分析结果，拟订组织结构调整方案，包括公司组织架构、部门职能、部门二级结构等调整	《组织设计报告》	
4. 部门业务或职能调整	非常规情况下，由部门业务或者职能调整时，由相关部门提出申请，逐级审批后方可调整；新增部门时由人力资源部申请		《组织结构调整申请表》
5. 发布组织结构调整方案	发布经总经理审批的组织结构调整方案		
6. 组织结构调整	相关部门依据组织结构调整方案进行分工调整，人员配置申报，进行定岗定员定编		
7. 人员任命	人力资源部依据各部门定员申报（关键岗位由总经理审批），进行人员任命		
8. 新组织结构实施效果分析改进	通过职能分工、沟通协调、流程顺畅等效果进行新组织结构的实施效果进行分析，提出改善意见		

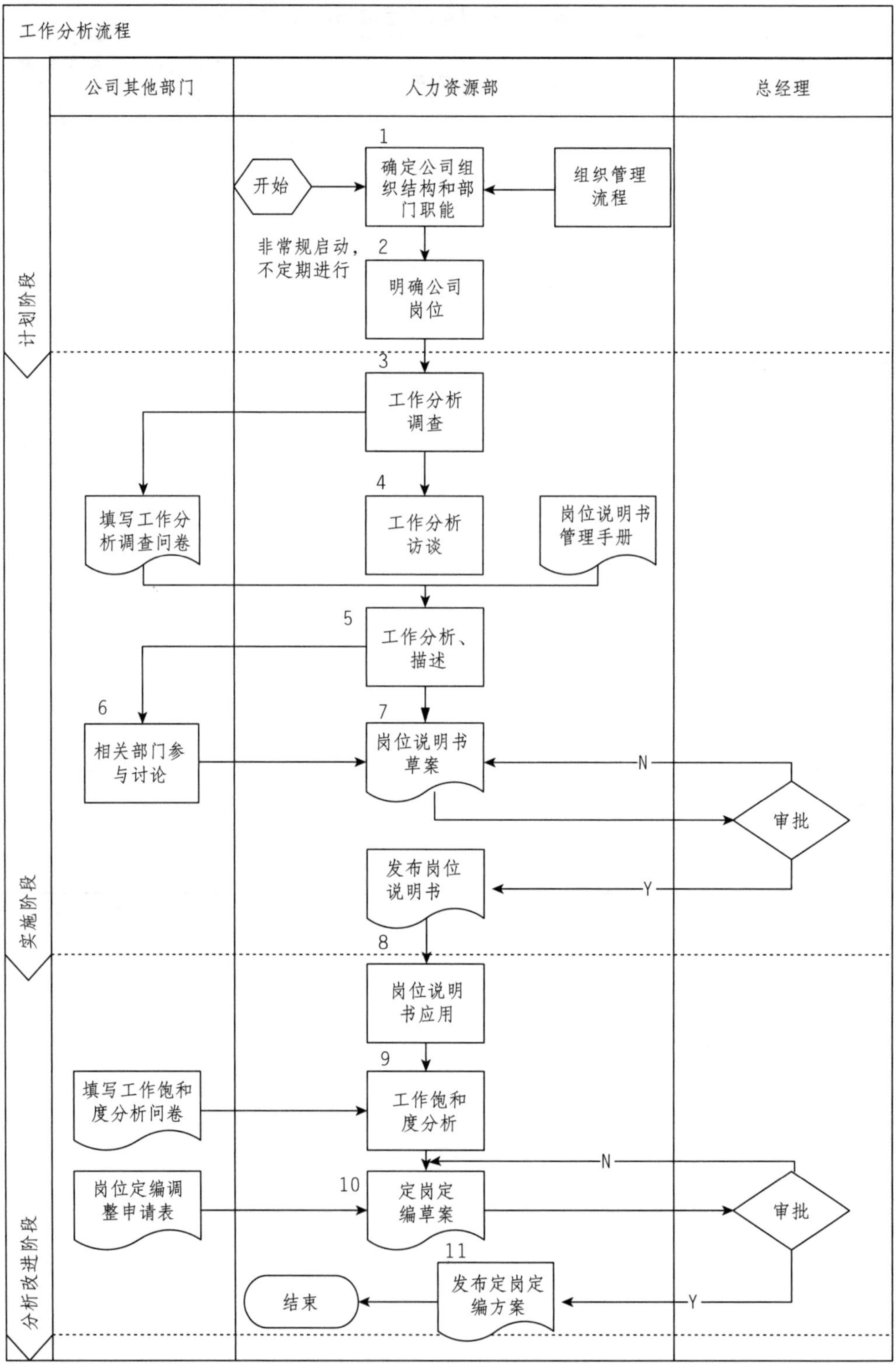

图 6－15　KKD 工作分析流程

表 6－13　KKD 工作分析流程核心步骤说明

步骤	工作内容的简要描述	相关流程/制度	相关表单/文件
1. 确定公司组织结构和部门职能	通过组织管理流程确定结构与部门职能		
2. 明确公司岗位	明确各部门岗位及层级，统一岗位名称		
3. 工作分析调查	进行工作分析调查规划、工作分析问卷、工作分析访谈提纲等设计工作		《工作分析问卷》
4. 工作分析访谈	选择关键岗位与代表性岗位进行工作分析访谈，获取更多的工作分析一手资料		
5. 工作分析、描述	编写《岗位说明书管理手册》，为岗位说明书编写提供依据；依据工作分析问卷进行工作分析及职能描述	《岗位说明书管理手册》	
6. 相关部门参与讨论	在工作分析过程中，邀请相关部门的部门主管或者核心管理人员参与讨论，提高工作分析的有效性		
7. 岗位说明书草案	按部门编写岗位说明书，并交总经理审核	《岗位说明书》	
8. 岗位说明书应用	对审核的岗位说明书进行发布，并对其进行职责分工、招聘、考核、岗位评估等等运用		
9. 工作饱和度分析	发放工作饱和度问卷，进行工作饱和度分析		《工作饱和度分析问卷》
10. 定岗定编草案	依据工作饱和度分析结果，制订定岗定编草案；通常情况下，各部门需要调整岗位编制，填写岗位编制调整表审批后执行	《岗位编制方案》	《岗位定编调整申请表》
11. 发布定岗定编方案	发布审批后的岗位编制方案，各部门按新的岗位编制进行调整		

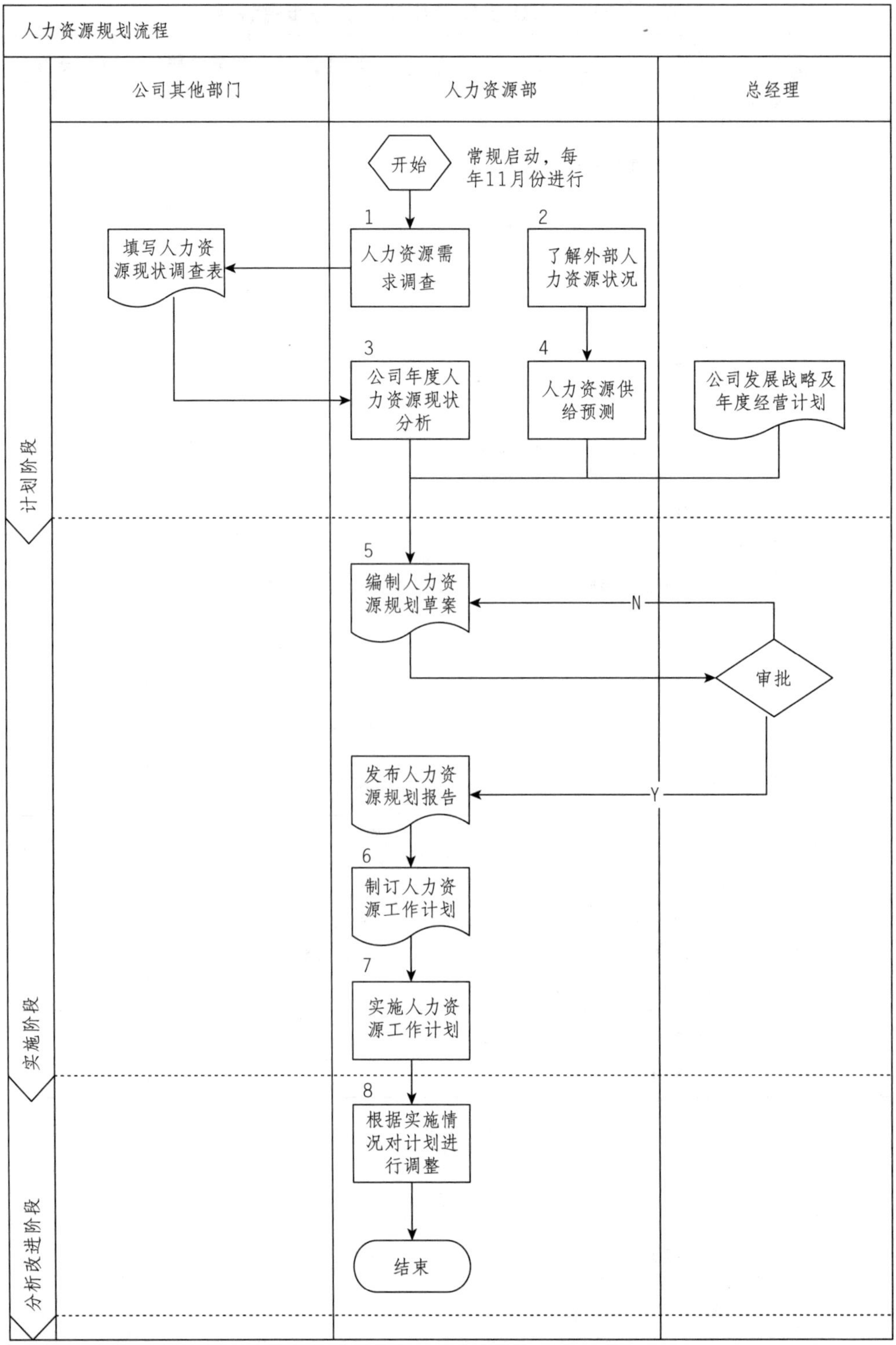

图 6－16　KKD 人力资源规划流程

表 6－14　KKD 人力资源规划流程核心步骤说明

步骤	工作内容的简要描述	相关流程/制度	相关表单/文件
1. 人力资源需求调查	组织企业内部人力资源需求调查		《人力资源现状调查表》
2. 了解外部人力资源状况	了解企业外部人力资源状况，包括人力资源供求水平、薪酬水平、关键技术、管理人才的状况等		
3. 公司年度人力资源现状分析	公司年度人力资源现状分析，包括销售生产状况、人力资源需求状况、薪酬绩效状况、培训状况、员工满意度等方面		
4. 人力资源供给预测	依据市场人才环境做出公司人力资源供给预测，提出解决人才或者人力紧缺的方法		
5. 编制人力资源规划草案	结合公司发展战略、内部人力资源需求、外部人力资源供给预测，制订公司 3～5 年的人力资源规划草案		《人力资源规划报告》
6. 制订人力资源工作计划	依据审核并发布的人力资源规划报告，制订具体未来一年的人力资源工作计划		《人力资源工作计划》
7. 实施人力资源工作计划	按人力资源工作计划实施，在招聘、培训、后备人才培养等方面起到相应的作用		
8. 根据实施情况对计划进行调整	定期人力资源计划的检讨，做出适当的、符合公司要求的人力资源计划调整		

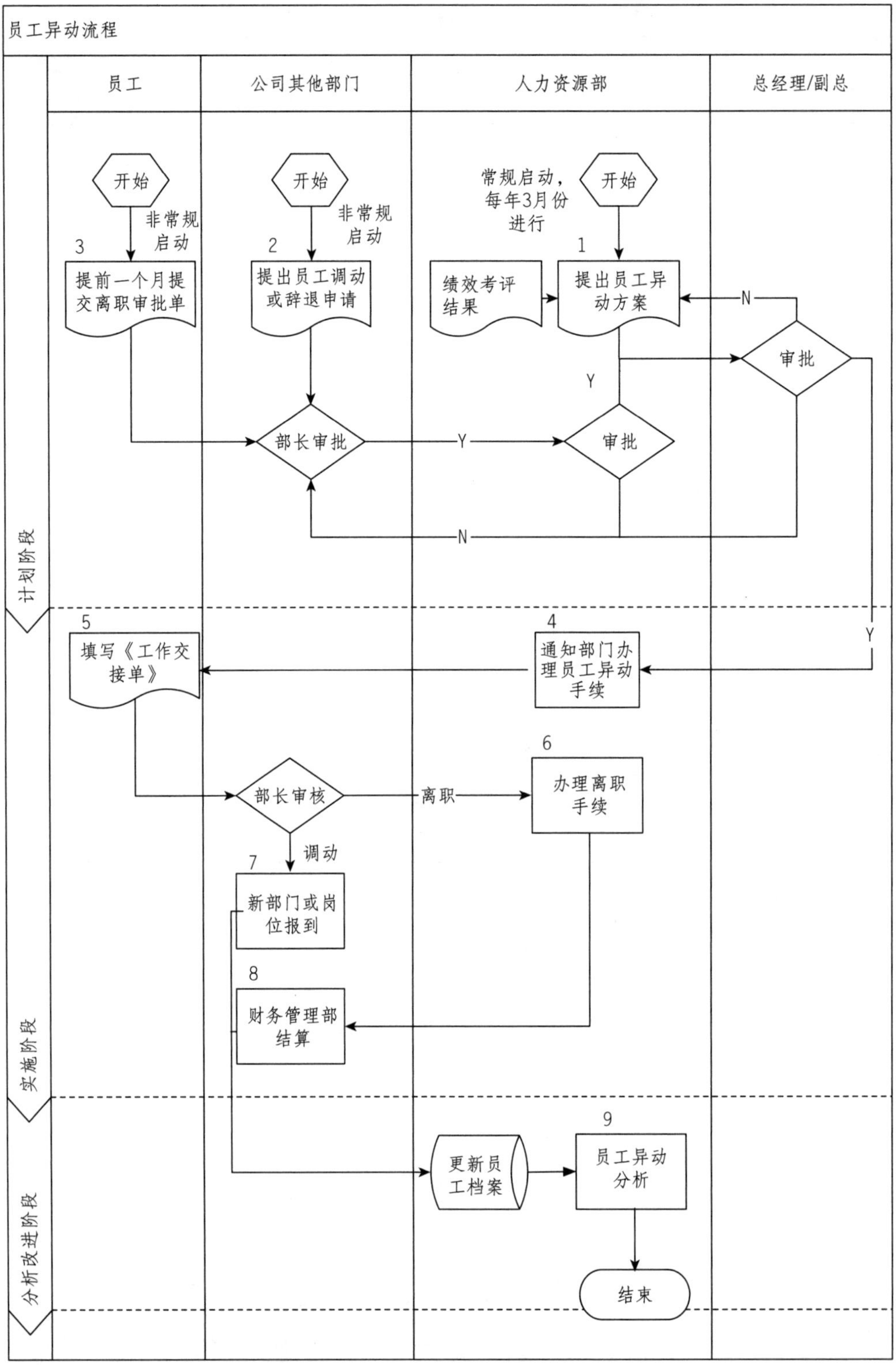

图6－17　KKD员工异动流程

表 6-15 KKD 员工异动流程核心步骤说明

步骤	工作内容的简要描述	相关流程/制度	相关表单/文件
1. 提出员工异动方案	每年3月，依据公司人力资源发展战略与绩效考评结果，提出员工晋升、平调或辞退等员工调整方案，并呈交经理审批	《员工异动管理办法》	《员工晋升/降级申报表》、《员工调动/借调申报表》、《员工辞退申请表》
2. 提出员工调动或辞退申请	部门依据工作需要，对员工提出调动或辞退申请，并交人力资源审核		
3. 提前一个月提交离职审批单	员工因个人原因主动提出离职申请，需提前一个月，并填写离职审批表		《员工辞职审批表》
4. 通知部门办理员工异动手续	依据审批的单据通知、办理员工异动手续		
5. 填写《工作交接单》	员工办理异动手续，填写《工作交接单》		《工作交接单》
6. 办理离职手续	如果员工离职，通知、办理员工离职手续		《员工离职手续表》
7. 新部门或岗位报到	如果是员工调动，员工到新部门或者岗位报到		
8. 财务管理部结算	员工异动离开岗位前，必有须到财务管理部进行结算，结清相关账务		
9. 员工异动分析	人力资源部负责员工异动分析，了解员工异动的原因		

第七章　先固化，后僵化，再优化

——业务流程信息化与信息系统集成

华为的任正非先生曾经说过，在管理改进和学习西方先进管理方面，华为的方针是“削足适履”，对系统先僵化、后优化，再固化。

这可以说是国内企业对流程实施的最佳总结和实践，企业内部进行流程实施，首先需要对员工面对管理变革的态度有所了解，才能做到心中有数，从容不迫地去推行和实施流程变革。

第一节　业务流程自动化与信息化

在很多企业，流程管理工作最头疼的就是流程的固化很难，一般情况下，为了保证流程能够固化和严格执行，企业可以采取以下几种措施：

1. 明确流程的相关绩效指标

如果要纠正流程实施过程中的偏差，首先就应明确公司对流程运作的要求和标准。如果缺乏必要的标准和要求，就无法有效衡量流程实际运行情况。在对流程设置相关绩效指标时，要注意绩效指标的合理性和科学性，应能通过绩效指标反映出流程的真实运行情况。

2. 定期反馈与监督

流程变革启动后，项目小组应实时地对流程实施过程进行监督与控制。我们可以通过数据/报表收集与反馈、专题会议召开等手段来达到上述目的。根据各流程实施部门执行流程的不同情况，通过设置专门的表单，定期收集相关绩效指标，来反映各部门的流程执行效果。如果认为有必要，可以召开定期/不定期专题会议进行研讨，反映流程中存在的实际问题，并由项目实施团队提出相关的解决措施和意见。当相关问题项目实施团队解决不了时，可交由公司高层领导进行决策。

3. 现场指导与答疑

流程在试运行期间，由流程项目团队成员指导流程执行部门进行实际操作与实施，并对其现场流程运行情况进行观察、访谈和监督。在实施的过程中，针对流程执行人员所提出的各种疑问，进行及时、合理的解答，以确保流程能够在预定的轨道上顺利运行。

4. 记录与反馈相关问题

新流程运行过程中，各流程执行部门除了定期的数据反馈以外，还可以指派专人记录流程运行过程中存在的问题，并反馈给流程项目团队。项目团队可通过网上论坛、黑板报、宣传栏等方式进行公开答疑。

5. 流程实施沟通

当流程由上一阶段转入下一阶段时（如从试用阶段转入到正式实施阶段），

流程执行单位应及时与流程项目团队进行沟通交流，就流程实施准备达成一致意见，并相互做好协调配合措施。

6. 利用信息化手段对流程进行固化

随着信息化在企业管理工作中发挥的作用越来越明显，利用信息化手段对流程进行固化也就显得越来越重要，换句话来讲，信息化已经成为企业进行流程固化的重要手段和工具，企业可以利用 ERP 系统固化供应链、营销相关流程，可以利用 CRM 系统固化营销管理及客户关系管理相关流程，可以利用 SCM 对供应商及供应商相关管理流程进行固化，还可以通过协同平台对公司的其他管理流程，诸如财务流程、人力资源流程、行政流程、战略管理流程，进行固化。

一、业务流程自动化与信息系统集成

业务流程自动化（BPA：Business Process Automation）是用信息化手段进行业务流程固化的第一步，企业业务流程再造完成后，业务规模会不断扩大，比如终端用户从几十个到几百个、几千个甚至上万个，经销商从几个到几十个、几百个，供应商也从少数几十个增加到几百个，同时客户订单也会成倍地增加。这时候企业首先面临的问题就是单靠人脑已经无法满足业务发展需要，需要思考对业务流程的局部或者全部进行自动化，即开发或导入专业的信息系统，如财务系统、客户管理系统、供应商管理系统、研发系统、ERP 系统、HRM 系统、KM 系统、DRP 系统，等等。

（一）业务流程与 CRM

CRM（Customer Relationship Management）即客户关系管理，它既是一个管理术语，也是一种客户经营策略，同时也是一个管理信息系统，主要是利用计算机自动化分析销售、市场营销、客户服务以及应用支持等流程的软件系统。

在本书中我们所谈的就是企业客户关系管理信息系统，我们主要来谈企业如何利用 CRM 系统进行相关流程固化。一般而言，企业实施 CRM 系统会有以下几个目的：

1. 沉淀客户资源

在很多企业，客户资源都是掌握在业务员手中的，业务人员一旦发生变化，客户资源也就随之流失。这一现象在很多制药企业、咨询机构或其他以项目制运作、大客户制运作的企业尤为普遍。企业可以通过 CRM 系统将客户资源沉淀下来。

2. 管控客户开发过程

企业实施 CRM 系统，还有一个重要目的就是要对客户开发过程进行管理，从销售商机挖掘到销售阶段管理（意向阶段、合作内容确认阶段、合同谈判阶段、合同签订阶段、合同履行阶段）进行全过程管理。

3. 传递优秀经验，规范企业流程

通过 CRM 系统，企业可以把优秀销售人员管理客户的流程整理出来，优化到系统流程中，从而使得每个人员能够掌握最好的销售流程。

4. 提升销售项目管理能力和结案率

通过 CRM 系统，企业可以给销售管理流程设定关键管理点，促使销售管理者及时提供相关支持，帮助销售人员更好地管理销售流程，提高客户满意度和销售结案率。

5. 固化销售流程，压缩新人上岗培训周期

CRM 系统规范了企业销售管理所有相关流程，新的员工或者岗位调动的员工只要按照系统的流程来做就可以很快熟悉新的岗位，从而降低了企业培训的难度，提高了员工上岗的速度。

6. 提升销售管理效率

由于 CRM 系统详细规定了符合企业特色的流程，并对关键点进行了控制，所以可以有效防止企业人员犯错。比如：很多销售人员常犯的错误就是内部成本还没有核算就给客户报价，易导致公司项目亏损，而通过 CRM 系统可以内部设定一个成本未经核算就无法报价的流程，从而防止出错。

7. 总结优秀经验，做好知识传承

通过 CRM 系统的使用，企业可以记录所有人员与客户接触以及与客户所有交易的往来信息，从而系统地把客户相关知识记录到系统中来，继而通过对相关数据的分析，总结出优秀的经验，做好知识传承。

8. 提升二次销售比率

经过以上步骤后，只要经公司授权的人员进入系统，就可以全面了解客户的喜好和客户的成交记录，筛选并重点挖掘重点及潜力客户，实现二次或多次

销售。

常见的 CRM 系统主要可以实现以下功能：客户档案管理、客户联系信息管理、市场活动信息管理、销售机会管理、销售漏斗管理、销售过程管理、销售人员日常管理、销售数据分析等功能；同时，企业与 CRM 相关的流程主要有：销售机会管理流程、销售过程管理流程、客户拜访流程、客户满意度管理流程、客户投诉处理流程等。企业可以通过 CRM 系统的实施对以上流程进行有效固化。

（二）业务流程与 SCM

供应链管理（SCM：Supply Chain Management）是一种集成的管理思想和方法，它执行供应链中从供应商到最终用户的物流的计划和控制等职能。从单一的企业角度来看，是指企业通过改善上下游供应链关系，整合和优化供应链中的信息流、物流、资金流，以获得企业的竞争优势。

根据 ERP 原理，SCM 是围绕核心企业，主要通过信息手段，对供应的各个环节中的各种物料、资金、信息等资源进行计划、调度、调配、控制与利用，形成用户、零售商、分销商、制造商、采购供应商的全部供应过程的功能整体。

企业实施 SCM 系统有助于实现以下目标：

（1）提升预测的准确性；

（2）提高供货能力；

（3）降低库存；

（4）缩短生产周期，加快市场响应速度；

（5）减少工作流程周期，提高生产率，降低供应链成本。

企业在实施 SCM 系统的时候，与其密切相关的流程有供应商开发流程、合格供应商管理流程、供应商评价流程、物料需求计划管理流程、采购计划流程、采购下单流程、采购过程管理流程、生产过程管理流程、生产入库流程、发货管理流程。

（三）业务流程与 ERP

ERP 的应用，不仅仅是引入一套现代化的管理软件，使企业的日常经营管理活动自动化，更重要的是它对企业传统的管理模式将进行根本性的变革，使其更加合理化、科学化。可以毫不夸张地说，企业应用 ERP 后效益的提高，一方面来自 ERP 软件本身，另一方面得益于业务流程重组。实际上，ERP 软件的功能实现要求企业必须进行一定的业务流程重组。ERP 软件的应用改变了我们传统的管理模式，它将企业的管理活动按照其功能分为财务、人力资源管理、绩效管理、计划、采购、生产等模块，这种模块化要求企业对原有的管理方法进行重新组织和安排，以保证 ERP 模块的正常运作。

事实上，有人认为，企业实行 BPR 是应用 ERP 和推进信息化建设的基础，对推动企业管理现代化将起到积极的作用。有证据表明，在 ERP 导入之前进行业务重组或优化，将大大提高 ERP 系统的实施效果。

根据我们的经验，企业在导入 ERP 系统的时候应该按照以下思路进行：

先规划，后导入。企业在正式导入 ERP 之前，需要对自己的流程体系进行全面细致的规划和分析，同时根据企业自己的战略定位和业务发展需要，明晰企业相关流程。

先 BPR，后 ERP。为了保证企业 ERP 系统的适应性，企业还需要对目前流程运作状况进行分析，并进行适当的优化和再造，保证流程体系的科学性。

（四）业务流程与 OA

前面讲到，企业可以通过 ERP、SCM、CRM 甚至 DRP、HRM、MPM 等系统对相关流程进行固化，但这些系统绝大多数都是以业务流程的固化为主，而且这些系统基本上也都是围绕物流、信息流和资金流展开的。那么有什么办法可以将企业的管理流程全面固化，同时有没有系统是以岗位和人为基础的呢？

这就是我们要提到的协同管理平台，协同管理平台就是基于企业管理流程的固化，同时以岗位和人为核心的企业管理系统，通常称为 OA 系统。

随着协同市场的发展以及企业对协同管理需求的不断提升，企业对管理平台的需求和理解已经不再停留在传统的 OA 办公自动化、无纸化办公的概念上，转而向企业管理纵深和全面的协同管理平台延伸。传统 OA 仅仅是传统办公自动化侧重公文、行政事务为主的无纸化办公系统，并没有深入企业全面管理及核心业务流程的管理中去，而真正适合企业全面管理应用的应该是将办公、人力资源、市场及销售、客户服务、项目管理、财务及费用管理、库存和订单、BSC、目标与计划管理、工作协同、知识管理等核心管理流程综合统一、解决企业全方位管理的 CMP 协同管理平台。

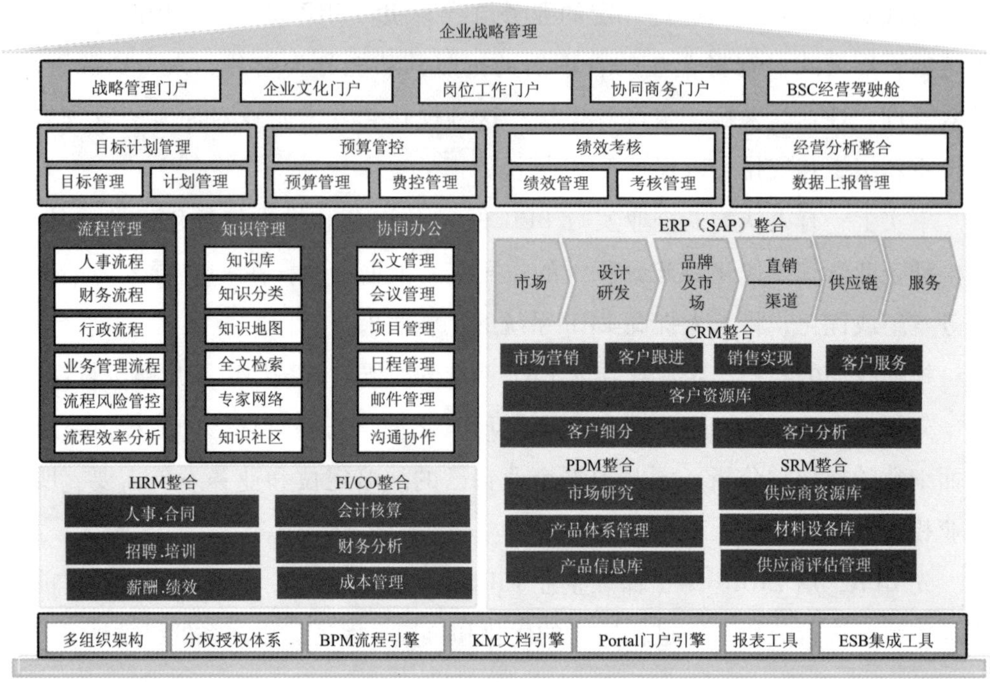

图7-1　协同平台与其他信息系统的融合

二、企业应用系统集成

前面提到，企业为了对相关业务流程进行自动化管理会导入和实施诸如ERP、CRM、PDM、SRM、FI、HRM等系统，但系统之间数据如何共享，这就需要企业应用系统集成（EAI：Enterprise Application Integration）了。

（一）信息系统的高度集成是业务流程真正落地的基础

传统企业在利用信息化手段进行业务流程固化的时候，很多情况下都是自动自发地进行局部固化，很少有企业一开始就进行全面细致的信息系统规划，最终导致信息系统不兼容、数据不能有效共享、信息孤岛密布、数据传递缓慢、重复投资等现象比比皆是。

信息系统集成需要解决三个层面的问题：

（1）根据战略进行价值链分析，全面细致考虑业务布局，绘制业务蓝图。

（2）根据业务蓝图统一系统底层架构，并在每个应用系统实施时提前规划系统接口及数据共享。

（3）统一规划和布局硬件系统。

（二）拥有集成平台的企业才是真正的互联网企业

互联网时代企业经营的另外一个重要成功因素就是平台，可以这么说，哪家企业的平台构建得更加完善，它就在更能在互联网转型过程中抢得先机。

张瑞敏在2014年海尔互联网创新交互大会上提出“企业平台化、用户个性化、员工创客化”，确实是这样，不管是海尔布局 ehaier、RRS，还是海立方，其实都是一种平台思维。

集成平台要求企业在平等的基础上，由多方（企业、供应商、分销商、其他利益相关体）共同构建资源共享、实现共赢的开放的一种商业系统。

（三）开放是互联网时代业务流程再造的主旋律

安卓是开放的，小米是开放的，苹果未来一定也会走向开放。开放是互联网时代企业业务流程再造的主旋律。

在未来，企业必须思考打通 B2Bi（Business to Business integration）、B2Ci（Business to Customer integration）和 EAI 之间的关系，让它们之间无缝连接。

其中，B2Bi 要求一个企业与另一个企业实现应用系统之间的整合，与供应商、经销商、零售商等合作伙伴之间建立更加紧密的协作关系；B2Ci 要求企业实现内部系统（主要是 ERP 系统）和 Web 应用之间的整合；EAI 要求企业实现内部应用系统之间的整合。只有实现 B2Bi、B2Ci、EAI 的高度集成，才能够保证企业实现真正的开放。

（四）移动互联或将彻底颠覆传统信息系统

“移动互联网的概念即将消失，因为互联网就是移动互联网。” IDG 投资人武连峰在2013年安卓全球开发者大会上曾经这样说道。

移动互联网，就是将移动通信和互联网二者结合起来，使其融为一体。移动通信和互联网成为当今世界发展最快、市场潜力最大、前景最诱人的两大业务，它们的增长速度是任何预言家都未曾预料到的，所以可以预见，移动互联网将会创造经济神话。

移动互联网的优势决定其用户数量庞大。2012年9月底，全球移动互联网用户就已达15亿，基于庞大用户数的不断增长，近年来，移动社交的发展势头正劲。

成功的移动互联网商业模式，需要提升平台价值、聚集客户，针对其目标市场进行准确的价值定位，以平台为载体，有效整合企业内外部各种资源，建立起产业链各方共同参与、共同进行价值创新的生态系统，形成一个完整的、高效的、具有独特核心竞争力的运行系统，并通过不断满足客户需求、提升客户价值，建立多元化的收入模式，使企业达到持续盈利的目标。

可以想象，未来的互联网，不会再区分桌面互联还是移动互联，未来的互联网一定是建立在物联网的基础上，任何人、任何物、任何时间、任何地点都永远会在线上，随时互动。

试想一下，在这样的情形之下，用户、产品、渠道、企业四位一体的新商业模式必会应运而生。到那个时候，不同的互联主体已经不会关注哪个信息系统解决什么具体问题，他们会更加关注自己的问题是如何解决的。

想想，这会是信息系统集成的最高境界吧。

第二节　业务流程变革管理

任何变革都会有流血，有牺牲。我们也经常讲，在企业内部的变革，最难的就是人力资源变革和流程变革：人力资源变革的难点在于改变内部的分配机制，打破既有的利益平衡；而流程变革的难点在于要改变员工的工作习惯。这两点都是很难的。

一、以史为鉴

在中国历史上，曾经有几次非常有名的变革，包括秦始皇变革、商鞅变法、王安石变法、戊戌变法等。我们经常讲：以史为鉴，可以兴邦。那么我们先看看这些变革有哪些值得借鉴的地方。

表7-1 著名变革对比分析

变革推动者	变革内容	变革手段	变革结果	经验总结
商鞅	（1）废除奴隶主贵族的世卿世禄制度； （2）废除奴隶制的井田制度； （3）实行重农抑商政策； （4）加强中央集权，普遍推行郡县制； （5）由中央制定和颁发统一的度量衡	（1）励军功，实行二十等爵制； （2）除世卿世禄制，鼓励宗室贵族建立军功； （3）改革户籍制度，实行连坐法； （4）推行县制； （5）定秦律，“燔诗书而明法令”	成功	（1）秦孝公的支持； （2）迎合了以制度治国的法家思想； （3）取信于民，建立广泛的群众基础
秦始皇	（1）统一文字； （2）统一货币； （3）统一度量衡	（1）以法治国； （2）政治施行； （3）经济大略； （4）焚书坑儒	成功	（1）“一把手”工程； （2）制度（规则）先行； （3）氛围营造（焚书坑儒）
王安石	方田均税法、均输法、青苗法、农田水利法、市易法、募役法、保甲法、裁兵法、将兵法、保马法、军器监法、太学三舍法、贡举法	置制三司条例司	失败	（1）急于求成，推行过急，利弊互见； （2）事前缺乏充分进行宣传； （3）无法吸引优秀人才一并参与变法； （4）执行的过程中用人不当； （5）自视过高，不愿接纳别人的意见

当然，除了上面提到的这些变革外，还有戊戌变法也是一个典型的变革失败的案例，原因在于：

（1）推动变革的实力过于弱小，而顽固势力（利益既得者）太强大。

（2）缺乏坚定的组织领导（光绪）。

（3）脱离广大人民群众（只代表少数维新派的利益）。

还有一个最最重要的原因就是戊戌变法其实想进行政治体系改革，希望中国走上君主立宪的现代化道路，这完全违背了权力核心（慈禧太后）的意愿。

通过上面的分析，我们可以得到以下几个结论：

（1）“一把手”工程的变革容易成功，如果不是“一把手”直接参与，至少也要保证“一把手”的鼎力支持。

（2）变革需要迎合绝大多数人的意愿，需要建立广泛的群众基础。

（3）需要建立必要的变革机构。

（4）强力的宣传和舆论导向是必不可少的。

二、业务流程变革曲线

变革曲线告诉我们，由于种种限制，一开始任何变革的效果都可能很差，甚至会出现负面效果。如果这时候企业因没有充分认识而放弃努力的话，变革肯定要以失败告终，但如果企业再坚持，变革效果会随着努力程度的提高和坚持时间的延长逐渐向好的方向发展，取得最终的胜利。

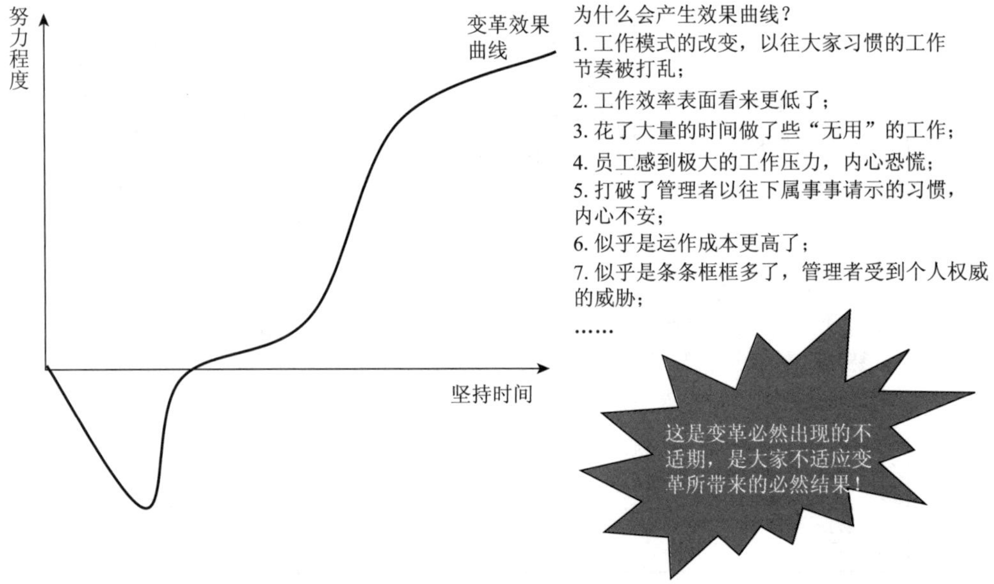

图7－2　流程变革曲线

那么企业如何才能保证流程变革的成功呢？我们认为需要建立完善的流程变革管理框架：

1. 流程变革风险控制

识别流程变革的风险点。这些风险点可能是人员的流失，也可能是组织的混乱和不稳定，还有可能是组织效率的下降和绩效的短期衰减，等等。

2. 流程变革对人的影响

流程变革后可能会造成原来任职者不能胜任新流程的需要，也可能存在岗位任职者不能适应新流程的风险。

3. 流程变革对组织的影响

流程决定组织，流程的变革势必会导致组织的调整和变革。

4. 流程变革对绩效的影响

根据变革曲线，流程变革也存在短期绩效下降的风险，但如何应对这些风险，同时尽可能缩短绩效下降的时间，需要流程变革推动者慎重思考。

三、业务流程变革众生相

因为流程的变革势必会对现有的工作习惯带来冲击和影响，难免会有很多人不赞同甚至抵制，最终造成流程变革收效甚微或流于形式。只有客观认识流程变革过程中的众生相，并对症下药、采取措施，才能保证企业流程变革取得预期的效果。

通过图 7 - 2 可以看得出来，在企业流程变革的过程中，经常会面临 3 种人：

1. 既得利益受到伤害者

不管是经济利益受损，还是权力被削弱、职位发生变化，对相关人员而言都是一种利益损伤。对这类人，我们的解决办法是“动之以情，晓之以理”，讲清楚公司流程变革的必要性和意义，从保证大局利益的角度进行说明。

2. 任职者不能胜任新流程的需要

流程的变革很有可能会对操作习惯、岗位职责提出更高、更新的要求，这个过程势必会对现有人员的技能提出挑战，由此造成有些人的能力达不到新流程的需求。对这类人，我们的解决办法是“扶上马，送一程”，给予适当的培训，同时辅导他按照新流程执行。

3. 任职者不能适应新流程的变革

企业在进行流程变革的时候，往往还有一类人，他们自恃是老资格、老前辈，总是抱着“不管流程怎么变，老子就是不变”的态度。对于这类人，我们的经验就是套用毛主席的一句话：“天要下雨，娘要嫁人，由他去吧!”在合适的时候为其选择其他的职位是一种较好的选择。

（一）业务流程变革对员工的影响

大家都听说过温水煮青蛙的寓言故事。对于企业内部的组织来讲，也是同样如此。如果某一企业处于经营非常困难的境地，管理者进行内部的管理变革会比较容易；但如果企业的经营状况尚好，组织内部看不到潜在的危机，进行现状改动的动力往往会不足，推动相应的管理变革就会十分困难。流程设计完成后，也会遇到上述问题。

当企业内部员工安于现状时，进行变革调整往往存在比较大的困难，因为这不可避免地会涉及管理习惯、个人利益、行为方式的调整。因此在我们明白如何对流程进行实施前，应首先明白人们对变革的态度和反应。在企业内部，往往会存在一些消极变革态度。

虽然每个人对企业内部变革的态度不同，但从总的变革程序来看，一般会经历以下几个阶段：

1. 没有察觉或反应

在现有运作流程弊端被深刻挖掘出来或者需要做的改进被企业认可之前，企业内部往往意识不到需要调整管理方式和习惯，尤其是在企业经营运作相对较好的阶段，有时需要通过标杆管理去提醒企业，使其认识到业绩改进的必要性。

2. 震动、吃惊

当内部员工认识到必须做出改进这一现实时，由于长期处于自我感觉良好的状态，往往会表现出震动或者吃惊。与此同时，虽然人们意识到了危机或者弊端，但要让他们在短时期内快速地接受改变还是很困难的。

3. 不予承认，质疑

当人们对以往的经营运作方式习以为常后，对新的设计方案会不予认可或表示质疑。几种常见的反应有：

“如果我们忽视这些问题，对企业也不会造成什么影响，毕竟以前并没有看出有什么伤害。”

“企业以往的经营运作非常好，看不出调整或改革的必要性。”

“我们已经习惯以往那种方式，要掌握新的经营运作方式存在困难。”

员工以上的不良反应往往来自信心的缺失。有时候，指出别人这方面的问题容易，但如果我们自己碰上这种情形，也难以确保没有类似的反应。由此可见，改变人们的习惯和惰性是多么不容易！

4. 接受、认可

随着时间的推移或者经营趋势的不断演变，当流程运作弊端越来越深刻地显示出来时（也就是随着前面温水煮青蛙故事中水温的不断提升），员工会逐渐接受现实、认识到变革的必要性。但同时，企业内部也有一些人愿意当鸵鸟，坚持将头插在沙堆里，长期陷入第三阶段，甚至更糟糕，企图阻挡企业内部变革的进程。

5. 行动实施

接受或认可了现有企业运作变革的必要性之后，员工会开始主动按照相关变革方案的要求进行操作。此时应注意，由于流程变革是一项巨大的配套工程，一定要细心准备，仔细考虑，认真实施。仓促实施的结果只会是打击员工的热情、加大流程实施变革的难度，而得不到期望的效果。同时，在实施的过程中，应注意掌握流程变革的节奏，不要让长期的无行动状态消耗和磨灭员工的能量与动力。

（二）业务流程变革对组织的影响

流程变革对组织的影响主要有两个方面：第一是对组织自身的影响，会造成组织混乱；第二是对组织外部的影响，如供应商、客户对组织的评价和满意度会降低。

对流程变革可能给组织自身造成的影响，我们的经验是一定要遵循流程决定组织的原则，严格按照流程进行组织调整，包括组织结构、组织使命、部门职能、岗位职责、岗位编制及岗位任职标准的重新确定。

对流程变革可能给组织外部造成的影响，我们认为应该遵循以下原则来应对：

1. 快速

顾客希望在最短的时间内获得所需要的产品或服务，这就要求企业在允许的范围内，提高流程运行效率，以合理的速度将产品或服务尽快提交，减少顾客的等待时间和因等待产生的其他成本。

2. 正确

企业所提交的应是顾客所希望的，而且所承诺的时间、地点、质量、运送状态、相关配套支持等都应是正确的，减少顾客在得到流程产出时的相关风险和麻烦。

3. 便宜

顾客总是希望花最少的钱买到最多的产品或服务。流程运作的过程中，不但应减少流程本身的非增值环节，同时还应减少支持流程运作的配套设施的成本，比如相关的管理活动、后勤服务成本，等等。这些活动成本最终都是要由顾客来买单的，也是顾客需求的一部分。

4. 容易

容易是指顾客与企业打交道比较简单。顾客在与企业进行接触时，所花费的精力、时间、金钱越多，求购商品的成本就越高。如果企业能够简化与顾客的相关界面活动（比如订单流程的处理），使顾客的求购成本下降，那么即使产品不变、价格不变，企业也还是具备竞争优势的。

以上四个方面的流程目标管理实施成果来源于顾客的评价，是以顾客的观点来审视内部流程运作情况的，是构成企业经营状况分析的重要组成部分。

（三）业务流程变革对绩效的影响

流程变革对绩效的影响就是可能造成短期内的绩效下降，也可能造成组织绩效长时间不能回升。

对于短期内绩效下降的问题，我们的经验是：正确认识，不能放松警惕。虽然变革曲线告诉我们，短期内绩效下降是任何变革都存在的问题，但流程变革推动者也不能掉以轻心，需要时刻关注，必要时果断采取措施。

对于绩效长时间不能回升的问题，我们的经验是：建立必要的责任机制。对长时间绩效不能回升的流程负责人（责任部门），公司要根据流程绩效进行考核，同时进行必要的处罚。因为任何流程的调整都存在对原来操作习惯的挑战，所以在流程变革和实施的初期需要流程责任部门全身心投入。

四、业务流程实施平台建设

业务流程的平台建设可分为软件部分和硬件部分两个方面。硬件方面主要指涉及流程运作的相关组织调整、岗位设置、权利划分、控制系统，等等。这些管理要素与流程运作共同构成了企业的基础运作框架，它们之间存在相互关联和相互制约的关系，必须协调一致、接口良好。

与此同时，美国的德尔菲咨询公司在 1993 年的一项关于 BPR 的研究发现，

2/3 的被调查对象显示企业文化是阻碍 BPR 项目的主要因素。文化对组织和个人的行为与观念有着巨大的影响力，因此可以讲企业内部实施环境的建设对流程实施也具有非常大的影响力，它是属于流程平台建设的软件部分。

分析了影响流程平台建设的主要因素后，对于企业来讲，最重要的就是结合自身的实际情况，将软件部分和硬件部分有效组合，形成实际中可以操作的程序和步骤。不同的企业有着不同的组织方式，但是一些常见的方法还是可以参考的。同时，随着成效的不断显现、企业内部变革信心的不断增强，还可以对其进行调整和修正。

1. 设立流程变革实施计划，明确变革目标与愿景

企业内部的高层管理人员对企业实施流程变革必须要有非常清晰的路线图计划，并清楚所要达到的目标。通过明确相关的行动计划和阶段性工作目标，可以在组织内部达成共识，明确各自的责任和要求，并有效形成合力，促进变革的实施。

设立变革的目标和愿景，更能从根本上使员工明白变革的意义，更好地推动变革进程。相关变革愿景包括组织将来为谁服务、提供哪些产品和服务、顾客如何看待这些产品和服务、组织内部的员工和供应商将如何提供产品和服务，等等。

2. 获得高层领导的支持

流程项目在实施的过程中，不可避免地会遇上各种阻力，必要时要依靠企业高层领导的力量推动和解决，以减少行动的障碍。因此可以讲，所有成功的项目在一开始都必须得到高层管理者的认可和支持。需要取得哪一层高级管理者的支持取决于流程实施项目的范围和规模。如果流程运作项目是对整个企业的运营体系进行优化，那么必须要有公司最高层管理者的参与。如果相关实施流程仅仅涉及企业内部的个别经营单位，那么需要参与的就是这个单位的最高负责人或者经营单位的直接上级领导。总之，高层管理者的参与和支持对流程项目团队获得底层管理人员的支持和配合至关重要。

3. 建立相关的项目实施团队

公司管理层必须确定相关项目实施团队的领导，并给予他一定的授权，负责抽调各部门的精兵强将来参与其中的工作。由于流程优化与再造涉及的范围往往比较广泛，因此常会出现超出项目团队管理能力和范围的情形。许多企业

在实际运作中，常常采取三层级的推进模式来解决上述问题。项目最高层是公司的高层管理人员，负责专门协调和解决项目实施过程中出现的各种问题和困难，监督项目的实施进展情况，提出各种改进指导建议和意见。中层是项目实施团队，主要负责推动流程项目的具体落实，提供项目实施过程中所需的技术支持，监督各部门的流程实施情况。最底层是实际发生变革的地方，也就是进行流程优化与变革的具体部门，主要职责是按照项目实施团队的要求进行流程操作和计划推进，及时反馈流程执行过程中存在的困难和问题，对新流程进行及时评价，等等。

在流程实施过程中，成败的关键因素还是项目实施团队的工作质量，因此对项目团队成员往往有着较高的要求。

4. 开展必要的宣传与培训

实施流程优化与再造是一个艰难的过程，因此有必要进行宣传与培训。通过实施宣传与培训，一方面可以使员工了解与掌握流程管理的工具、方法和技术，使其更为有效地协助和配合项目实施团队的工作，提高项目的工作质量和效率，另一方面还可以减少因不了解流程管理而发生的猜疑和偏见，增强员工对流程变革的信心，此外，进行适当的宣传与培训还有助于改变执行人员的流程操作习惯，起到一定的监督作用。

5. 实施沟通与交流

流程项目实施不能在企业内部静悄悄地开展，而应通过定期的沟通和交流，保持企业内部良好的实施氛围，使每位员工都感受到变革带来的变化和调整。项目如果没有及时沟通，显现出相应的效果，并传递公司对项目实施的要求，将会削减人们的信心，使员工更加怀疑其前景，不利于项目的顺利推进。

沟通除了内部沟通之外，还可以包括外部沟通。企业应通过外部沟通获得外界的承认和肯定，增强企业内部实施流程变革的信心，使项目实施团队获得更多支持和配合。

所有的沟通都是为了减少组织内部的疑虑、增强员工的信心。流程优化大师迈克尔·哈默认为以下两条关键信息必须有效传递到企业内部的每位员工：

“我们公司目前的状况如何？为什么不能停留在目前的状况中？”

“未来公司将会变成为什么样子？”

6. 必要的奖励兑现措施

在管理变革的过程中，奖励体系与新的进步联系越紧密，管理变革就越容易实施。因此为了更好地推进流程，在实施过程中，可以根据流程变革的情况对相关部门给予及时的奖励，以鼓励部门和员工摆脱旧有的运作模式，使其及时感受到变革的成功与进步，激励其不断推进项目发展。具体的方式包括：

进行适当的物质奖励，并与进步行为相联系；

进行适当的榜样确立，保证非物质奖励的正确性和可感知程度；

将个人技能与奖励有机结合。

第三节　广深高速
——互联网时代业务流程再造最高境界

书写到这里，我们再对企业流程优化与再造的关键点做一个简单的总结和提炼。大家都知道，在广州和深圳之间有一条高速公路，名为“广深高速”。在此，我想借用“广”“深”“高”“速”四个字来总结我们对企业流程管理实践的理解。

广度：企业进行流程管理是需要全员参与、全系统打通的，局部环节的改善是没有效果的。就像蜈蚣有很多只脚，如果只是让某几只脚变得强壮，而其他的脚很瘦弱的话，这只蜈蚣还是跑不快。所以说企业进行流程管理需要“广度”。

深度：既然流程管理需要全员参与，那么流程优化也必须高管、中层、基层甚至一线的员工全都参与；同时企业不仅需要对一级流程进行优化，同时还要对二级流程、三级流程进行系统优化。这就是我要说的“深度”。

高度：我们在前面分析过，流程的变革是一项“一把手”工程，离开高层的亲身参与和鼎力支持，流程优化和变革就只是一句空话，所以说流程的变革必须要有“高度”。

速度：我们知道，企业做流程管理的核心目的就是要高效地满足客户需求，从而保证企业能够赚到更多的钱，所以说流程管理必须要保证“速度”第一。

一、业务流程管理的广度

对于流程管理的广度可以从两个层面进行理解：一方面“广度”是指企业的流程是承接战略实现和价值链价值最大化的，企业实施流程管理决不能顾此失彼或者厚此薄彼，而是要全系统打通，这就要求企业必须从业务流程开始，对管理流程、辅助流程进行全部优化和再造，保证最终目标的实现；另一方面，“广度”是指流程需要全员参与，如果只有局部的人参与或者只有管理层参与，流程是没办法执行的。

（一）流程管理需要全系统打通

企业的业务流程包括产品规划流程、研发项目管理流程、生产计划管理流程、采购计划管理流程、采购检验/入库流程、生产领料流程、生产过程控制流程、新品上市管理流程、销售订单管理流程、销售货款管理流程等，同时，为了保证各业务流程的顺利实施，企业还需要确定诸如年度经营计划管理流程、财务预算管理流程、财务分析流程、目标绩效管理流程、原料检验流程、采购货款管理流程、供应商开发与管理流程、生产成本控制流程、市场物料管理流程、产品定价及价格管理流程等一系列管理流程，企业流程管理广度的第一步就是要将这些流程系统打通，并且做好流程之间的接口管理，保证流程之间首尾相连、信息互通，不存在管理重叠和管理空白。

（二）流程管理需要全员参与

不同的流程，其归口部门不同，与其相关的部门又存在差异，如果把公司的全部流程都规划出来，就可以看到，几乎每个部门、每个岗位都在主导或直接参与数个流程。这就需要企业在推进流程管理的过程中，首先培养员工的流程管理意识，其次建立流程节点自检和互检机制，保证每个节点、每个部门、每个岗位、每个人的流程输入都是清晰的，流程输出都是合格的。

二、业务流程管理的深度

对流程管理的深度也可以从两个层面进行理解：一方面是流程管理不仅需要企业高层鼎力支持和全程参与，还需要企业中层管理者、基层管理者、执行层面的员工积极参与；另一方面，流程管理还需要对一级流程、二级流程、三级流程纵向打通。

三、业务流程管理的高度

很多人都会认同企业流程管理是一项“一把手”工程，企业高层要从思想意识、实际行动上起带头作用。但在这里，我们需要思考的是，“一把手”难道只是企业的高层吗？肯定不是的！对于企业一级流程而言，“一把手”就是企业的高级管理者，但对于二级流程、三级流程而言，“一把手”就不再是公司的高层，而是部门总监、部门主管，他们就成为这些流程的“一把手”。

流程管理的高度还有另外一层含义，流程管理不再只是传统意义上流程部门或各职能部门的事情，对于企业而言，战略管理、运营管理其实也是一个完整的流程，所以说，流程管理可以上升到战略管理和企业经营的高度。

四、业务流程管理的速度

正本清源，企业做流程管理的终极目标就是要以最有效的方式、最快速的反应满足客户需求，这就是我们所讲的流程管理的速度。

我们通常说，什么是战略，战略就是满足顾客某种至关重要的需求，以优于竞争对手的方式加以执行，并且持续保持这种优势。我想，很多企业都很清楚顾客至关重要的需求是什么，同时也能做到短时间内领先竞争对手，但如何才能持续保持这种优势呢？很多企业做不到。

我想，要想做到这一点确实不易，但只要企业从自己的流程细节入手，从改变流程的每一步开始，并保证流程之间是高效协同的，就一定可以持续保证这种优势。

战略决定了企业的客户，决定了企业要提供给客户什么样的服务和产品，这就需要企业在流程管理中首先了解客户的需求和标准是什么，而明确客户需求的第一步是了解流程的客户是谁。许多企业进行流程管理，对自身的客户是谁大都有一定认识，但是否真的十分清楚呢？要了解自身的客户是谁，需要进行企业战略分析和研究。通过对企业内外部环境的研究分析，在明确自身资源的基础上，了解企业未来到底能为哪些客户提供产品/服务，提供哪些方面的产品/服务，未来服务要达到什么样的目标和要求，这些无疑是十分重要的。也就是说，通过战略的分析研究，明确企业自身发展目标，进而明确企业的流程运作目标——客户需求，才能了解流程管理的重点和方向。

战略同时也决定了流程的期望输出效果。现代企业之间的竞争已经不是我有你无的问题了，而是要看谁应对变化的反应更快、能力更强，因此流程高效与否，直接决定企业战略能否实现。

看来，企业进行流程管理的终极目的就是要通过自身的努力，持续不断地提升流程运营速度，这才是流程管理的核心！

［参考文献］>>> References

［1］〔美〕亚德里安·J. 斯莱沃斯基，卡尔·韦伯. 需求［M］. 龙志勇，等，译. 杭州：浙江人民出版社，2013.

［2］〔英〕迈尔－舍恩伯格，〔英〕库克耶. 大数据时代［M］. 盛杨燕，周涛，译. 杭州. 浙江人民出版社，2013.

［3］〔美〕迈克尔·波特. 竞争优势［M］. 陈小悦，译. 北京：华夏出版社，2009.

［4］〔美〕迈克尔·波特. 竞争战略［M］. 陈小悦，译. 北京：华夏出版社，2009.

［5］〔加〕罗伯特·G. 库珀. 新产品开发流程管理（第3版）［M］. 青铜器软件公司，译. 北京：电子工业出版社，2012.

［6］〔美〕罗伯特·S. 卡普兰，〔美〕戴维·P. 诺顿. 战略中心型组织［M］. 博意门咨询公司，译. 北京：中国人民大学出版社，2008.

［7］〔美〕阿什利·布拉干扎. 全面流程再造［M］. 爱丁文化，译. 北京：中华工商联合出版社，2004.

［8］〔美〕佩凰帕，德罗兰. 新版业务流程再造精要［M］. 高俊山，译. 北京：中信出版社，2002.

［9］〔美〕唐·舒尔茨，〔美〕海蒂·舒尔茨. 整合营销传播［M］. 何西军，黄鹂，等，译. 北京：中国财政经济出版社，2005.

［10］赵大伟. 互联网思维独孤九剑［M］. 北京：机械工业出版社，2014.

［11］黎万强. 参与感［M］. 北京：中信出版社，2014.

［12］王易. 微信营销与运营［M］. 北京：机械工业版社，2013.

［13］黄迎新. 整合营销传播理论批评与构建［M］. 北京：人民出版社，2012.

［14］王璞，曹叠峰. 流程再造［M］. 北京：中信出版社，2005.

［15］水藏玺，等. 企业流程优化与再造实例解读［M］. 北京：中国经济出版社，2008.

［16］水藏玺. 流程优化与再造：实践·实务·实例（第二版）［M］. 北京：中国经济出版社，2011.

［17］水藏玺，等．流程优化与再造（第三版）［M］．北京：中国经济出版社，2013.

［18］水藏玺，许艳红．企业管理成熟度评价理论与方法［M］．北京：中国经济出版社，2012.

［19］梅绍祖．流程再造：理论、方法和技术［M］．北京：清华大学出版社，2004.

［20］周妮，等．企业业务流程设计与再造［M］．北京：中国纺织出版社，2005.

［21］杨建华，张群，杨新泉．企业资源规划与流程再造［M］．北京：清华大学出版社，2007.

［22］修文群，张蓬，等．ERP/CRM/SCM/BI 协同商务建设指南［M］．北京：科学出版社，2004.

［23］熊励，李瑜瑾，等．企业信息化融合：基于 SCM、ERP、CRM 集成［M］．北京：清华大学出版社，2012.

［24］张利华．华为研发（第二版）［M］．北京：机械工业出版社，2012.

［25］王伟立，李慧群．华为管理模式［M］．深圳：海天出版社，2010.

［26］中国企业成功之道联想案例研究组．联想成功之道［M］．北京：机械工业出版社，2012.

［27］周坤．突破发展瓶颈：企业规范化管理实务［M］．北京：北京大学出版社，2005.

［28］胡泳．张瑞敏谈管理［M］．杭州：浙江人民出版社，2007.

［29］孙伟挺．快速反应［M］．北京：中信出版社，2009.